ALBERTO CONTADOR
EL PISTOLERO

Clément Pernia et Julien Moreau

TALENT ÉDITIONS
115 rue de l'Abbé Groult, 75015 Paris

Photos de couverture : © Bryn Lennon / Getty images
et © Jacob / Action Press / Icon Sport

ISBN : 978-2-37815-310-6

ALBERTO CONTADOR
EL PISTOLERO

Clément Pernia et Julien Moreau

Talent Sport

ÉGALEMENT CHEZ TALENT SPORT

Arnaud Démare, *Une année dans ma roue*

Joe Friel, *Le livre du cyclisme*

Peter Sagan, *Mon monde*

William Fotheringham, *Merckx, Le cannibale*

Marc Madiot, *Parlons vélo*

SOMMAIRE

Introduction : *Querer es poder* 11

1 : L'enfant de Pinto 19

2 : Les débuts d'un miraculé 27

3 : Liberty, l'ascension 45

4 : L'ombre qui s'accroche à la montagne 57

5 : Et le danseur dégaina 71

6 : Astana 2008 : doublé historique 95

7 : Gloire et douleurs. L'enfer Armstrong 117

8 : Trop fort pour Andy 149

9 : Le plus fort d'une génération dorée 167

10 : Jugé coupable 181

11 : Résilience 211

12 : La Sky is the limit.....239

13 : Le romantisme et la grâce.....255

14 : Italie, mon amour.....279

15 : Au crépuscule d'une icône.....305

16 : Signé Contador.....323

17 : L'héritage.....341

Conclusion : « Papa, tu as gagné ? ».....353

Remerciements.....359

INTRODUCTION

QUERER ES PODER

Il est un monstre en sept lettres, que tous redoutent. Un suppôt de l'Enfer, devenu sur le tard géant des Asturies, qui sublime les légendes et achève les humains. En haut, des rescapés. L'Angliru est un juge de paix à nul autre pareil. La montée était jadis un chemin réservé aux agriculteurs de la *sierra del aramo*, à une trentaine de kilomètres de la capitale régionale, Oviedo, dont la devise n'est autre que *La très noble, très loyale, méritante, invaincue, héroïque et bonne ville d'Oviedo*. A-t-elle été inventée pour les coureurs avant même que la montée soit goudronnée au crépuscule du XXe siècle et devienne le théâtre de ces héros du début du mois de septembre ? Nobles face aux pentes vertigineuses, loyaux envers eux-mêmes, méritants et héroïques, évidemment. Il n'y a que le terme « invaincue » qui semble utopique tant ils sont nombreux à s'être montrés impuissants face à de tels pourcentages. Près de 12,5 kilomètres à plus de 10 % de moyenne. Plusieurs passages supérieurs à 20 % et l'intolérable Cueña les Cabres, 23,5 % sur 300 mètres. La foule en délire sur le bord de la route, tantôt insuffle les dernières forces aux braves, tantôt pousse les coureurs à l'arrêt ou presque, en déliquescence, alors que 2 kilomètres les attendent encore avant de revenir à la vie normale. Ça, c'est l'Angliru. Emprunté à huit reprises depuis son ascension pour la première fois par les coureurs en 1999. Les Espagnols y ont levé les bras la moitié du temps. Il faut un supplément d'âme, une force extérieure comme le public, un sentiment patriotique, ou tout simplement un talent hors du commun pour triompher face au démentiel. Un seul d'entre eux a remporté deux fois l'étape. Un gamin de Pinto, à deux pas de Madrid. Il était destiné à devenir un héros, à s'ancrer dans la légende.

En ce 9 septembre 2017, Alberto Contador tire sa révérence. Le lendemain, il défilera dans les rues de la capitale espagnole en amont du peloton, drapeau rouge, jaune et rouge tendu au-dessus du casque, avec ses hommes, son équipe, derrière lui. Le colonel et son armée. Avant cela, la montagne de son pays l'attend, pour la dernière fois. Il va lui manquer comme il va nous manquer. Nés en 1997, les deux auteurs de ce livre n'ont que 11 ans quand Contador remporte son deuxième Tour de France, en 2009. Les succès, le panache, le style, l'histoire feront le reste. Jusqu'à ce 9 septembre 2017, fin d'après-midi.

La montagne t'attend, Alberto, après il sera trop tard ! crie secrètement l'Angliru.

Chacun sait que c'est la dernière. Cinquième au général, il ne reprendra pas les quelque 3 minutes 30 de retard qu'il accuse sur le britannique Christopher Froome. Mais va-t-il dégainer une dernière fois ? Va-t-il offrir à son public, à son pays, une dernière attaque, une dernière danse dont il a le secret, dans l'une des ascensions les plus éprouvantes d'Europe ? À 13 bornes de l'arrivée, 17 heures passées, réponse. Dans la descente humide de Cordal, juste avant l'Angliru et alors que les chutes se multiplient, dont celle du spécialiste en la matière Vincenzo Nibali, El Pistolero plante une banderille. Emmené par son équipier colombien de la Trek-Segafredo, Jarlinson Pantano, les deux hommes font rapidement le trou. Ils récupèrent l'Espagnol de la Quick-Step Enric Mas, qui ne sera d'aucune utilité. Pantano cesse son effort à 10 kilomètres de l'arrivée, exténué. Certainement avec le sentiment du devoir accompli. Derrière, ça roule. Il faut sauver sa place sur le podium du classement général menacée par Contador. La formation Sunweb de Wilco Kelderman (3e au général) roule au train. Une cinquantaine de secondes séparent les deux groupes. Devant, Mas roule d'abord pour son compatriote. Peut-être l'a-t-il admiré étant gamin. Les deux hommes rattrapent Yates, puis Bardet. Après un léger faux plat, le double vainqueur du Tour prend les rênes de la course et mène la cadence alors que les pourcentages s'intensifient. À quoi pense-t-il à cet instant ? À ses deux frères, Francisco et Raúl, sa sœur Alicia, sa mère dont vient sa devise ? Se souvient-il du chemin parcouru depuis Pinto, ses premières sorties en VTT, sa rupture d'anévrisme en 2004 sur le Tour des Asturies, non loin d'ici, à seulement 21 ans ? S'ensuivirent trois semaines de coma, une bataille pour la vie, la renaissance. Puis le retour sur le vélo du miraculé, les succès, les triomphes, les grands tours, neuf remportés, dont deux retirés, pour un dopage dont il s'est toujours défendu. Un palmarès gigantesque, mais une vie et une carrière qui n'ont jamais été un long fleuve tranquille. L'ombre et la lumière. Peut-être ne pense-t-il à rien de tout cela.

Le temps est humide. *Je suis la pluie de l'Angliru, Alberto, et je suis là pour te pousser*. Sur la route, des inscriptions « Contador » en nombre. Il reste 6 kilomètres et les pentes les plus dures attendent les coureurs. Mas et Yates ne sont plus là. Ils auront participé à ce pan d'histoire qu'a décidé de convoquer Contador. Le peuple, plus vraiment au bord de la chaussée, galvanise son héros. Un peu trop : les hommes de la *guardia civil* doivent escorter le Madrilène, courant à ses côtés. Romain Bardet lâche à son tour. Puis le dernier survivant, Marc Soler, Espagnol de la Movistar. Il suit son aîné du mieux qu'il peut, roulant sur la jante, avant de se relever, exténué, laissant Contador seul pour les 5 000 derniers mètres. Les plus longs de sa carrière. Lunettes noires figées, dents serrées, grimaces prononcées, le Pistolero creuse l'écart sur ce qu'il reste du peloton. Nibali a beau faire rouler, c'est comme si rien ne pouvait empêcher ce qui allait arriver. *¡ Vamos Alberto, vamos !* L'ascension est interminable tant elle est difficile. Los Picones (20 %) à 3,7 kilomètres de l'arrivée est un nouveau coup de poignard. Un combat contre la pente, pour la survie. C'est chacun pour soi et Contador le sait, lui qui l'a déjà vaincu neuf ans plus tôt. Lui à qui il reste l'enfer à parcourir : la fameuse rampe de la Cueña les Cabres, plus de 23 % de dénivelé en l'espace de 300 mètres où un cortège endiablé rate de peu de le faire chuter, non sans rappeler à certains endroits l'Alpe d'Huez.

Monte sur ton vélo, champion. Escalade-le si tu veux finir en roi, s'exclame le ciel gris. L'écart se maintient avec l'arrière, son vélo s'agite de gauche à droite, de droite à gauche, comme il peut désormais, mais toujours avec élégance. Toujours. Contraste saisissant avec le maillot rouge Chris Froome, pointé à une minute de retard, assis sur la selle, tête baissée sur le capteur de puissance, moulinette activée. Deux salles, deux ambiances.

Encore 2 kilomètres. Puis un et demi. Froome a délogé tous ses petits compagnons du groupe des favoris. Il se rapproche de Contador qui se rapproche lui-même d'une fin rêvée, avec dans l'esprit cette sortie par la grande porte qu'il souhaitait, lui l'attaquant, le combattant, dont la devise *Querer es poder* (Quand on veut, on peut), a accompagné sa carrière jusqu'à ces derniers mètres. Nourrit-il des regrets de la troisième étape, un jour sans, qui l'a vu perdre plus de 2 minutes 30 sur les favoris du côté d'Andorre, alors qu'il aurait sûrement pu espérer mieux sur cette ultime Vuelta ? À cette heure, autour de Contador, rien n'est plus important que de l'emmener au bout. Ceux qui peuvent lui courent après. Les autres lui crient dessus, devançant les drapeaux nationaux marqués de son nom, accrochés aux derniers rochers de la montagne. Les fans de vélo aimeraient voir le temps se figer. Les souvenirs plein la tête d'un héros estival qui ne sera plus. Qu'en sera-t-il l'été prochain ? 2018 sera forcément différent. La suite aussi.

Un kilomètre. 25 secondes, indique un temps la télé espagnole concernant l'écart entre le Madrilène et l'Anglais, emmené par son équipier de luxe, Wout Poels. C'est irrespirable. Dans les dernières pentes, aucun encouragement pour Froome. Sûrement s'en moque-t-il, lui qui a la tête dans le guidon depuis le bas du col. Contador paraît à bout. Il s'acharne, écrase les pédales, au forceps. L'écart ne baisse plus. Il reste 700 mètres. Contador va gagner. Au sommet de l'Angliru. Comme en 2008. « *¡ Grandé, grandé ! enorme, enorme !* » s'exclament les commentateurs ibériques, enchaînant une série d'éloges émouvants envers leur légende, qui arrive au bout, n'oubliant pas de remonter la fermeture de son maillot, d'enflammer le public d'un mouvement de la main, avant de dégainer une dernière fois. À peine croyable, lui parti dans la descente de Cordal 13 kilomètres plus tôt. « C'est ainsi qu'un héros fait ses adieux ! » titre le lendemain le quotidien sportif de référence *Marca*. Contador quitte le peloton d'une beauté semblable à celle qui fut la sienne sur le vélo durant une carrière longue de quinze ans. La pente, le ciel et l'Angliru ont couronné leur roi. Les idoles de nos jeunesses sont nos idoles pour la vie. Nous avons de nouveau 11 ans.

1

L'ENFANT DE PINTO

— Bonjour à tous, je m'appelle Alberto. Alberto Contador Velasco.

— Bonjour, Alberto, tu es un enfant de Pinto. Bienvenue. Une vie en haut de la montagne te fascine-t-elle, jeune garçon aux yeux sombres et cheveux bruns ? Tu tapes dans le ballon, joues au football, cours aussi. Emilio Butragueño, Hugo Sánchez, stars du Real Madrid que tu chéris déjà, c'est à eux que tu souhaites ressembler ? Non, Alberto. Tu es devant ta télé, mais c'est l'été qui t'intéresse. Les routes et les roues. Trop jeune pour admirer les prouesses du blaireau français Bernard Hinault, qu'aurais-tu pensé du romantisme et du panache de Bahamontes et Ocaña ? Aurais-tu souhaité leur ressembler, si tu les avais vus batailler contre l'immense Charly Gaul et l'imbattable Merckx ? Tu ne le sauras jamais.

1993. Il règne un parfum d'été au sud de la capitale espagnole, dans cette cité dortoir qu'est Pinto, 20 kilomètres au sud de Madrid. La fratrie Contador – dans l'ordre des naissances Francisco, Alicia, Alberto et Raul – traverse juillet au rythme du roi de Navarre. Un dénommé Miguel Indurain. Son hégémonie sur les routes du Tour impressionne l'Espagne et fait rêver les jeunes Castillans d'un avenir en jaune. Francisco et Alberto sont de ceux-là, eux issus d'un milieu modeste, dont les parents, Francisca et Francisco, sont arrivés dans la région au crépuscule des années soixante et du franquisme, en provenance de Barcarrota, un village d'Extremadura, à proximité des champs andalous. Le travail, les valeurs humaines fondamentales, sont les maîtres-mots d'un foyer meurtri par le lourd handicap mental de Raul, mais renforcé autour du dévouement et de l'amour que tous lui portent. L'argent ne coule pas à flots mais la précarité n'est pas extrême. Pas de quoi toutefois payer un vélo tout neuf à Alberto, 12 ans. Francisco et son cadet ne partagent pas seulement leur chambre et leur passion naissante pour le cyclisme. Le grand offre au petit sa vieille machine quand le premier en obtient un neuf. Chez les Contador, on hérite des petites reines comme on hérite des prénoms. Après tout, le papa du récent vainqueur du Tour de France ne s'appelle-t-il pas Miguel ?

Pinto, 50 000 habitants, environ. Dérivation linguistique de « point ». Pinto constitue le centre absolu de la péninsule ibérique. Une position centrale qu'a longtemps contestée la municipalité voisine de Getafe, générant des différends entre les deux. Sur son blason, un globe, marqué en son sein par un point, comme pour encrer cette spécificité. La légende de l'Arche raconte comment les Arabes ont effectué des mesures qui ont localisé le point central de la péninsule au carrefour des rues de l'Hôpital et Maestra María del Rosario, et enterré à cet endroit une arche avec les instruments qui auraient été utilisés pour effectuer de telles mesures. Au milieu de ces rues, impossible de ne pas y faire escale. *El Torreón de Pinto*, construction médiévale, surplombe la cité, seul, mélancolique, abandonné. Encore aujourd'hui, ses murs se dressent, observent et admirent la cité royale, orpheline de celle qu'ils avaient jadis accueillie en 1579. La princesse d'Eboli, Ana de Mendoza. Emprisonnée sur ordre de Philippe II, alors roi d'Espagne. Elle paya sa complicité avec Antonio Pérez, secrétaire du monarque, accusé entre autres d'avoir transmis des secrets d'État aux rebelles de Flandre et à Isabelle d'Angleterre. La princesse restera dans cette vieille bâtisse madrilène près de six mois, au milieu des quelque 838 âmes qui habitent la cité, y laissant son nom. La tour d'Eboli.

La ville, coincée entre la route d'Andalousie et la ligne ferroviaire Madrid-Aranjuez, protégée donc d'un agrandissement excessif, abrite le sport et couve les champions. La gymnaste Sandra Aguilar, vice-championne olympique à Rio en 2016, y a fait ses débuts. Patricia Chamorro, grande joueuse de futsal espagnole, est aussi une *Pinteña.* Sa devise : *On m'avait dit que ça allait être difficile, alors j'ai décidé d'essayer.* À Pinto, naître est déjà un défi. *On est de son enfance comme on est d'un pays,* écrivait Saint-Exupéry.

Un seul nom figure en lettres capitales, au cœur de la commune. Il a été offert le 8 août 2007 à la terre où s'entraînent les enfants, le plus souvent à partir de 16 heures, après l'école.

— Maman, maman, je vais à l'entraînement, au gymnase Alberto-Contador.

— Oui, mon fils. Tu n'oublieras pas d'être beau et élégant.

« Ici, le sport occupe une place très importante », nous confie le maître des lieux. Le gardien du gymnase Alberto-Contador. Le jeune Alberto l'intériorise bien assez tôt. La vétusté de son premier vélo suscite les railleries des camarades. Les câbles dépassent et l'engin pèse une quinzaine de kilos. Qu'importe, plus tard, il les déposera tous. Le cyclisme prend progressivement le pas sur son autre passion, les animaux. Alberto a dompté les oiseaux avant de dompter les collines. Il les ramenait au foyer familial, au grand dam de ses parents qui l'auraient bien imaginé vétérinaire. « On avait une relation personnelle assez proche pendant deux ans. On avait la même passion, les canaris. J'avais des élevages de canaris, j'ai fait des compétitions de canaris. Lui, il aime bien ça, la chasse, et tout ce qui tourne autour », se souvient Luis Gomes, son mécanicien au sein de l'équipe Tinkoff Saxo (2013-2016). Les bêtes ne le quitteront jamais. Coquin avec elles, et notamment avec les canaris dans son jardin, il l'est dans la vie. Habile, imaginatif, le Madrilène est un créateur. Déjà, Contador est l'anti-Indurain. Avant d'être sur le toit du monde, l'enfant de Villava ne parlait pas. Un temps enfant de chœur, servant à l'église et priant saint André et la Vierge du Rosaire, Miguel avait pour patois le silence.

Sa paroisse à lui est celle de Iglesia de Santo Domingo de Silos. En plein cœur de la municipalité. L'aînée d'au moins cinq siècles de la jeune église de San José, située à quelques centaines de mètres. Des décennies de travaux confèrent à Santo Domingo de Silos son allure d'aujourd'hui, d'une valeur architecturale et historique précieuse pour ses croyants, récemment rénovée du sol au plafond. Déclarée bien d'intérêt culturel par la communauté de Madrid en novembre 2019, sa géométrie en fait un lieu unique, ses piliers respirent la Renaissance, son ensemble est d'influence gothique. Le monument est un témoin de l'histoire. Il dû d'abord faire face aux désagréments de l'armée française napoléonienne au commencement du XIXe siècle durant la guerre d'indépendance espagnole, et au saccage de ses soldats. Puis, l'histoire étant un éternel recommencement, les événements du monde feront dire un siècle plus tard à Georges Clemenceau qu'il « est plus facile de faire la guerre que la paix ». Santo Domingo de Silos porte encore en elle les stigmates et souvenirs douloureux d'un franquisme dévastateur. 1936 : la guerre civile espagnole éclate. Le début de la fin. Républicains font face aux nationalistes du général Franco. Un combat sans merci et des massacres quotidiens. Pinto connaît la tragédie. La plus connue est celle du 13 rue de las Monjas. Les mois de juillet et août 1936 voient au nombre de sept les assassinats dans la cité. Septembre est encore plus meurtrier. Religieuses, ouvrières, agriculteurs, industriels. Des tués par dizaines. Le 9 septembre, le jeune médecin de Pinto, Nicolás Ortega Jiménez, qui habite l'adresse en question, comprend que les milices du comité de la ville ont l'intention d'emmener, violer et tuer sa femme. Selon les historiens, cette nuit-là, alors qu'elle est endormie, il lui tire une balle dans la tête avant de mettre fin à ses jours. Les deux reposent aujourd'hui au cimetière de Pinto. Se sont ensuivis, dans tout le pays, trente-cinq ans de dictature franquiste qui s'est achevée quelques années avant la naissance de celui qui défiera toute autorité sur son vélo, rendant à l'Espagne sa grandeur cycliste au siècle suivant.

Contrairement au roi Miguel, Alberto parle. De vélo, surtout. La seule chose qu'il range correctement à la maison. Il se lève tôt le matin pour s'entraîner. Puis repos. Vélo, repos. Repos, vélo. Avec la peur en tête d'une crevaison et de voir son rêve partir en fumée, faute de moyens. « Avec tout ce qu'il se donne comme moyen, on va l'aider ce gamin, non ? » se disent ses parents, qui consentent peu à peu à faire des sacrifices. « Et s'il devenait bon, et très fort ? » se bercent-ils, comme un horizon lointain, impossible. Alberto, le vélo, et rien d'autre. Les amis un peu, mais pas trop. Quand ils viennent à la maison, souvent lui est dehors en train de s'amuser avec son jouet favori. Les filles, pas encore. Les directeurs sportifs, déjà. Au foyer familial, ils sont plusieurs à venir toquer à la porte, désireux de discuter avec papa et maman.

— C'est pour Alberto, il a le potentiel pour devenir un excellent cycliste.

— Oui, oui...

Ils entendent mais n'écoutent pas. Francisca souhaite que son *niño* devienne une bonne personne, avant d'être un bon cycliste. Très certainement n'avait-elle pas en tête cette citation de Pablo Picasso : « Dans chaque enfant il y a un artiste. Le problème est de savoir comment rester un artiste en grandissant. » Alberto est un jeune artiste et personne encore ne le sait. Hormis, peut-être, ceux qui le surnomment Pantani.

2

LES DÉBUTS D'UN MIRACULÉ

Le Madrilène sillonne l'adolescence au rythme des routes de la région, sur le vieil Orbea légué par son oncle. Impatient et talentueux, Alberto veut se frotter aux meilleurs jeunes de sa ville, se comparer aux champions du territoire. En cadet et âgé de 14 ans, l'insouciance n'est plus permise et approchent les premiers résultats déterminants pour le futur. Sur les routes du Giro et de la Grande Boucle, c'est un Italien chauve, de l'équipe Mercato Uno, qui dicte sa loi.

Marco Pantani. Si Alberto Contador ne gagne pas la moindre course sous les couleurs d'Uni Pinto lors de ses deux premières années dans le peloton madrilène, les observateurs aguerris de ces épreuves d'adolescents ont déjà décelé en lui de grandes qualités de grimpeur, lui valant d'être baptisé du nom d'« Il Pirata ». Dépourvu de pointe de vitesse, son meilleur classement en cadet reste une anecdotique 5e place.

En junior 1, l'année 1999 n'est pas couronnée de succès. Trop désarmée, sa structure le prive de toute progression. En fin de saison, et pour la première fois de sa vie, Alberto quitte Pinto pour la formation madrilène du Real Velo Club Portillo. Sur les traces de Julian Berrendero et Federico Bahamontes, tous deux passés par le même chemin.

— Pinto, ici Alberto. Attends-moi. Je reviendrai, en haut du balcon, sous l'inscription « Hôtel de Ville ». Je reviendrai pour te rendre fier.

Les études dont rêvaient ses parents sont désormais obsolètes. La carrière d'Alberto sera associée au vélo. Ses qualités ont fait pencher la balance en sa faveur. À 18 ans, Contador s'est aguerri. Il lève les bras pour la première fois de sa jeune carrière au Trofeo Colmenarejo, dans la communauté de Madrid, et devient un sérieux candidat à une sélection en équipe d'Espagne junior. Porter le maillot rouge et jaune de sa sélection nationale, avant, qui sait, de porter le jaune en juillet et le rouge en septembre, un jour de sa belle vie. Têtu et motivé, Contador montre encore plus, toujours plus. Sur la Vuelta Ciclista al Besaya, une course par étapes reconnue en Cantabrie, il termine meilleur grimpeur devant les coureurs de l'équipe d'Espagne, du Portugal et de France, ainsi que des coureurs de formations hollandaises, allemandes et belges. Il ne quitte que rarement son maillot de la montagne durant les trois jours de course. Il est loin, le gamin des oiseaux et canaris.

À la manière de ses illustres aînés, artistes des monts qui affectionnaient les maillots à pois sur les routes du Tour de France, Contador les empile lors de sa dernière année chez les jeunes. « On le comparait à Pantani, parce que c'était une époque où il gagnait tous les prix de la montagne des courses qu'il disputait. Quand il allait à une course en Espagne, chacun savait avant le début qu'il gagnerait le prix de la montagne », rapporte son fidèle attaché de presse Jacinto Vidarte. C'est sur la Sierra Norte, réputée comme l'une des courses les plus difficiles du calendrier espagnol dans la catégorie junior, que Contador se montre le plus impressionnant. Habituellement, l'adolescent ne se bat pas pour les lauriers du classement général. Cette fois, il termine 2e de cette course par étapes derrière Alberto Rodriguez, frère de Joaquim Rodriguez. Voilà qui conclut la meilleure saison de sa carrière et qui fait de lui un candidat sérieux pour représenter son pays aux Championnats du monde de cyclisme à Plouay, en Bretagne.

Un leurre. Son sélectionneur ne le juge pas encore au niveau. Les présentations entre le Madrilène et l'Hexagone sont repoussées à plus tard. Alberto Contador termine ses deux saisons chez les juniors sans aucun résultat marquant. « Il y avait pas mal de coureurs de très bon niveau. Les courses importantes en Espagne avaient un niveau très compétitif, parce qu'il y avait vingt ou trente coureurs qui ont ensuite eu une bonne carrière professionnelle et qui performaient déjà dans les catégories jeunes », rapporte l'ancien coureur cycliste espagnol, Mikel Astarloza. « Le niveau était très haut. Contador ne gagnait pas, mais il était toujours dans le groupe de tête. Il n'avait pas la vitesse pour gagner au sprint, alors à chaque fois que ça arrivait en petit groupe, peut-être qu'il ne pouvait pas gagner la course, mais au moins, il était toujours devant », ajoute le 9e du Tour de France 2007.

« En Espagne, il était déjà connu depuis les juniors. Il a toujours été très fort, mais ce qu'il avait peut-être de plus que les autres, c'est un mental un peu plus fort. Il était toujours concentré. Il était toujours paré pour réussir ses objectifs. Et ça se voyait. Il faisait aussi très attention au moindre détail », rapporte de son côté José Luis Arrieta, ancien coureur cycliste professionnel (1993-2010) et directeur sportif de la Movistar (2011-2021).

Au détour d'une conversation, son coéquipier au Real Velo Club Portillo, Jesus Hernandez Blazquez, lui conseille de le rejoindre chez Iberdrola, l'une des filiales de l'équipe Once du célèbre directeur sportif Manolo Saiz. Une décision lourde de sens pour le jeune coureur qui doit quitter sa région natale et ses parents. Alberto part s'installer au Pays basque et rejoint son ami, celui qui deviendra le plus fidèle compagnon de route de sa carrière.

Présent dans l'une des meilleures équipes d'Espagne et habitant dans la région idéale pour exploiter pleinement son potentiel, Contador n'a besoin que de trois mois pour impressionner les suiveurs assidus du cyclisme ibérique en s'imposant sur la Subida a Gorla, une course d'un jour disputée dans les environs de Bergara. « Retenez bien ce nom : Alberto Contador. Ce Madrilène de Pinto est devenu le plus jeune vainqueur de la Subida a Gorla », peut-on lire dans la presse régionale le lendemain de la victoire. CON-TA-DOR, trois syllabes qui résonnent désormais à travers l'Espagne du vélo. « Quand j'étais amateur, il y a eu une course qui m'a marqué, c'était la Subida a Gorla en 2001 au Pays basque, lors de ma première année en tant qu'amateur. Il s'agit d'une courte montée que l'on fait comme une course sur route, et celui qui arrivait le premier au sommet gagnait. Les gens avaient l'habitude de dire que celui qui la gagnait devenait un professionnel et un bon coureur. J'ai eu trois chiens, l'un s'appelait Tour, et un autre Etna. Mais le premier, je l'ai appelé Gorla, parce que cette ascension et cette course étaient si importantes pour moi », confie l'intéressé au micro de Cyclingnews en 2018.

Alberto vient de se faire un nom dans le paysage du cyclisme espagnol. « Lors de sa première année en espoir, chez les amateurs, il avait remporté la Subida a Gorla en battant le record de l'ascension. C'était une course réputée et il venait seulement de finir ses années en tant que junior », se souvient Carlos Arribas, journaliste chez *El Paìs*. Dans la même saison, Alberto est tout proche d'ajouter une nouvelle ligne à son palmarès lors de la Subida a Urrika, mais préfère laisser la victoire à son amigo Jésus Hernandez. Tiens, prends ça ! Tu me le rendras.

Les hommes de montagne le savent, certains à leur dépens. S'ils souhaitent nourrir de grandes ambitions, être bon grimpeur ne suffit pas. Le contre-la-montre est un autre pan du développement des espoirs, une autre exigence du haut niveau. Contador l'a bien saisi et performe. Médaillé de bronze un an plus tôt, il remporte le titre de champion d'Espagne de la discipline en 2002 chez les U23. Son premier maillot de champion national, sous les couleurs de l'équipe Wurth, la filiale officielle de l'équipe Once, qu'il a rejointe après avoir fait ses gammes pendant un an à Iberdrola. Pour la première fois, la marche royale retentit sur le podium d'une course. Pour lui. « C'est le fruit de ses origines. Il s'est toujours entraîné à Pinto, un village entouré de plaine, avec beaucoup de vent. Il a donc toujours été habitué à souffrir, lutter, s'entraîner dans ces conditions. Ça l'a aidé par la suite à être performant en contre-la-montre », justifie

Jacinto Vidarte. Carlos Arribas tempère : « Ce n'était pas réellement un spécialiste du contre-la-montre quand il était jeune. Il faut dire aussi que le niveau de CLM en Espagne n'était pas aussi bon que ça. Regardez, Juan Ayuso[1] a été champion d'Espagne du CLM chez les juniors et je crois que Carlos Rodriguez[2] a été champion d'Espagne du CLM chez les amateurs. Le truc aussi, c'est qu'il était avec Manolo Saiz, et Manolo Saiz avait une obsession avec le contre-la-montre, la préparation de cette discipline et la préparation minutieuse du matériel. Avec Manolo Saiz, il a beaucoup appris sur sa position en chrono, la connaissance sur les composants aérodynamiques. Maintenant, il a une très bonne maîtrise de tout ça. » Le 25 avril 2003, Contador court pour la première fois en France lors du Ruban granitier breton et prend la 9e place du classement général final après six étapes contre des professionnels. En ce printemps, la jeune puce dit bonjour à la France. Il la salue et lui dit à bientôt. France qu'il rêve de conquérir.

Clairvoyant et expérimenté, Manolo Saiz cajole sa pépite. Il décide de le faire passer stagiaire pour le reste de la saison. Avec l'équipe Once, Contador participe à la course Paris-Corrèze pour épauler son leader Giampaolo Caruso,

1. Juan Ayuso est un coureur cycliste professionnel chez UAE Team Emirates.

2. Carlos Rodriguez est un coureur cycliste professionnel chez Ineos Grenadiers.

dont la carrière ne sera pas à la hauteur des espoirs placés en lui. En cette fin d'année, Alberto dispute le Championnat d'Europe sur route (53e) le Championnat d'Europe (43e) et du monde (16e) du contre-la-montre avec la sélection espagnole. Dans sa tête, c'est déjà acté depuis longtemps, Manolo Saiz décide de faire passer Alberto chez les professionnels. Professionnel, le gamin qui rêvait du Real Madrid et des oiseaux. Celui qui, petit, n'avait pas le vélo des héros, immensément loin d'être un jour le héros du vélo.

Pas gagné d'avance non plus après le règne Indurain, qui avait vu l'Espagne s'enthousiasmer d'un roi au gabarit hors-normes : pas loin de 1,90 mètre pour près de 80 kilos. Eusebio Unzue, directeur sportif de la nouvelle formation iBanesto.com, qui avait à l'époque recruté Miguel chez Reynolds, ne s'est pas positionné pour Alberto. Rien d'étonnant de la part d'une équipe conservatrice. « Je le prends chez Reynolds, les puces, c'est fini. Moi je veux des grands, des balèzes, des géants ! Ce sont les géants qui gagnent le Tour. On n'est pas qu'un pays de puces, on ne doit pas se cantonner au Grand Prix de la montagne, on doit gagner des Tours, nous aussi, et pour ça, il faut des costauds qui roulent et qui sortent, qui vont voir ailleurs ce qui se passe, comme l'avait fait Canardo[3] », assénait-il le siècle précédent.

3. Christian Laborde, *Le roi Miguel*, éditions Stock, 1995.

Pour ses débuts chez les pros, la puce, celui qui n'est ni géant ni balèze, se cantonne à l'Espagne. Sa première course chez les grands se déroule à Palma de Majorque. Un circuit de 80 kilomètres pour les sprinteurs où Contador termine 122ᵉ. L'Espagnol est pleinement satisfait, finissant dans le même temps que le vainqueur. « Quand j'ai terminé la course, la première chose que j'ai décidé de faire a été d'appeler ma mère pour lui dire que j'avais bien fini... et elle m'a grondé parce que, si un jour j'avais un problème et que je ne pouvais pas l'appeler, elle m'a dit qu'elle allait être inquiète. Tour de la communauté de Valence, Critérium international, Vuelta a Aragon, Vuelta Ciclista a la Rioja, le néo-professionnel aide ses coéquipiers tel un bon lieutenant. Le 11 mai 2003, il change de costume et devient faiseur de roi en permettant le succès de l'un de ses coéquipiers sur la Clasica International Alcobendas : Joseba Beloki, 2ᵉ du Tour de France et 3ᵉ du Tour d'Espagne l'an passé. Beloki tient la meilleure forme de sa carrière et Alberto apprend, écoute, le flambeau en ligne de mire. Contador enchaîne les bons résultats. Une pré-voie royale se dessine. 2003 marque les prémices.

En septembre, au Tour de Pologne, la veille du dernier jour de course, Alberto est 28ᵉ au classement général. Il n'attend pas grand-chose du contre-la-montre final qui se termine dans les rues de Karpacz, avec un seul coéquipier dans son équipe. Il a plu toute la semaine en Pologne.

Sa frêle carcasse est en terrain hostile. La dernière journée se déroule en deux parties : une course de côtes le matin et un contre-la-montre l'après-midi. « Je suis allé voir le directeur la veille et je lui ai dit : "Et si je me contentais de faire les gestes du matin, que j'économise le plus de force possible et que je me donne à fond l'après-midi ?" Le directeur, Santi García, m'a regardé et m'a dit : "Ok, si c'est ce que tu veux." Je me suis donc relevé lorsque la course a commencé à s'emballer lors de la course de côtes. L'après-midi, j'étais à l'échauffement et je devenais vraiment nerveux. Je me répétais sans cesse : *Je dois gagner, je dois gagner.* Ensuite, j'ai obtenu le meilleur temps, et aucun des coureurs qui se jouaient la victoire finale n'a pu me battre. Je pense que c'est la seule fois dans ma carrière de professionnel où je me suis délibérément laissé aller sur une étape et où j'ai abandonné pour pouvoir faire mieux la suivante. » En Terre des Champs, Alberto est vainqueur pour la première fois de sa carrière chez les professionnels. Le flambeau se rapproche et l'enfance s'éloigne. Grâce à un contre-la-montre, grâce à Pinto, ce village entouré de plaines, avec beaucoup de vent. C'est Jacinto qui le dit.

Le néophyte prend du galon chez Once-Eroski. Son talent trace sa voie. Un chemin pour l'heure sans réelles embûches.

Et soudain…

Il a 21 ans, le bonhomme. La malchance n'avait pas encore vraiment croisé son chemin. Celle que tous les grands champions doivent un jour affronter. Alberto est promis à un brillant avenir, doit devenir le protagoniste des futurs romans qui aiment tant retracer la gloire des cyclistes éternels. Professionnel depuis un an, il arbore fièrement la tunique bleue de la Liberty Seguros, toujours tenue d'une main de maître par son mentor, Manolo Saiz. *Elle sera jaune un jour*, doit-il se dire, lui le gamin rêveur, toujours aussi proche d'un foyer qui l'a vu grandir et de ses membres, sa famille, son pilier absolu. 2004, l'année de l'ascension, de l'ambition, de la confirmation. 2004 : l'année de la stupéfaction.

Tour de la communauté valencienne, Paris-Nice, Semaine catalane, Tour d'Aragon. Les courses par étapes défilent et rythment sa saison. Le printemps approche, le rêve de participer à son premier Tour de France d'ici quelques semaines se dessine. Va-t-il rejoindre la grande communauté des coureurs espagnols ayant défié la Grande Boucle, des *escaladores* comme on dit de l'autre côté des Pyrénées ? La préparation à cette illusion plus tout à fait utopique l'emmène au nord de l'Espagne, du côté d'Oviedo pour le départ du Tour des Asturies. Là-bas, jadis, Federico Bahamontes triompha à deux reprises, en 1955 puis 1957. Moins lointain, Miguel Indurain remporta la course en 1996, à la fin de sa carrière. « Asturies » paraît rimer avec « passage obligé » pour quiconque souhaite un jour tutoyer les étoiles.

L'espoir a 21 ans, mais déjà le malheur guette. Quelques jours avant le départ de la course, des maux de tête le frappent. La fierté d'un gamin aspiré par le bitume, mais aussi et sans doute la peur de devoir renoncer l'incitent à ne pas en faire part au médecin de l'équipe. Le Tour, c'est dans moins de deux mois. Quelques médicaments pour le mal de crâne suffiront. Ils ne suffisent pas.

— Alberto, ici la lumière. La mort va venir te chercher. Reste avec nous, *chaval* !

À peine une trentaine de kilomètres et les maux de tête se convertissent en cauchemar. Contador chute, s'effondre. Pris de convulsions sur le macadam. Ses espoirs s'envolent, sa vie aussi, peut-être. Santiago Zubizarreta, médecin de l'épreuve, retient sa langue avant de l'intuber. Il sera à tout jamais un héros de la famille Contador. À Pinto, en milieu d'après-midi, le téléphone sonne. D'un bout du fil, Manolo Saiz, de l'autre, Francisca. La maman. « Les images que vous allez voir circuler sont dures, mais *tranquilo*, ça va aller. » Pas de quoi rassurer n'importe quelle mère de famille. Les examens révèlent un anévrisme cérébral. Alberto s'en remet et quitte rapidement l'hôpital d'Oviedo.

— Alberto, ici Eddy. Eddy le Cannibale. Tu n'étais pas né, mais moi aussi, j'ai failli y rester. C'était au vélodrome de Blois, en 1969. J'ai gravement chuté, avec mon entraîneur Fernand Wambst. Lui est parti, et mes douleurs au dos me le rappellent chaque jour de ma vie. J'aurais pu l'accompagner. J'ai eu chaud, Alberto. Tu es sauvé, mais ce n'est pas terminé. La mort te surveille encore. Il te reste une étape et tu devras la vaincre.

Une étape, un effroi. Une quinzaine de jours plus tard, chez lui, à Pinto, le champion récidive. Le mal était encore présent. Il réapparaît en pleine nuit.

— Maman, maman, j'ai mal au crâne. La même chose que quand j'ai eu l'accident.

— Alberto, ne me dis pas ça, je t'en prie.

Arrivés dans la chambre, les parents découvrent leur fils au sol, convulsant une nouvelle fois. Les secours mettent du temps à arriver. Les minutes paraissent des heures. Au tour de ses parents de lui tenir sa langue. Il les mord. Francisco junior voit son frère le quitter. Le pire moment de sa vie, confiera-t-il plus tard. Une fois à l'hôpital Ramon y Cajal de Madrid, le diagnostic est sans appel. Un caillot de sang au cerveau nécessite une opération d'urgence. L'intervention chirurgicale de plusieurs heures est périlleuse, Alberto Contador est plongé dans le coma. Il aperçoit la mort, mais que lui dit la mort ?

Trois semaines de sommeil avant le réveil, 70 points de suture, d'une oreille à l'autre, et une crainte énorme : une éventuelle paralysie totale ou partielle. Comment va-t-il récupérer et quelles vont être ses capacités motrices et mentales ? Après cet épisode, pour ses proches comme pour les médecins, il n'est plus question de vélo mais de permettre au jeune homme de reprendre une vie normale, d'être autonome au quotidien. Alberto n'est pas de cet avis. Sa récupération après l'opération s'effectue mieux qu'espérée, assure sa chirurgienne, Aurora Martinez Rodrigo[4], qui se souvient de la seule obsession dans le crâne du Madrilène convalescent : remonter au plus vite sur un vélo. « C'était une opération.. pile ou face presque. Le risque de séquelles était élevé. Mais lui voulait être une personne normale et non dépendante de quiconque durant toute sa vie. Jusqu'au bout, il a tout fait pour reprendre le vélo », appuie Jacinto Vidarte.

Un mirage. À la clinique Ramon y Cajal, les médecins, dont l'ancien chef de service, sont formels : « Jamais ce garçon ne remontera sur un vélo. » C'est mal connaître celui qui a tout sacrifié durant deux décennies pour en arriver là. « Les accidents et les hasards qui émaillent au cours d'une vie ont une réelle incidence (…). Il faut alors faire preuve d'élégance et de courage, avec les cartes que l'on a en main[5]. »

4. Dans le documentaire *Alberto Contador Una Vida Cuesta Arriba*, Teledeporte.

5. Barack Obama, *Une terre promise*, éditions Fayard, 2020.

Élégance, courage. L'audace d'espérer. Expression bellissime, tout comme l'est la résilience d'Alberto Contador. D'abord se remettre à marcher. Puis OK pour le vélo, en novembre ? Après 7 mois sans sport, mais toujours accompagné dans un premier temps. Ses amis de Pinto sortent avec lui, avant que les médecins ne l'autorisent à reprendre l'entraînement et redevenir un cycliste. Un travail de titan. Une carrière professionnelle qui tient à un fil… et deux plaques de titane dans le crâne. Le surdoué est aussi un miraculé. Le cyclisme espagnol aurait pu perdre son deuxième espoir. Personne n'a oublié Antonio Martin, dont la vie fut brisée il y a de cela dix ans, par le rétroviseur d'un véhicule qui le draguait d'un peu trop près en pleine préparation hivernale. Lui aussi était vêtu de bleu, le bleu de la Banesto qu'il venait de rejoindre pour épauler le roi Miguel et accompagner les derniers pas de Perico Delgado. Lui aussi était originaire de la banlieue de Madrid, du village de Torrelaguna, et était fou du Real. Lui aussi était l'espoir du cyclisme espagnol, désigné meilleur jeune du Tour 1993. Lui avait 23 ans et tu n'en as pas encore 22, petite puce madrilène. Toi qui n'es ni géant ni balèze.

Luis Leon Sanchez est également un homme d'épreuves personnelles. Le parcours des champions espagnols est un roman. En octobre 2005, âgé de 21 ans, le futur maître du contre-la-montre perd son grand frère dans un accident de quad. Une tragédie et des souffrances qui vont lier à vie les deux coureurs de la Liberty Seguros. « On a eu la chance de préserver cette amitié », nous confie « Luisle » durant un jour de repos de la Grande Boucle 2022, comme un trésor inébranlable. Avant le drame, les deux hommes partagent une saison qui voit Alberto faire son retour à la compétition. En janvier, l'équipe prend le départ du traditionnel Tour Down Under, en Australie. Première victoire sur un classement général dans la carrière professionnelle de Luis Leon Sanchez, mais c'est une autre image qui marque les esprits et la planète cyclisme. Au lendemain d'une année 2004 à deux doigts de le voir disparaître, El Pistolero triomphe en marge de l'étape reine, au sommet de la colline de Willunga. Au terme d'un final à deux, le maillot jaune offre sur un plateau la victoire au ressuscité, le pointant du doigt pour désigner à tous le phénix rené de ses cendres. Un oiseau dont le *niño pinteño* aurait pris le plus grand soin. Contador exulte, libéré, délivré, d'un succès inespéré. Les dieux du vélo sont formels, c'est un miracle. L'accolade entre les deux hommes n'est pas feinte. Sanchez est un seigneur.

À l'autre bout du monde, décalage horaire oblige, il est 5 heures du matin quand ses parents apprennent la nouvelle sur Internet. Chez eux, il exposera ses principaux trophées dans le salon, Giro, Tour, Vuelta… et Australie 2005. La victoire la plus importante de toute sa carrière, dira-t-il à plusieurs reprises aux journalistes dont fait partie Nicolas Geay, commentateur du Tour pour France Télévisions. « Il a cette capacité de réagir quand t'es au fond du trou. Il y a ce coma avec cette cicatrice, sur laquelle il a beaucoup moins communiqué qu'Armstrong, par exemple. Il avait cette discrétion de quelqu'un d'assez pudique. » Une résurrection, signée le phénix de Pinto.

Bonjour la mort, je t'ai battue. À moi la montagne !

Comme Merckx en 1969, il ne sera plus jamais le même. Alberto Contador a 21 ans pour toujours.

3

LIBERTY, L'ASCENSION

Alberto pense au Tour de France. *Faire du vélo, ça ne s'oublie pas,* est-il aisé de dire dans la pensée populaire. Pourtant, Contador doit reprendre ses bases s'il veut être au départ de la Grande Boucle à Fromentine dans six mois. En Australie, il côtoyait quatre-vingt-quatorze coureurs, dans les plaines, sur des routes larges. En France, ce sont 189 athlètes, qu'il faudra suivre avec la fougue des voltigeurs en descente et celle des sprinteurs lors des arrivées massives. Le retour dans la folie du peloton ne semble pas l'inquiéter, lui qui obtient ses meilleurs résultats dès le début de cette saison 2005. Pour son premier gros objectif de la saison, Paris-Nice, Alberto est exonéré de la moindre pression, puisqu'il n'est qu'un simple équipier. Jorg Jaksche, le leader de son équipe, ambitionne de défendre sa couronne en compagnie de Dariusz Baranowski, d'Igor González de Galdeano et de Luis Leon Sanchez. Au soir de la première étape, coup de tonnerre, Contador termine 7e du prologue, juste devant le triple champion du monde du contre-la-montre, l'Australien Michael Rogers. L'Espagnol marque les esprits, mais l'emballement est de courte durée. Le lendemain, sur les routes venteuses de l'Indre, les bordures le piègent et il rallie la ligne d'arrivée loin des leaders. Les compteurs sont remis à zéro. Le jeune homme est têtu, mais ça, on vous l'a déjà dit. Au sommet du mont Faron, lors de la cinquième étape, Alberto surprend ses coéquipiers et les membres de son équipe. Désireux de doubler la mise sur la Course au soleil, Jorge Jaksche mise tout sur cette étape. Sauf que ses équipiers de luxe craquent les uns après les autres. À la fin, il n'en reste plus que deux : Dariusz Baranowski et Alberto Contador. Dans les derniers kilomètres de la terrible ascension du mont Faron, le Polonais cède et dans le groupe des favoris, il ne reste plus qu'une quinzaine de coureurs dont Jörg Jaksche et… Contador. Les deux hommes lâchent à 1 500 mètres du sommet et l'Espagnol termine 12e. Son meilleur résultat face au gratin du cyclisme mondial. Paris-Nice 2005 : symbole de la renaissance d'Alberto Contador, dissertent les journalistes de *L'Équipe*. « Le prometteur espagnol qui a frôlé le pire semble relancé. » Le résultat final est encore modeste[6], mais

6. Quinzième à 2 minutes 18 de l'Américain Bobby Julich.

il s'est montré performant dans le Massif central. « Il avait 22 ans, c'était un bon coéquipier, un bon garçon, avec la tête sur les épaules, il savait déjà ce qu'il voulait devenir. Et il l'a montré durant toute sa carrière ensuite. Après son accident, je crois que ça l'a renforcé mentalement, quelque part », rapporte Luis Leon Sanchez.

Conscient d'avoir les capacités lui permettant de suivre les meilleurs coureurs de la planète dès que la route s'élève, Contador se met à rêver du maillot jaune de leader. Il ne lui faudra que dix jours pour endosser celui de la Semaine catalane après un succès tonitruant au Coll de Pal. Le jaune, couleur du soleil et de la joie. Alberto adopte le jaune, celui des canaris et de la tunique rêvée. Si la Semaine catalane n'est pas une course de renom, Contador donne, lors de cette troisième étape, une leçon aux plus grands. Roberto Heras, triple vainqueur du Tour d'Espagne, termine 9e, Gilberto Simoni 14e et Iban Mayo franchit la ligne d'arrivée avec 20 minutes de retard.

Et une course par étapes dans l'escarcelle ! Une, messieurs du peloton !

L'Espagne est prévenue, un nouvel héritier se positionne pour récupérer la couronne.

Si Pinto est son premier foyer, les terres basques sont sa maison d'adoption. Le niveau est nettement plus relevé pour le Tour régional, mais le futur *dégaineur* a un avantage de taille. « Les Basques ont une mentalité différente des Espagnols, mais Alberto a aussi grandi avec le cyclisme basque. Les mecs sont des coureurs rugueux, ils n'ont pas peur des mauvaises conditions de course », détaille Roman Kreuziger[7], lieutenant d'Alberto Contador entre 2013 et 2016.

Sur les chemins étroits et tortueux, Alberto est irrésistible. Lors du dernier jour de course, il est idéalement placé, proche de remporter sa première étape sur une course Pro Tour, l'échelon le plus haut du cyclisme moderne. Le matin, Contador remporte le sprint du peloton des favoris. Lors du contre-la-montre l'après-midi, il est harangué par la foule. Alberto gagne, encore, et devant tous les spécialistes du contre-la-montre. Son sourire sur le podium aux côtés des deux meilleurs puncheurs du moment, Davide Rebellin et Danilo di Luca, illustre en ces temps de Pâques la résurrection du Christ espagnol. Un an après le drame.

— France, France. Douce France. Toi que j'ai regardée chérir Miguel et Pedro. France, j'arrive, prêt à t'aimer. Aime-moi aussi, France.

L'Espagnol va participer au Tour et son calendrier est organisé pour qu'il monte en puissance sur le Tour

7. Entretien avec les auteurs.

de Romandie et le Critérium du Dauphiné. En Suisse, l'équipe Liberty Seguros-Würth aligne ses meilleurs coureurs : Heras, Jaksche et Contador. Encore jeune, le futur visiteur de l'Hexagone doit prouver et aller chercher sa stature à la pédale. Lors de la quatrième étape courue en trois boucles autour de Châtel-Saint-Denis, Les Paccots, Alberto est à la lutte avec trois Italiens pour la victoire d'étape. Au pied de la montée finale, il est encore dans la roue de Garzelli, Piepoli et Cunego alors que Jaksche et Heras sont distancés. Dans les trois derniers kilomètres, le *mano a mano* entre les leaders est insoutenable, et c'est à ce moment précis que le prince de Pinto décide de montrer aux Ritals que l'Espagne est la grande nation du cyclisme. Alberto contre une attaque de Piepoli, laisse ses adversaires pantois et file, seul, en direction de la ligne d'arrivée. *¡ Arriba las manos, Alberto !*

« Mon premier souvenir de Contador, c'est lors du Tour de Romandie, le 30 avril 2005 aux Paccots. J'avais lu quelques articles sur lui dans la presse espagnole, de Carlos Arribas notamment. En Espagne, on savait que c'était un espoir du cyclisme espagnol, mais à l'international, on ne le connaissait pas. Après sa victoire, la cheffe de presse du Tour de Romandie me demande de faire la traduction de la conférence de presse, comme je suis Espagnol. Je m'assois à côté de lui et je vois sa cicatrice à côté de son crâne, une cicatrice qu'il portait depuis son accident en 2004 au Tour des Asturies. Il me raconte son histoire et on était tous stupéfaits dans la salle. C'est mon premier souvenir de lui et c'était très marquant. Un coureur si jeune qui gagne une étape sur le Tour de Romandie et qui te raconte que six mois plus tôt, il était passé près de la mort, c'est un souvenir très fort. Plusieurs coureurs m'ont dit après cette course que ça se voyait qu'il avait des watts, son démarrage dans cette montée avait été impressionnant. C'était un talent fou », rapporte Julian Cerviño, journaliste sportif pour le site suisse du *Nouvelliste.* « C'est l'une des premières fois où je le vois attaquer à la télévision. Il m'a déjà impressionné à ce moment-là. Il contre dans un col où tout le monde galère. J'avais vu son potentiel ce jour-là », se souvient Christophe Riblon.

Si près, la Grande Boucle s'éloigne soudainement quand, dans les Alpes, lors de l'étape reine du Dauphiné, il chute et abandonne la course après s'être entaillé les doigts dans les rayons d'une roue de l'un de ses adversaires. Alberto est blessé et les journalistes pensent qu'il n'est pas opportun de le faire débuter le prochain Tour de France. « L'année où il a eu son grave accident, il devait débuter sur le Tour de France. Manolo pensait qu'à 21 ans, Contador avait l'âge pour faire le Tour. Mais les autres directeurs sportifs disaient qu'il était encore trop jeune. Finalement, il a débuté sur le Tour de France 2005 avec

Luis Leon Sanchez. Manolo Saiz a toujours su qu'il avait une perle avec Alberto Contador. Mais Manolo avait un problème, il avait tendance à trop cramer les cyclistes prometteurs quand ils étaient jeunes. Il était trop interventionniste, il intervenait trop dans leur développement », analyse Carlos Arribas. Le calendrier dense du début de saison confirme cette thèse et le prive pour l'heure d'une saison professionnelle pleine.

Le 24 juin 2005, Manolo Saiz annonce sa liste devant la presse après cinq jours de stage intensif à Puente Viesgo dans la Cantabrie. Beloki, Heras, Davis, Jaksche, Sanchez, Serrano, Vicioso, Gonzalez de Galedenao. Contador.

À quelques jours du départ, la presse internationale cite les favoris pour le maillot blanc : Karpets, Popovych, Kashechkin, Wegmann. Jérôme Pineau, le coureur français de l'équipe Bouygues Telecom, fait figure d'outsider. Contador est parmi les talents à suivre. Manolo Saiz désire écarter tout objectif et toute pression autour d'Alberto. Le Tour de France commence sans accroc pour lui, mais une première alerte intervient lors de la quatrième étape, un contre-la-montre par équipes entre Tours et Blois. La formation Liberty Seguros-Würth réalise un excellent temps, mais le manager n'est pas pleinement satisfait : « Nous avons réalisé une course extraordinaire. Nous sommes parvenus à placer Roberto Heras en excellente position malgré le fait qu'Alberto Contador ait été, un instant, distancé », rapporte-t-il à la presse après la course. L'Espagnol court après sa forme et cela se confirme rapidement. Lors de la première étape de montagne, il est distancé par le peloton des favoris et termine à 6 minutes 38 de Valverde, dans un groupe composé de Stéphane Goubert, Sandy Casar et David Moncoutié. Des coureurs que Contador a largement dominés lors de la première partie de saison. Le général, hors de portée, place désormais aux échappées au long cours. Lors de la douzième étape, il parvient à prendre la fuite avec Flecha, Guerini, Chavanel, Casar et Voeckler, mais le peloton ne veut pas laisser le champ libre à l'Espagnol. Tout au long de l'épreuve, Contador traîne sa misère malgré quelques promesses. Il apprend aux côtés de Beloki et d'Heras la rigueur des plus grands et observe Armstrong lui montrer qui est le géant. Il le recroisera d'un peu plus près.

Premiers succès au haut niveau, podium sur le Pro Tour, découverte du Tour de France, Contador fait de 2005 un bagage de leçons et termine sa saison lors du Tour d'Allemagne en août. C'est à la maison qu'il assiste au sacre de son coéquipier Roberto Heras sur la Vuelta. Deux mois plus tard, alors que l'équipe s'apprête à partir à son premier camp d'entraînement, un événement secoue l'écurie espagnole. Roberto Heras a été contrôlé positif à l'EPO lors du dernier Tour d'Espagne et est déchu de son sacre. Le début de la fin pour l'empire de Manolo Saiz.

« La saison dernière s'est terminée pour nous avec le terrible choc produit par l'affaire Heras, deux mois après la fin de la Vuelta. L'hiver a été très dur pour l'équipe, mais je crois que Liberty a su se remettre, et, surtout, nous avons renouvelé notre engagement pour un sport propre », rapporte, déconnecté, Saiz lors de la présentation officielle de l'équipe. Grâce à de très bons résultats l'an passé, Alberto grimpe dans la hiérarchie de l'équipe Liberty. Le directeur sportif espagnol ambitionne le maillot blanc lors du prochain Tour de France et souhaite qu'il devienne l'ombre d'Alexandre Vinokourov, son nouveau leader. Rien que ça. Préservé en début de saison, pour ne pas réitérer l'erreur de l'année passée, Alberto débute 2006 à Paris-Nice. Les managers le désignent leader, et la presse internationale le cite parmi les favoris de la course. Miné par un mal inconnu, Contador semble ne plus être le grimpeur fou que le public a découvert en 2005. Était-il une illusion ? Une chimère d'un bonheur qu'on ne verra finalement jamais ? Lors de la deuxième étape, il est victime d'une crevaison et perd du temps sur le reste des favoris. Plus un danger, il se contente des échappées. Dépourvu de supplément d'âme, Contador ne bat personne et assiste impuissant, à Dignes-les-Bains, à la victoire de Joaquim Rodriguez.

C'est au Tour du Pays basque, une fois n'est pas coutume, qu'il retrouve un niveau convaincant. Avant de partir en stage de préparation à la prochaine Grande Boucle, Contador veut marquer un grand coup sur le Tour de Romandie, la course qui lui a permis de lever les bras la saison dernière pour la première fois en Pro Tour. *Bis repetita*, l'Espagnol s'impose lors d'une étape de haute montagne. À Leysin, Alberto endosse même le maillot jaune pour la première fois de sa carrière lors d'une course de cette dimension. Surtout, il domine Alejandro Valverde et Joaquim Rodriguez et envoie un message à son pays. Le successeur de Miguel s'appelle Alberto. Alberto la Puce.

Alors que l'équipe peaufine sa préparation, et que le Madrilène est à son rythme de croisière, un nouveau séisme vient frapper la Liberty. Le 23 mai, Eufemiano Fuentes, médecin qualifié de « pape de l'autotransfusion », et Manolo Saiz, sont arrêtés par la *guardia civil* lors d'une vaste opération contre le dopage dans le cyclisme : elle portera le célèbre nom d'affaire Puerto. Les perquisitions mènent, selon la garde civile, à la découverte de plus de 100 poches de sang congelé, plus de 100 poches de plasma sanguin, de nombreux documents liés à des pratiques dopantes menées sur des cyclistes, ainsi que leurs plans d'entraînement, du matériel de congélation et de centrifugation. Le docteur Fuentes œuvre depuis plus de 20 ans dans le peloton professionnel, mais personne ne connaît officiellement l'identité de ses clients, la justice espagnole bloquant leur identification. Deux jours plus tard, le groupe Liberty annonce dans un communiqué officiel qu'il met fin à son partenariat avec l'équipe cycliste après l'arrestation de Manolo Saiz. « Nous nous retirons en raison du tort causé à notre nom et au nom du cyclisme. C'est une conséquence de l'arrestation de Manolo Saiz, directeur sportif et actionnaire majoritaire d'Active Bay », explique un communiqué. Les coureurs se retrouvent sans sponsors, donc sans équipe. Samrouk-Kazyna, un conglomérat d'entreprises kazakhs réunies autour du nom de la capitale du Kazakhstan, Astana, décide de sponsoriser la formation espagnole pour lui permettre de courir la deuxième partie de la saison.

Malgré la cacophonie en interne, Contador veut gagner sa place pour le Tour de France. Il décide de dynamiter le Tour de Suisse auquel il participe. Il n'est plus un danger pour le classement général après avoir connu un jour sans, lors de la première étape. L'Espagnol se permet d'attaquer inlassablement. Déjà.

Lors de la huitième étape, Alberto part seul dans une escapade d'une trentaine de kilomètres pour s'imposer en solitaire au sommet d'Ambri. « Au Tour de France, j'espère progresser par rapport à l'année passée (31e). Mais l'objectif principal sera d'aider Alexandre Vinokourov », indique-t-il aux médias. Le rendez-vous est pris.

Le 30 juin 2006, veille du départ du Tour de France à Strasbourg. La presse espagnole publie les noms des coureurs cités dans le dossier d'instruction de l'affaire Puerto. Alberto Contador n'en fait pas partie, mais l'UCI reconnaît officiellement l'implication de neufs coureurs à la lecture du rapport de la *guardia civil*. Le nom de l'Espagnol sort, il ne participe pas au Tour de France. Astana non plus, puisque cinq des neuf coureurs présents dans cette liste font partie de la formation. Cataclysme. Alberto sera blanchi par la justice espagnole le 26 juillet 2006. Focus forcé sur la Vuelta qui démarre un mois plus tard à Malaga. Lors du Tour de Burgos, au soir de la quatrième étape, il chute en retournant vers son bus et perd brièvement connaissance. Alberto est rapidement pris en charge et emmené en urgence vers l'hôpital de Burgos. Chacun a en tête l'accident de 2004 et craint pour son état de santé. La saison de Contador s'achève ce soir-là, l'Espagnol ressortira indemne de cet accident.

— Amis de la montagne. Adversaires du peloton. Sommets de France, d'Espagne et d'Italie. Je suis Alberto Contador et je vais enfin vous montrer qui je suis.

4

L'OMBRE QUI S'ACCROCHE À LA MONTAGNE

Les souvenirs sont capricieux. Ils nous emmènent sur le terrain de l'émotion et de l'irrationnel. Dans le sport, dans le cyclisme, la nostalgie emporte tout. Des images et des instants figés. Des attaques, des chutes, des abandons, des exploits. Des rires, des larmes. Des mouvements, des danses. Les résultats sont éphémères. Ils entrent dans le registre de la statistique, des documents officiels, des palmarès. Celui qu'on ne retient pas. Ils s'estompent, puis s'effacent dans un imaginaire rempli de bonheur et de mélancolie. Alberto Contador est un chef-d'œuvre. Ici, le déroulé de sa carrière est mis entre parenthèses. Seul compte l'essence même de son particularisme. Le cœur de notre sujet. En somme ce qu'il restera. « Je pense que plus tard, lorsqu'on parlera de lui, on évoquera autant sa grâce que son palmarès. » Grégory Nicolas est un poète du cyclisme et il le sait bien : s'il avait été français, le beau brun aurait été le protagoniste de ses histoires mirifiques. Contador et ses 62 kilos rendent hommage aux gloires de ce sport merveilleux, orphelin de son seigneur, Luis Ocaña, parti en 1994 après avoir mis fin à ses jours. Ses contemporains pleurent encore ce moment où tout a basculé. C'était en 1971, l'orage l'a fait tomber dans le col de Menté alors qu'il portait le maillot jaune. Percuté, meurtri, contraint d'abandonner, et c'est toute l'Espagne qui fondait en larmes. Ocaña était un soleil, battu par la tempête. Il était beau aussi, Luis. Le lendemain, Eddy Merckx refusait de porter le maillot jaune. Plus tard, comme l'écrivait Christian Laborde, « Miguel Indurain pédalait en pensant à Luis Ocaña, à son père qui, en 1971, avait pleuré quand, à la radio, il avait appris la chute de Luis dans le col de Menté. »

À qui pense Alberto ? À qui pense-t-il durant ses méditations forcées depuis son accident et ses risques d'épilepsie ? À qui pense-t-il quand, debout sur sa machine, il convoque l'histoire et donne rendez-vous à Luis en ressuscitant son panache, son caractère, ses coups d'éclat et ses mésaventures ? C'est sans doute pour mieux voir son chemin qu'il a décidé de se dresser sans cesse sur les pédales, s'appropriant le mot *danseuse*, inventé rien que pour lui. Debout, il propose un vélo plus beau, plus gracieux que par le passé, le présent, et certainement, le futur. L'élégance de son coup de pédale élimine toute analogie. « C'est un truc inné. La première fois véritablement que je l'ai vu, c'était en stage. On était avec Johan Bruyneel. Un stage de décembre, on devait être à Albuquerque au fin fond des États-Unis. Et je l'ai vu se mettre en danseuse, j'ai dit "putain, c'est fabuleux quoi". J'étais deux mètres derrière, et Johan m'a dit "tu vois, c'est fantastique". J'ai pas connu Pantani, Bahamontes et tout ça, mais pour moi, c'est le plus grand grimpeur de tous les temps. C'est un coureur exceptionnel. » Alain Gallopin, gorge nouée. Il a été son directeur sportif chez Astana en 2008 et 2009. Jamais il ne reverra plus grand.

Spectateurs, téléspectateurs, adversaires, rochers, nuages, à tous il leur dit « coucou, je suis l'ombre qui s'accroche à la montagne ». Pas besoin de visage pour le reconnaître. Le corps suspendu, très en avant, balançant le vélo à sa manière mais toujours habilement, Contador fait de sa pratique une référence, une empreinte éternelle. « Il avait la classe. Il cultivait quelque chose qui lui a permis de se démarquer. Il n'avait pas besoin d'en rajouter. Son style suffisait », se souvient Jean-Julien Ezvan, responsable au service des sports au *Figaro*. Visage tantôt impassible, tantôt mâchoire serrée quand la pente se raidit ou la difficulté grandit, Alberto cultive son art. Derrière ce visage de tableau, cette face douce et impavide, il est un immense travailleur. Il étudie, avec ses équipes techniques, l'ensemble des mouvements de manière méticuleuse pour tirer profit de chaque caractéristique. « Il savait qu'en danseuse, le corps avait une meilleure circulation sanguine. Quand tu moulines plus, tes jambes récupèrent plus. Il y a moins de concentration d'acide lactique, car il bouge davantage. Il avait en tête tous les petits détails », ajoute Luis Gomes, son ancien mécanicien. Alberto se connaît, ses adversaires aussi, à force. Andy Schleck s'est longuement confié à nous sur le plus grand rival de sa carrière[8]. Il avait fini par cerner la puce espagnole. « À un moment donné, je l'ai étudié très très bien. Je savais quand il voulait attaquer, je voyais ses petits gestes, je savais quand il craquait. Ça m'a pris du temps pour voir tout ça. Il n'aimait pas trop la grande chaleur, par exemple. Il faut étudier ses adversaires. » Côté tricolore, on n'est pas en reste. Sujet d'admiration avant d'être leur adversaire sur les routes de l'Hexagone et ailleurs, Alberto est pour eux la dernière incarnation du grimpeur pur, inné, livreur d'émotions et de gestes impressionnants.

– **Christophe Riblon** : « Il avait la classe. Lui, il avait ce style du grimpeur qu'on retrouve chez peu de coureurs. Je pense à Pantani avant… Il a un style de pédalage qui image bien les grands grimpeurs de l'histoire du vélo. »

8. Cf. chapitre 8, « Trop fort pour Andy ».

– **Guillaume Martin** : « Alberto Contador fait partie des coureurs que j'appréciais quand j'étais spectateur, quand j'étais jeune. C'était avec mes yeux d'enfant et d'adolescent. Je pense qu'il pouvait rester 20 minutes en danseuse sans se rassoir. Tout ça, c'était assez impressionnant. Lors de ma première année chez les pros, il était encore dans le peloton et j'ai pu faire quelques courses avec lui. C'était un plaisir de pouvoir courir contre lui. »

– **Pierre Rolland** : « C'est l'un des derniers qui a vraiment des allures de pur grimpeur. Rester aussi longtemps en danseuse, être aussi incisif, on ne le voit plus. Aujourd'hui, on voit davantage des "rouleurs grimpeurs", on est plus sur ce créneau-là. Des vrais grimpeurs aussi explosifs, capables de faire des différences aussi rapidement, c'est l'un des derniers. Son style est inimitable. Il n'y a que lui qui avait cette faculté de démarrer et de rester en danseuse aussi longtemps. Jusqu'à sa dernière étape, jusqu'à l'Angliru[9]. »

Gracieux quand la route s'élève, bon rouleur et solide en contre-la-montre, le Madrilène ressuscite Charly Gaul, l'ange de la montagne, vainqueur du Tour 1958. L'autre Luxembourgeois de la Grande Boucle. Gaul était un géant, Alberto est une splendeur. Un diaporama d'images. Quand Alberto est en danseuse, le reste autour

9. Entretien avec les auteurs.

ne compte plus. Il nous rappelle que ce sport est esthétique. « Dans les cols, il étreint son vélo comme une partenaire par la taille, il sautille plus qu'il ne pédale, les bras bien raides sur le guidon, les hanches bloquées », écrit le journaliste Pierre Carrey dans *Libération*. Et voilà qu'avant d'être marié à Macarena Pescador, Contador s'est uni pour la vie avec la machine et la montagne. Il les alpague, les séduit avant de les conquérir. « On se dit que ce n'est pas possible, qu'il va finir par se tordre le bassin, qu'il va se provoquer une torsion ou se faire très mal. Et en fait, c'est son style, c'est sa morphologie, c'est la manière dont il a travaillé l'exploitation optimale de son corps, et donc ce déhanché lui permet de trouver un surplus de force. Il a des attaques très tranchées[10] », développe l'auteur de *Giro*. Attaques tranchées ou pétards mouillés, selon les étapes et les époques, Contador est un show. Il ne calcule rien, pas même le bonheur des fans et l'angoisse des directeurs sportifs. S'il l'entretient au fil des années, allant même jusqu'à en faire une marque déposée et un gage de grandeur à mesure que les victoires s'éloignent et que la fin se dessine, ses proches se rappellent que très tôt, déjà, El Pistolero avait fait de ce style son savoir-faire. « Il avait déjà cette élégance quand il est arrivé chez Liberty. Il n'a jamais changé. Ce style, il

10. Pierre Carrey, *Giro*, éditions Hugo Sport, 2019.

l'a travaillé, je crois. C'est aussi lié au fait qu'il a toujours été très discipliné quand il fallait travailler les choses qu'il maîtrisait moins. Cela l'a poussé à avoir un style élégant. Sa manière de monter sur le vélo, je pense que c'est naturel. Comme beaucoup de grimpeurs au poids plume. Quand ils ont besoin de puissance, ils doivent se mettre debout », confirme Jacinto Vidarte.

Chacun a son avis et ses souvenirs, mais personne n'est indifférent. Comment l'être ? Lui qui fait ressurgir dans les esprits les grimpeurs espagnols des grandes pages du vélo. De ceux-ci, Bahamontes fut le pionnier. Pour beaucoup d'anciens et de nostalgiques, le vainqueur de la Grande Boucle 1959 est à tout jamais le plus grand. Puis vint Ocaña, le magnifique, le courageux, le destin brisé. Enfin, l'hégémonique Miguel Indurain. Le roi Miguel qui dévorait tout sur son passage, à l'instar d'un Eddy Merckx deux décennies plus tôt. L'Aigle, le courageux, le roi. Et le Pistolero. L'Espagne du vélo est bénie des dieux. Entre temps, Pedro Delgado, Alejandro Valverde et tant d'autres ont accompagné cette gloire ibérique. Où placer Alberto dans ce cortège de champions, lui la puce, pas très balèze, héritier comme tant d'autres d'une Espagne ouvrière, paysanne, d'une Espagne des « *campos* » caractérisée par un manque de nourriture qui a fait de nombreux Espagnols des êtres petits, minces ; et des pionniers du cyclisme des représentants de cette classe. Il leur fallait escalader les montagnes pour étaler leur force sur le vélo, comme jadis Fermín Trueba et ses triomphes dans un pays en proie à la dictature. « Indurain, c'était la victoire, mais au niveau de la manière, ça plaisait beaucoup moins en Espagne. Parce que c'était une façon moins offensive de gagner. Pour faire une métaphore footballistique, on est tous menottistes et quand on gagne on devient bilardiste. Menotti et Bilardo, ce sont deux entraîneurs argentins, l'un pense au beau jeu et l'autre pense juste au résultat. On a tous pleuré quand Indurain a commencé à perdre, mais sa manière de gagner était moins à l'espagnole. C'était plus un cyclisme du nord, un cyclisme mathématique. Des choses qui plaisent moins en Espagne. Contador a grandi avec Delgado, le souvenir de Luis Ocaña, de Bahamontes et de beaucoup d'autres. En Espagne, le cyclisme qui plaît, c'est le cyclisme des courses de trois semaines. Et dans ces courses de trois semaines, ce qui plaît, c'est le grimpeur, celui qui attaque. Celui qui est agressif. Dans cette configuration, Alberto était le coureur parfait. À l'époque où Alberto est arrivé dans le cyclisme, les courses étaient beaucoup plus cadenassées. Christopher Froome a dit à propos d'Alberto Contador qu'il était le représentant d'un cyclisme plus agressif. Un cycliste plus offensif. Et ça, en Espagne, ça plaît beaucoup », explique Luis Miguel Pascual, journaliste à l'agence de presse EFE. Consciemment ou non, le double vainqueur du Tour de France n'a jamais eu l'occasion de ressembler à Indurain. Ni dans le style ni dans l'obsession absolue du Tour de France. Indurain voulait écraser la Grande Boucle, Alberto préfère remporter les trois grands tours. L'enfant de Villava a internationalisé l'Espagne, celui de Pinto la romantise. « En tant que journaliste, je me souviens de tous les Tours et Giro qu'a gagnés Indurain. Je me souviens des salles de presse quand il gagnait le tour, surtout à la fin, les étrangers, ils s'ennuyaient. Indurain était le plus prévisible du monde. Il brisait quasiment tout suspens, c'était une machine, un robot. Il prenait 5 minutes en contre-la-montre et c'était fini. Il était si fort, mais pas du tout spectaculaire. Alberto, si », se remémore Jacinto Vidarte, journaliste au journal *Marca* avant d'être le porte-parole du champion espagnol. Alberto Contador, ou l'anti-Miguel Indurain. D'aucuns le rapprochent davantage de Delgado, « Perico », troisième vainqueur espagnol de l'histoire sur le Tour, en 1988. Le « Mayo yaune » pour toujours, en raison de son accent français singulier. Moins connu du grand public, José Maria Jimenez, l'idole sacrifiée du cyclisme espagnol, attaquant fou, taulier de la Banesto au service de son altesse Miguel, tué en 2003 par le dopage et le reste. Le panache et les épopées d'Alberto rappelleront à certains moments les fulgurances d'El Chava.

Une élégance conjuguée à un panache et un esprit d'attaquant hors du commun. Telle est la carrière de celui qui lèvera les bras neuf fois, au terme des trois courses les plus prestigieuses du monde. Certains tenteront d'imiter son charme et sa poésie, en vain. Aucun succès sur les grands tours, mais un romantisme qui séduit les cœurs à tout jamais.

— Holà, Alberto, c'est Thibaut Pinot. Tu es l'ombre, à laquelle je veux ressembler. 2019, en haut du Tourmalet, je serai la grâce à mon tour.

Jeune coureur, Pinot admirait l'Espagnol. Il aimait sûrement sa manière de faire la course, de l'animer. Il rêvait peut-être de l'imiter, avant d'accomplir cette épreuve à son tour. Assis sur la banquette de la moto de France Télévisions, lors de chaque Tour de France depuis 2006, Nicolas Geay est un témoin chanceux du spectacle. Les deux hommes, il les connaît. Leurs mimiques, leur manière de chatouiller les pédales, avant d'allumer la mèche. « Il a une classe innée que n'avaient pas les autres. Avant Thibaut Pinot, c'était le plus beau grimpeur que j'aie vu. Il avait ce tempérament et cette élégance sur un vélo. Dès qu'il était dans un col et qu'il commençait à se mettre en danseuse, tu savais que ça allait partir. Dans les nombreuses reconnaissances d'étape que j'ai faites avec les coureurs, le plus beau que j'aie vu, c'est Alberto Contador.

Et l'autre, c'est Thibaut Pinot. Ce sont les deux coureurs les plus beaux esthétiquement. Quand je regardais derrière, j'avais Contador dans le pare-chocs, c'était magnifique à voir. Pinot me laisse la même impression. Tu as un Bardet qui est très efficace, très fort, mais tu n'as pas cette esthétique-là. Il y a une forme de grâce à la Bahamontes… Le second Contador, celui de la deuxième partie de carrière, réagit. Il prend une claque et bien derrière il se dit "je vais vous montrer qui je suis". Il y a un peu de ça chez Thibaut. » Dans sa mémoire, la facilité d'un être si souple, sans la moindre souffrance, repérant le port de Balès. Des traits fins, réguliers, une gueule et un charisme. Ce bout des Pyrénées à jamais gravé.

Qualifié par beaucoup de plus beau grimpeur de l'histoire, difficile en réalité de positionner le Pistolero dans une quelconque hiérarchie, tant les époques, les avis, les circonstances divergent. Les matériels aussi, comme nous le signale Bernard Thévenet, gloire tricolore des années soixante-dix, époque où les champions ne bénéficiaient pas de roues libres 9 ou 10 vitesses. Des coureurs moins marquants nous échappent forcément, au moment de dresser la table des invités au panthéon de l'élégance. Est-il plus beau que Ocaña, que Coppi ou que Bahamontes ? Qui sommes-nous pour répondre à cette question ? « Le plus beau, ça dépend de votre point de vue. Lorsqu'il était dans une excellente condition, c'était un véritable plaisir de le voir sur un vélo, parce que dans les montagnes, on avait l'impression qu'il dansait sur le vélo. C'était très beau à voir. On aurait dit qu'il ne se fatiguait jamais. Toutefois, certains trouvaient ça bizarre et préféraient des coureurs comme Indurain, qui était un coureur stable et qui bougeait très peu sur un vélo. Mais c'étaient deux types de coureurs différents et deux styles différents. Beau ou pas, le style d'Alberto était, en tout cas, très efficace », pointe son lieutenant durant quatre saisons chez la Tinkoff Saxo, Roman Kreuziger. Et prenez garde, de l'autre côté des Alpes, à la comparaison électrique entre l'Espagnol et Pantani. L'un est adoré[11], l'autre est un point de discorde à faire voler des assiettes en plein dîner. L'auteur du doublé Giro-Tour en 1998, du haut de son mètre soixante-douze et de ses quelque 57 kg, est monté sur le toit du monde avant d'en redescendre aussi brutalement, accusé et condamné pour dopage. « En termes d'élégance, rien à voir avec Pantani. Pantani, je n'aime pas en parler. Chez nous, c'est un sujet sensible. J'ai du mal. Il y avait beaucoup de dopage. Pantani faisait peur quand il attaquait dans certaines parties de la montagne. Contador était tout en souplesse, né pour être sur un vélo. Il était naturellement parfait sur un vélo. La vraie élégance. » Moins dithyrambique

11. Cf. chapitre 14, « Italie mon amour ».

sur les divers épisodes de sa carrière, Marco Bonarrigo, plume du *Corriere della Sera*, ne conteste pas la trace stylistique du séducteur de la Botte. Pour autant, à l'instar du Pirate, Alberto instaure un style, le sien, et réinvente le panache au terme d'une décennie marquée par la tricherie et les doutes, durant laquelle l'enthousiasme s'est envolé. L'ombre du dopage laisse place à celle qui fera rêver une génération tout entière. Une ombre ancrée dans les montagnes européennes pour toujours.

5

ET LE DANSEUR DÉGAINA

Reprenons le récit. Après un exercice 2006 en montagnes russes, l'Espagnol veut montrer aux yeux du monde entier son appétit, sa soif de se révéler au grand jour. Enfin.

Alexandre Vinokourov a remporté la Vuelta 2006, l'équipe Astana est rapidement devenue incontournable dans le peloton professionnel, mais Contador désire changer d'air et s'envole vers les États-Unis. Le 15 janvier 2007, à quelques jours du lancement de la saison en Australie, l'équipe Discovery Channel annonce avoir bouclé son mercato en faisant signer le Britannique Steve Cummings, l'Américain John Devine et… Alberto Contador. « Il m'a réellement impressionné l'an dernier », rapporte Johan Bruyneel, le directeur sportif de la formation américaine, lors de la présentation officielle des coureurs. Pour Alberto, ce changement d'équipe rime avec découverte de nouveaux coéquipiers. L'Espagnol côtoie un vainqueur de grand tour, en la personne d'Ivan Basso[12], au top de sa forme, et d'autres qui rêvent de l'imiter. Les premières consignes sont rapidement données aux coureurs. Le natif de Pinto démarre sa saison en Espagne lors du Challenge de Majorque, tandis que les Américains prennent la direction du Colorado pour le premier gros objectif de la saison : le Tour de Californie.

La préparation hivernale de Contador est efficace, il est déjà aux avant-postes lors du Trofeo Soller, au mois de février, où il joue la victoire au sprint avec Antonio Colom et son ancien coéquipier Luis Leon Sanchez. Contador a une vivacité incomparable dès qu'il faut porter l'estocade, mais sa pointe de vitesse reste l'un de ses talons d'Achille. Il termine logiquement à la deuxième place de ce sprint. Contador monte en puissance jusqu'à Paris-Nice, son premier objectif de la saison, où il veut montrer à Johan Bruyneel, son directeur sportif, qu'il faudra compter sur lui pour le prochain Tour de France. Et pas dans une position de simple coéquipier.

Il continue de courir en Espagne lors du mois de février et délaisse les longs voyages aux États-Unis. Il le sait, la

12. Vainqueur du Tour d'Italie 2006.

fraîcheur aura un rôle déterminant lors de la prochaine Course au soleil. Le début de saison sans accroc tourne au vinaigre lors du Tour de la communauté valencienne. Il est rapidement distancé dans la course au maillot jaune. Une semaine compliquée qui doit rapidement être balayée. Paris-Nice, c'est dans une semaine ! Chez Discovery, aucune concession n'a été faite, l'artillerie lourde est sortie pour ce premier grand rendez-vous de la saison. Alberto Contador, Levi Leipheimer et Yaroslav Popovych sont en France. Avant le prologue, Johan Bruyneel est questionné par les médias qui veulent savoir l'identité du leader de sa formation. Le Belge est catégorique : le leader, c'est l'Espagnol. « Nous venons pour gagner et c'est lui notre leader. » Lors du prologue, Contador termine 5e, juste devant Levi Leipheimer. Si la seconde d'écart qui sépare les deux hommes sur la ligne d'arrivée paraît anodine, elle permet à l'Espagnol de justifier un peu plus son statut de numéro un face au récent vainqueur du Tour de Californie. Le lendemain, Jean-Patrick Nazon remporte la première étape en ligne de ce Paris-Nice, mais l'actualité est ailleurs. La justice espagnole classe sans suite l'affaire Puerto en rappelant qu'au moment des faits, il n'existait pas en Espagne de loi réprimant pénalement le dopage. Celle-ci a été adoptée le 2 novembre 2006. Les cinq personnes poursuivies dans cette affaire bénéficient d'un non-lieu. L'enquête de la police espagnole avait pourtant mis au jour un réseau de dopage organisé par le médecin Eufemiano Fuentes, au sein notamment de la formation Liberty Seguros, l'ancienne maison d'Alberto Contador. L'UCI avait même reconnu officiellement l'implication de neuf coureurs, dont Alberto, à la lecture de cette enquête.

Alberto Contador veut gagner ce Paris-Nice, mais l'initiation au statut de favori est un chemin difficile. Comme un bleu, il se fait piéger à Limoges lors de la première arrivée en côte et perd une dizaine de secondes sur Samuel Sanchez, Franco Pellizotti et Davide Rebellin. En Lozère, à Mende, Contador domine Evans, Rebellin, Valjavec et Lopez après une attaque toute en souplesse au niveau de la flamme rouge. Son ardoise de la deuxième étape est effacée. La décision doit se faire sur les hauteurs de Nice, mais le gamin qu'il n'est plus décide d'anticiper les festivités et part à l'abordage dans l'étape menant les coureurs à Cannes. En compagnie de Sylvain Chavanel, le coureur se dresse sur les pédales et voit dans le rétroviseur David Lopez et Luis Leon Sanchez. Rebellin, maillot jaune, montre des signes de faiblesse, il est dans l'incapacité de suivre l'alliance hispanique à l'avant de la course. Dans une descente tortueuse, Contador joue l'équilibriste et distance Chavanel. L'Espagnol relance inlassablement, mais se fait contrer à 4 kilomètres de l'arrivée par son ancien coéquipier et faiseur de roi en 2005, Luisle.

L'image est frappante, Contador est en souffrance à son tour. Le vent de face, son allié de formation est devenu son ennemi.

Sanchez s'envole ! Le *Pinteño* termine dans le même groupe que Rebellin, un coup d'épée dans l'eau.

De cette attaque infructueuse, Alberto, 24 ans, tire du positif. Il a été capable de distancer le maillot jaune et ce sont ses innombrables relances qui lui ont fait du tort dans le final. Un être si fin et si gourmand, comment est-ce possible ? Dans le col d'Èze, éternel juge de paix du mois de mars, Contador place une attaque à 6 kilomètres du sommet. Un démarrage franc et décisif pour le porteur du maillot blanc qui franchit la ligne d'arrivée à Nice en solitaire. L'Espagnol savoure et dépose sa signature, celle du Pistolero qui deviendra sa marque de fabrique. *Olé !* Sur le podium, Contador troque le maillot blanc de la jeunesse pour le jaune de la maturité. C'est la première grande victoire de sa carrière, son premier succès lors d'une course par étapes Pro Tour. « Je voulais terminer ce que j'avais seulement commencé lors de l'avant-dernière étape. J'avais la rage, je voulais gagner. Je crois que la clé de la victoire, c'est le travail de l'équipe. J'ai craint le retour de Rebellin. J'ai eu un moment de doute avant les deux derniers kilomètres. Après, sous la flamme rouge, j'ai su que c'était gagné. C'est la victoire la plus importante de ma carrière. J'ai déjà gagné pas mal d'étapes dans différentes courses. Là, c'est au-dessus. Dans l'équipe, on m'a considéré comme le leader pour ce Paris-Nice. J'étais venu avec l'intention de gagner. Une revanche sur mon éviction du Tour 2006 ? Non, ça n'a rien à voir. Je ne savais pas que le dernier vainqueur espagnol de Paris-Nice était Miguel Indurain. Je suis très fier de lui succéder. Évidemment, on peut rêver du Tour de France, mais le Tour, c'est quelque chose d'énorme », rapporte-t-il à la presse. Comment dit-on déjà ? *Olé !*

Bobet, Anquetil, Janssen, Merckx, Zoetemelk, Roche, Indurain. Alberto Contador rêve désormais d'une chose. Imiter ces légendes du cyclisme contemporain qui ont remporté Paris-Nice juste avant le Tour de France. 50 % du travail a été effectué, mais le plus important reste à faire. Il faut se préparer. Impérial sur le Tour de Castille-et-León, qu'il remporte, Contador marque le pas lors du Tour du Pays basque. L'Espagnol ne parvient pas à peser sur la course et n'est plus un danger pour la victoire finale dès la deuxième étape. Unique point positif, sa 2e place lors du contre-la-montre dans la vallée de Oiartzun, démonstration qu'il devrait être capable de jouer sa carte personnelle lors de la Flèche wallonne et Liège-Bastogne-Liège.

Que nenni.

55ᵉ sur la Flèche et 27ᵉ sur la Doyenne. Rendez-vous manqué. Pour sa première rencontre avec la folie belge lors des classiques ardennaises, Contador est aux abonnés absents. Amoureux de la montagne, des grands tours et des courses par étapes, Contador ne parviendra jamais à marquer l'histoire des courses d'un jour. « Il y a un truc que je n'ai jamais compris chez lui. Pourquoi il n'a jamais gagné de classique ? C'était un mec de classiques. Il a tout misé sur les grands tours. Alors qu'en tant que grimpeur, il avait la meilleure qualité des puncheurs, une giclette[13] », rapporte Nicolas Perthuis, journaliste chez *Vélo Magazine*. « Pour les classiques, il manquait d'envie. Milan-San Remo finissait souvent au sprint. Flèche wallonne et Liège-Bastogne-Liège, ce sont des courses qui lui conviennent à la perfection. Il peut et il aurait dû gagner au sommet du Mur de Huy. Mais il n'était pas assez motivé. Pourtant, Alberto était un puncheur incroyable. Personne ne pouvait le suivre dans une bosse, dans une attaque. Et puis ce n'était pas dans la culture espagnole les classiques », ajoute de son côté Alain Gallopin, son directeur sportif chez Astana (2008-2009).

Pour Jacinto Vidarte, son attaché de presse personnel à compter de 2007, les raisons diffèrent. « Il aurait aimé gagner Liège. Mais c'était très dur compte tenu de ses

13. Entretien avec les auteurs.

caractéristiques. Il a eu une grande opportunité de remporter ce Monument en 2010, l'année où Vinokourov s'impose. Il était en grande forme. Mais il était dans l'équipe de Vinokourov, donc c'était difficile pour lui de sortir derrière Kolobnev et son coéquipier qui étaient en tête de la course. Il y a aussi la Flèche wallonne qu'il aurait adoré gagner. Il était tout proche de gagner en 2010, quand il finit 3e derrière Cadel Evans et Joaquim Rodriguez. Mais il lui manquait le sprint. Concernant le Tour de Lombardie, il est mal placé dans le calendrier », rapporte le confident.

Contador attire l'attention et suscite les fantasmes des observateurs les plus emballés, mais il n'est pas le seul. Les projecteurs se dirigent aussi vers le jeune Andy Schleck, 21 ans, prometteur au possible. L'Espagnol et le Luxembourgeois. Bahamontes et Gaul, réincarnés. Pendant que Contador prépare le Tour de France 2007 avec la rigueur qu'on lui connaît, Andy Schleck, impérial en montagne, est tout proche de remporter le Tour d'Italie, dominé par la régularité et l'expérience de Danilo di Luca. Pour la première fois depuis Charly Gaul, en 1961, un Luxembourgeois grimpe sur le podium d'un grand tour et les comparaisons entre les deux coureurs commencent déjà à fuser. Et finalement, si c'était lui le futur du cyclisme mondial ?

Place au Dauphiné libéré, la course référence pour se tester dans les cols alpestres avant le Tour. Gagner cette course ne fait pas de vous le favori de la prochaine Grande Boucle, mais vous marquez les esprits. Alejandro Valverde et Alexandre Vinokourov sont les deux grands favoris en 2007. Pour Alberto, la tâche est ardue. Il est le coéquipier du vainqueur sortant, Levi Leipheimer, qui nourrit, lui aussi, de grandes ambitions sur les routes françaises. Les premières étapes de plaines s'enchaînent, et au soir de la troisième étape, les écarts deviennent conséquents alors que la montagne ne s'est pas encore dressée devant les coureurs de ce 59e Critérium du Dauphiné libéré. Chez Discovery, une hiérarchie commence à s'installer. Alberto, 28e à 3 minutes 21 d'Alexandre Vinokourov est beaucoup moins bien classé que l'Américain Levi Leipheimer qui pointe à la 6e place et qui n'a qu'une minute de retard sur le Kazakh.

La quatrième étape offre un menu copieux avec une arrivée au sommet de l'irremplaçable mont Ventoux. Virenque, Pantani, Armstrong, les grands grimpeurs ont levé les bras au sommet du Géant de Provence. Contador et Leipheimer doivent s'entendre pour permettre à l'équipe de renverser la course, mais le Ventoux est battu par les vents et, rapidement, la course par équipes devient une course individuelle. Le tricolore, Christophe Moreau, s'envole vers les cieux tandis que le maillot jaune Alexandre Vinokourov est collé au macadam. Contador, lui, veut remonter au classement général et il parvient à grappiller des places jusqu'à son entrée dans le top 10. Il termine 6e du Critérium du Dauphiné, juste devant son compatriote Mikel Astarloza, coureur de l'équipe Euskatel-Euskadi. Il ne fait pas partie des favoris pour la prochaine Grande Boucle. « C'est vrai qu'il avait fait un bon Dauphiné, mais du Dauphiné au Tour de France, il y a une marche qui est beaucoup plus grande. Le Dauphiné, c'était le petit Tour de France, mais il n'y avait pas tous les coureurs sur le Dauphiné. Il y avait des coureurs qui étaient au Tour de Suisse, il y avait des coureurs qui faisaient des stages en altitude. Si tu étais 6e au Dauphiné, c'était sûr que tu allais finir plus loin sur le Tour de France, puisqu'il allait y avoir plus de gens sur le Tour de France. Je pense qu'il n'était pas encore super en forme au Dauphiné. Pour les coureurs comme moi, le Dauphiné était très important, donc j'arrivais dans une super condition et, après, on essayait de maintenir ce niveau jusqu'au Tour. Mais je pense que Contador était fixé sur le Tour de France et qu'il était à 80 % sur le Dauphiné », estime, à ce moment, Mikel Astarloza[14].

Dix jours avant de s'envoler pour Londres où la Grande Boucle prend l'accent *british* lors de ses trois premières

14. Entretien avec les auteurs.

étapes, l'équipe Discovery Channel dévoile la liste de ses coureurs. En toute logique, le leader est Levi Leipheimer. Contador a carte blanche, mais c'est Leipheimer qui a pour devoir de redonner ses lettres de noblesse à l'équipe américaine, plombée par les affaires de dopage de Lance Armstrong.

— Français, Espagnols, Italiens, Américains, héros de juillet. Je suis le Grand Brouillard. Prenez garde, ici, on roule à gauche !

Dans les rues londoniennes, Alberto réalise un prologue décent, dans le même temps que le grand favori de ce Tour de France, Alexandre Vinokourov. « Ce parcours, qui réclamait beaucoup de puissance, ne me convenait pas idéalement. Je suis donc satisfait de ce que j'ai fait, à première vue. Je suis un peu surpris des écarts, plus importants que ce que je prévoyais. Mais le Tour ne fait que démarrer. Ces temps n'ont pas trop d'importance. Mon objectif est de passer au calme les premières étapes jusqu'à la montagne », déclare-t-il à l'arrivée. Les étapes de plaines se suivent et se ressemblent. Et si Leipheimer n'était pas l'unique leader de la formation américaine ? Des fuites interviennent dans la presse à ce sujet. Une manière déguisée de rapporter aux yeux et aux oreilles du monde entier que l'Espagnol est en grande condition. « Je vais travailler pour mon leader Levi Leipheimer. Dans l'équipe, d'autres coureurs peuvent aussi endosser le maillot ; je pense à Alberto Contador », raconte Vladimir Gusev au soir de la deuxième étape. Prudence, le « *olé* » attendra.

Après avoir traversé le nord de la France d'est en ouest, une semaine de course haletante mais sans événement majeur, les coureurs se retrouvent dans les Alpes. Les favoris sont aux aguets pour profiter de la moindre faille lors de l'étape arrivant au Grand Bornand. Tellement aux aguets que l'échappée matinale finit par se jouer la victoire d'étape et la possibilité d'endosser le maillot jaune au grand désarroi de notre protagoniste : « L'étape n'a pas tenu toutes ses promesses, mais les coureurs ont voulu être prudents, et comme l'étape et le maillot jaune étaient joués à cause de l'échappée, ça a déterminé la bataille derrière. Si l'étape et le maillot avaient été en jeu pour le groupe de favoris, on aurait vu une autre course. Demain, avec une arrivée au sommet, il y aura plus de bagarre et on verra vraiment les cartes dont chacun dispose », se plaint le Pistolero après la course. « J'ai trouvé que les Espagnols, Valverde, Contador, Mayo, marchaient bien. Demain, on va connaître les premiers KO », indique le dernier vainqueur du Dauphiné libéré, Christophe Moreau. Christophe l'intox ! Le lendemain, le champion de France joint la parole aux actes en attaquant le premier, à la poursuite de Michael Rasmussen, parti dès le pied de la montée finale vers Tignes. Une attaque assassine qui laisse ses adversaires sans réaction. Un groupe de contre se forme rapidement derrière lui composé de Moreau, Valverde, Evans, Mayo, Contador, Kashechkin et Schleck. Contador qui n'est pas avare dans ses efforts pour revenir sur le Danois joue de malchance, puisqu'il crève dans l'ascension et se fait reprendre par le groupe Vinokourov. L'Espagnol se lance alors dans un objectif impossible, remonter les coureurs un à un. Il dépose Vinokourov et Klöden avec une facilité déconcertante et reprend Pereiro, Leipheimer, Menchov et Sastre. Ils sont incapables de suivre sa cadence infernale. « Regardez ce vrai grimpeur, dans la lignée des Bahamontes. Regardez ce style, regardez comment il grimpe, ce garçon va faire mal dans la montagne », clame Thierry Adam au micro de France Télévisions.

Revenu sur les meilleurs grimpeurs de cette Grande Boucle après une crevaison dans le final, Contador sait qu'il a les jambes pour faire quelque chose de mieux qu'honorifique. Le plan de bataille est annoncé pour la nouvelle étape. Le chevalier Contador veut renverser ses adversaires. À 40 kilomètres de l'arrivée, l'Espagnol place une attaque violente, une attaque sèche qui surprend ses adversaires et même les motos suiveuses qui sont dans l'incapacité de le suivre. Zubeldia out, Vinokourov out et Menchov *out.* Contador plonge vers Briançon et trois valeureux adversaires rendent déjà les armes. Moins bon descendeur que ses concurrents, il se fait reprendre dans la descente, mais attaque à nouveau dans la rampe finale menant sur les hauteurs de Briançon et termine l'étape dans la roue de Valverde et Evans. « C'était une très bonne journée. Je suis très fier d'avoir été à la pointe du combat aujourd'hui. Je crois que nous donnons un très bon spectacle et le cyclisme en a besoin après ce qui s'est passé. Une étape comme aujourd'hui pourrait susciter la curiosité de nouveaux sponsors. De tout cœur, j'aimerais être sur le podium à Paris, mais je suis assez jeune, je pense que la troisième semaine sera longue et dure. Je récupère bien en ce moment, mais je pense d'abord à finir le Tour », déclare l'Espagnol qui endosse le maillot blanc de meilleur jeune. À la sortie des Alpes, Johan Bruyneel est très heureux. « Je crois que nous sommes en bonne position : Levi Leipheimer est resté avec les favoris sans problème. Certains des favoris ont déjà perdu beaucoup de terrain, il reste huit ou neuf coureurs dans le coup, et parmi eux, nous en avons deux, avec Contador qui porte le maillot blanc. »

Les coureurs traversent le sud de la France et les sprinteurs s'affrontent une dernière fois avant de boire le calice jusqu'à la lie dans les Pyrénées. À Albi, les adversaires du maillot jaune, Michael Rasmussen, attendent le contre-la-montre impatiemment. Réputé comme étant un piètre rouleur, le Danois devrait céder énormément de temps lors de cet exercice chronométré de 54 kilomètres autour de la préfecture du Tarn. Il n'en est rien. Rasmussen termine même devant certains spécialistes de l'effort comme David Millar et Markus Fothen. Ses adversaires saluent sa performance, mais les suiveurs de la Grande Boucle s'interrogent. Des doutes apparus en salle de presse deux jours plus tôt, lorsque la fédération danoise de cyclisme avait annoncé son exclusion de l'équipe nationale pour les Championnats du monde et les Jeux olympiques de 2008 à Pékin. Elle lui reproche de ne pas avoir fourni son emploi du temps qui aurait permis d'effectuer des contrôles inopinés avant le Tour de France. Encore plus suspicieux, le dernier exemple d'un leader d'un grand tour, piètre rouleur, mais capable de finir dans les temps des spécialistes de la discipline, est Roberto Heras lors de la Vuelta 2005. L'Espagnol avait été contrôlé positif dans les mois qui ont suivi son sacre espagnol.

22 juillet 2007. Mazamet – plateau de Beille. 197 kilomètres pour l'histoire. Celle d'un gamin né vingt-quatre ans et six mois plus tôt. La naissance d'une étoile et l'apparition des premiers doutes. L'Espagnol remporte ce jour-là sa première victoire sur le Tour de France, en suivant et

dominant un Michael Rasmussen pointé du doigt, dans le plateau de Beille. Les deux coureurs viennent d'écraser la concurrence et repousser leurs adversaires à plusieurs minutes. En poussant la réflexion, et en allant sur le terrain des sceptiques, les deux coureurs ont assuré un rythme dans la dernière ascension à la limite de l'anormal. « Quand on est sur le Tour de France 2007 et qu'on voit Cadel Evans au bout de sa vie après chaque étape de montagne lorsqu'il faut suivre Rasmussen et Contador ; et les deux autres qui franchissent la ligne et qui donnent l'impression qu'ils n'ont rien fait. Ils étaient fringants sur le podium. Il y avait un malaise. Ce n'était pas normal qu'un coureur comme Cadel Evans qui était propre, soit autant éreinté alors que les autres ne donnaient pas l'impression de l'être. Quand on voyait la différence avec les deux autres, on ne pouvait pas se dire que c'était normal[15] », se rappelle Julian Cerviño, journaliste sportif pour le site suisse du *Nouvelliste*. Premiers succès, premiers soupçons, premières embrouilles. Alberto Contador n'a pas apprécié le comportement du Danois alors que les deux coureurs avaient passé un « pacte ». « On était arrivés à un accord et il a attaqué à 1,5 kilomètre de la ligne. Du coup, je n'ai pas pris un relais. Cela ne m'a pas plu qu'il ne tienne pas sa parole », rapporte Alberto à l'arrivée de la quatorzième étape. L'essentiel est

15. Entretien avec les auteurs.

ailleurs. L'étoile scintille. Elle s'affirme en tant que leader et potentiel vainqueur du Tour de France en cas de défaillance de Michael Rasmussen, hypothèse toutefois peu probable tant le Danois de la Rabobank est fort. Mais tempérament oblige, le toréador Contador passe à l'attaque dans le col de Peyresoudre, juge de paix de la quinzième étape. Il attaque la « bête » Rasmussen à plusieurs reprises. Une fois, deux fois... quatre fois. Contador n'est pas touché par un sentiment pourtant humain : la peur. Il touche sa proie. « J'étais vraiment sur le point de lâcher. Dans le peloton du Tour, c'est certainement celui qui peut accélérer le plus », déclare Rasmussen qui ne cède pas un centimètre à Contador. La mission a échoué, mais le message est passé. *Try again.*

Le peloton se rapproche de Paris et l'hymne danois devrait, sans trop de doutes, retentir dans le ciel de la capitale. Les critiques à l'encontre de Rasmussen ne s'estompent pourtant pas. « Nos beaux paysages ne méritent pas de dopage. » Les coureurs de huit équipes, six françaises et deux allemandes, décident de protester contre le dopage en organisant un sit-in au départ de la seizième étape. Face aux caméras, les langues se délient. Christophe Moreau estime que l'ambiance est électrique dans le peloton et que Rasmussen et Contador survolent les débats de manière outrageuse. « La pourriture vient de trente, quarante coureurs », ajoute de son côté Jérôme Pineau. Rasmussen, visiblement agacé par cette protestation, est remonté à bloc et remporte l'étape au sommet de l'Aubisque, avec l'aisance déconcertante qui le caractérise depuis le début de cette Grande Boucle. « J'ai été hué pendant l'étape. Je crois qu'il y a beaucoup de frustration dans le public et dans le peloton, notamment après ce qui s'est passé avec Vinokourov. Cette frustration s'est reportée sur moi. Je comprends maintenant ce que Lance Armstrong a vécu pendant sept ans, et mon respect pour lui grandit de jour en jour. Sur Vinokourov, la seule chose que je puisse dire, c'est que son contrôle positif prouve que le système de dépistage fonctionne. Je répète que j'ai été testé quatorze fois avant et pendant le Tour et que tous mes contrôles sont négatifs. » Les dernières déclarations d'un maillot jaune qui ne convainquent pas.

Solide 2e d'un Tour on ne peut plus polémique, Contador est avec son équipe, à Pau, quand la nouvelle tombe. « MICHAEL RASMUSSEN QUITTE LE TOUR DE FRANCE. » Le porte-parole de l'équipe Rabobank rapporte que Rasmussen a violé les règles de l'équipe et qu'il se trouvait en Italie et non au Mexique le mois précédent le Tour de France. Pourtant, le porteur du maillot jaune avait déclaré qu'il s'entraînait bien dans le pays d'origine de son épouse. 2-1 = 1. Malgré lui, Alberto devient le nouveau leader de la course la plus prestigieuse de la planète. « Ce n'était pas facile pour Alberto parce qu'il s'est demandé s'il méritait vraiment de porter le maillot, s'il méritait de potentiellement gagner cette course. Mais la course allait reprendre et il devait disputer la fin du Tour, aller de l'avant », narre Jacinto Vidarte. « Johan Bruyneel a eu la preuve qu'Alberto était un grand cycliste lorsqu'il a fait preuve de maturité sur le Tour de France 2007, lorsqu'on lui a dit qu'il était maillot jaune. On lui a appris comme ça, le soir, à Pau, et Bruyneel a été stupéfait de la manière dont il a géré cela », ajoute Carlos Arribas, journaliste pour le journal *El Paìs*.

Pour Christian Prudhomme, patron du Tour de France, le départ de Rasmussen rend le classement général plus crédible. Mais Contador est également frappé par le sceau de la suspicion de la part d'une grande partie du peloton. « Les coureurs savent bien qui est dopé et qui ne l'est pas. Prenez Contador par exemple, Rasmussen et lui ont le même gabarit. Ils pèsent aux alentours de 60 kilos et tous les deux grimpent aussi vite que Pantani en son temps. C'est déjà suffisant pour lever le drapeau rouge. En plus, son nom a été associé à l'affaire Puerto. Je ne pointe pas Contador du doigt. Mais je dis juste que si on a attrapé Rasmussen, alors il faut regarder de plus près ce que font ses concurrents, » témoigne Greg LeMond[16] à l'agence France-Presse.

16. Vainqueur du Tour de France en 1986, 1989 et 1990.

« Le nom de Contador figurait dans la partie du dossier qui a été connue l'année précédente. À une lecture plus précise, son nom était cité dans le cadre de conversations téléphoniques pour des résultats de courses. En aucun cas, son nom ne pouvait être lié à la clientèle de M. Fuentes[17]. Il a été très vite mis hors de cause du dossier Puerto », déclare Patrice Clerc, le patron d'Amaury Sport Organisation, la société organisatrice du Tour de France. Contador tente, lui aussi, de se justifier : « Oui, je suis propre. Si je n'étais pas propre, je ne serais pas là. J'ai toujours été présent à tous les contrôles, en course et hors compétition et je n'ai aucune connexion avec l'affaire Puerto. Je me suis juste trouvé dans la mauvaise équipe au mauvais moment. Je n'ai jamais rencontré Michele Ferrari[18], je n'ai jamais échangé un mot avec lui, et je ne travaille pas avec lui ; mes médecins sont les médecins de l'équipe et je ne travaille qu'avec eux. »

28 juillet 2007. Cognac-Angoulême. 55,5 kilomètres. Contador, en jaune, est à une heure d'accomplir le plus grand rêve de sa vie. L'heure la plus importante de ce jeune homme, qui vient de dédier toutes ces années à sa passion. L'heure la plus importante depuis 2004 et sa rupture d'anévrisme qui l'ont fait côtoyer la mort.

17. Médecin espagnol et principal inculpé dans l'affaire Puerto.

18. Médecin italien impliqué dans de très nombreuses affaires de dopage.

Contador au panthéon du vélo, s'il résiste au stress d'une telle attente et au talent de rouleur de Leipheimer et Evans. Contador s'élance et quitte la rampe avec un invité de luxe dans la voiture de son directeur sportif. Lance Armstrong est avec Johan Bruyneel, son second père. En cas de succès final, le passage de témoin sera parfait entre l'ancienne gloire et le futur champion. Personne ne sait ce qu'Armstrong raconte dans l'oreillette de Contador ; ce qui est sûr, c'est que l'Espagnol ne veut pas quitter la tunique jaune qui lui sied si bien au corps. Son avance fond comme neige au soleil. Après 30 kilomètres, il a déjà perdu 1 minute sur Evans. L'Australien est en train de chasser Contador de son trône. Si les deux coureurs poursuivent sur ce rythme, c'est l'hymne australien qui résonnera dans le ciel de Paris. Contador résiste et profite de la courte montée vers Angoulême pour reprendre du temps à Evans. L'Australien patiente sur la ligne d'arrivée, dans l'espoir de réaliser le même exploit que Greg LeMond contre Laurent Fignon en 1989[19]. Sur les Champs-Élysées, lors de la dernière étape du Tour 1989, l'Américain avait réussi à subtiliser le maillot jaune au Français lors de l'ultime exercice chronométré.

— Alberto Contador, ici la cathédrale Saint-Pierre d'Angoulême. Quoi, mais tu es déjà là ?

19. Huit secondes d'écart à l'issue du Tour de France 1989.

Contador est déjà là. C'est fait. Alberto Contador Velasco, né le 6 décembre 1982 à Pinto, remporte la 94e édition du Tour de France et devient un grand d'Espagne. Comme Federico Bahamontes, Luis Ocaña, Pedro Delgado et Miguel Indurain.

Contador parachève son œuvre le lendemain en franchissant la ligne d'arrivée sur les Champs-Élysées. Il arbore le plus beau maillot du monde sur la plus belle avenue du monde. « C'est un rêve, c'est le paradis. Hier encore (samedi, contre-la-montre) j'ai eu une journée très difficile. J'ai fait ces 55 kiilomètres à bloc pour garder un écart avec Cadel Evans. J'ai conservé un petit avantage qui m'a permis de gagner la course. Je suis marqué à vie par mon opération du cerveau, et ça me permet de mieux savourer aussi ce moment-là. C'est un jour extraordinaire pour ma famille, pour mes parents, pour mon frère », déclare le héros à la presse internationale.

Présents, ses parents veulent câliner leur *hijo*. Celui de Pinto et des animaux. C'est sans compter sur la détermination des journalistes du monde entier à s'accaparer le vainqueur du Tour de France. « Nous sommes venus sur les Champs-Elysées et nous n'avons même pas pu le voir. Avec toutes les sollicitations, nous l'avons vu comme un étranger alors que nous voulions le prendre dans nos bras », rapporte Paquita Francisca, la mère d'Alberto dans une interview accordée au *Parisien.*

« Je me souviens de la fraîcheur qu'il avait lors de sa victoire sur le Tour de France 2007. Un Tour qui est un peu assommé. Il y a des histoires tout au long de la course. C'est lourd, c'est pesant. Il y a une certaine fraîcheur avec Contador. Je me souviens de l'arrivée quand il sait que c'est gagné, après le contre-la-montre. L'accomplissement d'un rêve. Il touche du doigt un truc. Là, tu sens qu'il y a une communion. Je me souviens de son regard, je me souviens de son frère. Tu mesures tout ce que tu as fait, l'accident trois ans avant. Ça renvoie à ce que les cyclistes vivent. Ils vivent des choses qui ne sont pas données au commun des mortels. Ils emportent avec eux tous les gens qui ont vu ce qu'ils ont traversé », se remémore, plein de nostalgie Jean-Julien Ezvan[20], responsable au service des sports du *Figaro.* « Comme tous les autres vainqueurs du Tour de France, sa vie a changé ce jour-là. C'était l'aboutissement de quelque chose. Il est devenu une star du cyclisme. Une sortie définitive de l'anonymat. Son rêve de toujours était réalisé. Toutefois, je ne pense pas que cela ait changé grand-chose, car le plus important pour les grands sportifs n'est pas de gagner un grand trophée, mais de se

20. Entretien avec les auteurs.

maintenir au haut niveau. Quand tu arrives à rester en haut, c'est le signe que tu sais gérer une grande carrière », complète Jacinto Vidarte. La presse espagnole est dithyrambique. « Champion de l'espoir », peut-on voir en une du journal *AS*. « Le triomphe du rêve », pour *El Mundo*. ABC parle même de sauveur.

L'heure est à la fête. Madrid célèbre son héros, le premier vainqueur du Tour de France né sur ses terres, clame Esperanza Aguirre, la présidente de la Communauté de Madrid, en lui remettant une plaque commémorative. Contador stoppe sa saison au Tour du Missouri, après deux mois de coupure durant laquelle il apprendra, dans la presse sportive, l'arrêt de son équipe à la fin de la saison et le départ – provisoire – de Johan Bruyneel du cyclisme professionnel. Le Madrilène devra aussi se justifier devant la presse internationale au sujet des accusations de dopage. Il ne participe pas à la Vuelta, au grand dam des organisateurs, mais remporte logiquement le Vélo d'or après une saison couronnée de succès. La plus belle de sa carrière.

Pour l'instant.

6

ASTANA 2008 : DOUBLÉ HISTORIQUE

Ils sont rares les personnages comme Alain Gallopin, à se confier à cœur ouvert. À devoir être stoppé tant les images et les mots défilent à l'infini. Un sentiment indescriptible de nostalgie mêlée à une dose de fierté et de regrets. Les premières notes du son de sa voix sont formelles. L'expérience Contador et Astana ne l'a émotionnellement pas laissé indemne. « C'est quand même le meilleur coureur que j'ai dirigé dans ma carrière. » Une période qui voit s'enchaîner les scandales de dopage sur la planète cyclisme, obligeant le dernier vainqueur du Tour à quitter le navire d'une Discovery décédée, pour rejoindre les Kazakhs d'Astana et poursuivre son chemin aux côtés de Johan Bruyneel. Gallopin en devient le directeur sportif général.

Jeune formation, puisque impliquée dans le vélo depuis 2006 et le retrait des sponsors Liberty Seguros et Würth de l'équipe du même nom, Astana n'en est pas moins empêtrée – déjà – dans les affaires. Alors qu'Alberto signait d'une main de maître les dernières heures de l'équipe américaine, Astana se voyait contrainte de quitter le Tour de France après le contrôle positif à la transfusion sanguine de sa figure phare, le Kazakh Alexandre Vinokourov. « Une double population d'hématies indiquant une transfusion sanguine homologue », précise le communiqué de l'UCI. La veille de l'affaire Rasmussen. Le temps d'une époque, le cyclisme est frappé par des coups de boutoir à répétition, tel un boxeur sur un ring victime d'un crochet puis d'un uppercut. Comment faire face ? La bataille de l'image est perdue. L'un des plus beaux sports du monde en proie à la triche, aux maquillages en tout genre et à la malhonnêteté. Pour s'en sortir, Astana fait donc appel à Bruyneel et son armada de la Discovery emmenée par Contador. Dans sa roue, des coureurs comme Levi Leipheimer, mais aussi Benjamin Noval et Sergio Paulinho, qui seront des lieutenants d'une vie.

Alberto a changé de dimension. À 25 ans, exit la promesse et l'étiquette d'outsider. Son nom inscrit au palmarès de la plus grande course du monde, l'Espagnol est attendu tout en haut. Avec son style identifié, il séduit les foules et constitue la promesse d'un avenir plus propre et vertueux.

Contador le romantique, déjà. Un romantisme converti en larmes dès les premières semaines de l'année 2008, et une ambition réduite en cendres à l'annonce, en février, de la non-invitation de sa nouvelle équipe au Giro et au Tour de France. Alberto est inconsolable, il paie le prix cher des actes passés d'Astana, d'un contexte, et d'un sport qui essaie coûte que coûte de se refaire une beauté. Les organisateurs des deux courses ont beau défendre qu'il ne s'agit pas d'une décision anti-Contador, le dernier vainqueur de la Grande Boucle ne pourra pas défendre son titre. Astana joue la carte du changement de structure et de direction, et indique avoir lancé un vaste plan antidopage en interne. Amaury Sport Organisation (ASO) ne souhaite prendre le risque d'éclabousser encore plus sa compétition. Sidération en Espagne. « On ne peut pas priver un champion tel qu'Alberto de son droit à défendre son titre », affirme publiquement le secrétaire d'État espagnol aux Sports, Jaime Lissavetzky. Même tonalité pour l'ancienne gloire Pedro Delgado : « Je ne comprends pas cette décision, qui ne contribue pas à régler les problèmes que connaît le cyclisme. » Le Pistolero devra donc attendre 2009 pour renouer avec le jaune en juillet et découvrir l'Italie en tant que professionnel. La décision d'ASO l'empêche également de disputer une course qu'il n'avait plus manquée depuis 2004 : Paris-Nice. Le triomphe de Mende ne connaîtra pas de lendemain. Objectif Jeux olympiques de Pékin et Tour d'Espagne. Ce sont toute une préparation et une saison qui sont chamboulées.

« Quand il a commencé sa carrière professionnelle, il arrivait toujours sur les courses pour s'entraîner. Alors qu'après, c'était pour les gagner. Il s'entraînait chez lui. C'est l'un des premiers coureurs qui s'entraînait de manière à jouer la gagne sur toutes ses courses. C'est sa mentalité. Au début, en cours, ou en fin de saison. C'est aussi ce qui a fait sa différence. Il a d'ailleurs été une sorte d'école pour les autres. Avant, personne n'avait cette mentalité d'essayer d'aller sur les compétitions pour les gagner systématiquement. L'important pour lui n'était pas tant de gagner une course en début de saison que d'être en mesure de faire quelque chose[21] ». Contador le *Guerrero*, Contador le *Luchador*, Contador le *Ganador*. L'enfant n'est plus. Les coups ont été pris, les déceptions déjà vécues, les accidents et suspicions aussi. La bête est rodée. Les espoirs de tout un pays placés en lui pour renouer avec la grandeur espagnole des années quatre-vingt-dix. Alberto est un tempérament affirmé et ses managers vont vite en faire l'expérience.

Contexte oblige, 2008 rime avec d'autres horizons et a une forte odeur d'Espagne, nation où sa formation n'est guère exclue des compétitions. Il n'est désormais plus un

21. Jacinto Vidarte.

évènement de le voir lever les bras sur ses terres, d'abord fin mars sur le Tour de Castille-et-León où il gagne deux étapes et remporte encore le classement général. Contador est le plus fort d'Espagne. En attendant septembre et une désirée relève au controversé Roberto Heras sur la Vuelta, le Castillan récidive deux semaines plus tard en dominant le Tour du Pays basque. Tic-tac, tic-tac. Le palmarès grossit à mesure que son talent éclabousse la planète vélo. Alberto est en forme, il vient d'achever une campagne printanière pleine de succès sur les routes ibériques. Place désormais à la récupération sur les plages andalouses avant de se diriger vers le prochain objectif, le Critérium du Dauphiné. Quand soudain…

— Au revoir et adieu, Macarena Pescador, jolie fille madrilène. Au revoir et adieu, jolie fille d'Espagne. J'ai reçu l'ordre de partir à Palerme. Je reviendrai en Espagne vêtue de rose.

Elles sont belles les plages de Chiclana, près de Cadix. Le temps d'une évasion en amoureux que rien ne doit venir perturber. Le cyclisme est un monde plein de surprises, même en dehors des scénarios de courses. RCS Sports et Angelo Zomegnan, organisateur et directeur du Giro, ont décidé de faire volte-face et de convier, à quelques jours seulement du début de la compétition, l'équipe Astana. « Il y avait eu une bataille politique à l'époque et Angelo Zomegnan était l'homme qui voulait hisser le Tour d'Italie au même niveau que le Tour de France, et même certainement au-delà. C'était un homme qui a mis tellement de cols et de côtes au parcours avec des pentes impraticables, que les coureurs ont fini par se révolter et il a fini par être viré. Angelo Zomegnan est très content de couper l'herbe sous le pied du Tour de France en disant que le Tour n'aurait pas Contador et que, du coup, c'est le Giro qui l'a. L'enjeu pour les organisateurs du Tour d'Italie, c'était une forme de revanche. Le Contador tout seul face à son destin, face aux soupçons, face à la carrière qui l'attend aussi. Les affaires Astana ont servi le Giro et aussi Contador d'une certaine manière », analyse Pierre Carrey.

Palerme, ville la mieux située au monde, dans une merveilleuse vallée entre deux mers, selon Goethe. Palerme, si parfaite, si pittoresque, va donc accueillir le charmant Contador, trois syllabes qui raisonnent si bien en italien. Logiquement convoqué par Bruyneel, Alberto, comme ses équipiers, doit expressément traverser les Alpes, sans préparation adaptée, physique ou mentale, pour une course de trois semaines. « Je me souviens de l'avoir appelé et il m'a dit : “Jacinto, ils veulent que je fasse le Giro alors que je suis en vacances. Ça fait une semaine que je n'ai pas touché au vélo, je ne suis pas du tout entraîné et prêt pour faire une telle course." Je lui ai dit : "Je m'en fiche, Alberto." Il n'avait jamais été en Italie avant. "Vas-y, apprends ! L'Italie, c'est le pays du vélo. Profite, et fais de ton mieux. Essaie de te mettre en forme petit à petit, c'est une course qui te correspond bien, avec beaucoup de montagne, tu vas être dans ton registre et je suis sûr que tu vas te sentir très bien parmi les Italiens." Je l'ai convaincu. » Bruyneel, Gallopin et toute l'armada Astana organisent à l'arrache la venue de leurs coureurs emmenés par Alberto et Andreas Klöden, l'Allemand récent vainqueur du Tour de Romandie. La préparation n'est pas optimale, mais les organisateurs du Giro réussissent leur pari. Faire s'affronter les champions nationaux, dont le tenant du titre Danilo di Luca, aux Leipheimer, Contador *and co*. Le parcours réserve traditionnellement la part belle aux grimpeurs, mais la planification de quatre contre-la-montre cette année confère à Alberto un avantage stratégique par rapport aux grimpeurs mauvais rouleurs, dont, on le sait désormais, il ne fait pas partie. Pas question en revanche, pour le champion qu'il est déjà, d'y avancer à l'aveugle. Sans connaissance des points clés du parcours, puisque initialement non convié, et dépourvu d'un système vidéo comme il en disposera plus tard dans sa carrière, il sacrifie des heures de sommeil et de repos pour filer en repérage avec son manager Alain Gallopin, absent le premier jour de course car témoin de mariage de

Laurent Fignon. « Je ne pouvais pas louper ça. » Et voilà les deux hommes arpenter les routes italiennes, en quête de repères et de gloire. « C'était un coureur fabuleux. Ce qu'on a vécu sur le Giro, où par exemple on a été reconnaître le Plan de Corones à 7 heures du matin. Réveiller un coureur à 7 heures du matin pour aller voir le Plan de Corones… imaginez le truc. Et le lendemain, journée de repos, on va voir le Gavia et le Mortirolo, tous les deux. Le Gavia après 15 kilomètres, il y avait des travaux. On a dû faire demi-tour. On a passé la journée ensemble, c'était normalement une journée de repos ; on est rentrés à l'hôtel il devait être 17 heures. On a reconnu le Mortirolo, mais dans le mauvais sens. La montée en descendant et la descente en montant. Il y a des circonstances qui nous ont bien rapprochés. »

Les premiers rapports entre Alberto et l'Italie ne sont pas idylliques. L'invité de dernière minute souffre dans les premières étapes. Concentré, focus sur la compétition, loin du Contador diverti et blagueur du foyer, il peine à se mettre dans le bain, sans doute paie-t-il l'improvisation générale qui entoure sa participation. Loin d'être aérien, il ne perd cependant que quelques secondes sur ses principaux rivaux Riccò et di Luca. Temps concédé vite récupéré lors du chrono de la dixième étape, emmenant les coureurs de Pesaro à Urbino, dans la région des Marches. Il se classe 2e derrière le spécialiste Marzio Bruseghin et devance désormais les principaux favoris pour la course au maillot rose. « Jour après jour, il s'est mis à profiter, à se sentir de mieux en mieux. Les Italiens l'ont accueilli comme s'il était l'un des leurs. À chaque fois qu'il allait en Italie par la suite, il se sentait comme à la maison. Je crois qu'il préférait presque être en Italie qu'en Espagne », révèle Jacinto Vidarte. Klöden et Leipheimer distancés, l'Espagnol est le leader incontesté chez Astana. Sentant le rose à portée de lui et affamé de victoire, il donne du fil à retordre à sa formation pas toujours en adéquation avec sa folle et insouciante jeunesse. « En 2008, il était jeune et très impulsif. Il avait gagné un Tour en 2007, mais il était jeune, sans grande expérience, donc il ne comprenait pas trop, par exemple, que je laisse filer une échappée ou que je laisse filer le maillot rose pour mieux le récupérer après. C'était un mec très fort, mais moi, je suis un directeur sportif à l'ancienne, j'essaie d'économiser un maximum mon équipe en cas de coup dur. C'est le propre d'un manager d'équipe qui gagne un grand tour. Surtout quand tu as un grand coureur dont t'es sûr qu'il va gagner. Ça vaut le coup. À ce moment-là, Visconti avait le maillot. Il y a une étape où il se fait larguer. Donc Alberto prenait le maillot si Visconti ne revenait pas. Mais chez nous, Leipheimer était largué lui aussi. J'ai fait descendre deux coureurs pour ramener Leipheimer et on a ramené Visconti. Le soir, Alberto était fâché après moi.

Il dit que si Visconti ne rentre pas, il est maillot rose. Je lui dis : “Oui mais, Alberto, il y a quatre étapes de plaine, là, Quick-Step[22] est très heureux d’avoir le maillot. Nous, on n’a rien à faire ; le maillot, tu vas le prendre dans les Dolomites ou la Marmolada.” Sur le moment, il n’était pas content, mais à la fin du Giro il a compris. Quand il prend le maillot, après il restait deux grosses étapes, ce n’était pas de la tarte. On ne s’est pas amusés. On s’est fait attaquer dans les descentes et tout. Il pleuvait. C’est Klöden qui sauve la mise. C’est vrai qu’il était jeune. Je prenais les décisions et les coureurs devaient écouter de toute façon », assène Gallopin, alors en proie aux états d’âme du champion. « Le grand art, c’est de changer pendant la bataille. Malheur au général qui arrive au combat avec un système », disait Napoléon.

Version assez différente livrée par Vidarte. « Le problème de ce Giro est qu’au bout d’une semaine, Johan Bruyneel voulait qu’il se retire, afin de courir une autre course, le Dauphiné il me semble, car il avait un engagement. Mais Alberto était bien placé, il se sentait de mieux en mieux et lui a signifié qu’il souhaitait poursuivre le Giro. Donc, d’une part Alberto n’était pas vraiment prêt pour ce Giro, et d’autre part il n’avait pas à ses côtés une équipe forte pour le disputer. Il a donc dû profiter des circonstances.

22.Quick Step-Innergetic, équipe de Giovanni Visconti.

Au début, il était aux côtés des Italiens qui jouaient le général, comme Riccò, qui marchait bien. C'était dur, il était fort. Alberto a toujours eu une forte personnalité, même quand il était jeune. Bruyneel n'était pas en Italie, il est venu exprès pour lui dire qu'il devait se retirer... » Contador ne le sait peut-être pas à cet instant, mais en 1986, un certain Miguel Indurain avait dû se retirer du Tour de France. Son père était venu le chercher à Pau afin que Miguel l'aide pour la récolte, à Villava.

Déjà, l'abandon est un terme auquel Contador est allergique. « Reste Alberto, reste, lui ordonnent les pentes du mythique Mortirolo. Reste et nous t'adopterons, nous les Italiens, pas comme ces chauvins de Français. »

L'adopté endosse le maillot rose de leader lors de la quinzième étape, malgré sa peine à suivre Riccò et di Luca dans les derniers kilomètres de la Marmolada. Avance confortée lors du contre-la-montre de Plan de Corones le lendemain, avant l'ultime arrivée au sommet, à Monte Pora, en Lombardie. Contador souffre, est attaqué, mais le rose lui va si bien qu'il le sauve pour quatre secondes aux dépens de Ricardo Riccò, le Cobra, qui l'avait attaqué en fin d'étape. Il ne reste qu'une étape de montagne, comprenant le redouté Mortirolo, avant un chrono dans les rues milanaises, pour réaliser l'un des plus grands exploits de la décennie. Remporter un Giro dans ce contexte folklorique.

« Quand je repense à la fois où il a pris le maillot rose à la Marmolada. La conférence de presse est en bas, mais de l'autre côté. C'est-à-dire qu'une fois que la conf et les tests dopage étaient finis, il a fallu qu'avec Alberto je remonte la Marmolada pour retourner à l'hôtel. En plus, on avait récupéré les hôtels de NGC Medical. On a eu des galères pas possibles. On est arrivé à l'hôtel à 22 h 30. Le mec de l'organisation m'appelle pour me dire : "Alberto doit aller voir le Plan de Corones, il faut qu'il voie la montée." Je lui dis : "Nous on est morts." On y est allés à 7 heures le lendemain matin, je ne sais pas si vous imaginez. On est rentrés à 9 heures, il a été se recoucher et il a dormi jusqu'à midi. C'est pour ça qu'avec Alberto, j'ai vécu des trucs inoubliables », relate, ému, Gallopin.

— Je vous attends, messieurs. Les grimpeurs, c'est vous aussi, et nous sommes ici sur vos terres. Lequel d'entre vous va lancer une attaque ? J'attends, messieurs ! Mais dites-moi, je ne vous vois pas !

Alberto Contador a gagné.

Di Luca est lâché par le groupe des favoris et Riccò ne parvient pas à détacher le bel Espagnol. Épaulé par son compatriote Antonio Colom, Alberto passe le Gavia, passe le Mortirolo, passe la ligne d'arrivée en rose.

— Ô Alberto, ici *il duomo di Milano*. Sais-tu qu'aucun étranger n'a remporté le Giro depuis Tonkov en 1996 ?

Gotti, Pantani, Garzelli, Simoni, Savoldelli, Cunego, Basso, di Luca. Que dis-je, Alberto, tu es un Italien.

Le gamin de Pinto, vacancier des plages de Cadix, compagnon de Macarena Pescador, surclasse Riccò au chrono, dégaine à l'arrivée dans un mélange de fierté et de rage, et devient le premier Espagnol à remporter le Tour d'Italie depuis Indurain en 1993. Un triomphe obtenu en gestion, sans jamais surclasser ses adversaires, mais le rose d'une vie, qui trône à côté du jaune dans la salle des trophées. Dans la banlieue de Madrid, autour de Francisco, Francisca, Francisco Junior, Alicia et Raul, des milliers de personnes rassemblées pour fêter leur champion, qui deviendra icône. Le triplé attendra la fête. « Il avait gagné un Tour contre cette créature étonnante qu'était Michael Rasmussen. Il avait besoin de poser sa marque dans des conditions plus sereines. Il voulait aussi montrer quelque chose. Le Tour de France 2007 laisse penser qu'il a deux éclairs à la place des jambes et qu'il fait tomber la foudre à chacune de ses attaques. Il y a tellement l'ombre noire de la suspicion incarnée par Rasmussen qu'il n'en a pas profité, alors que sur le Giro 2008, il peut dérouler à peu près tranquillement », se souvient Pierre Carrey.

Son talent, en dépit des circonstances du moment, a fait la différence. L'adversité limitée également, selon le spécialiste italien Marco Bonarrigo. « Il a fait une grande performance, mais les adversaires étaient vraiment d'un niveau inférieur, rien à voir avec le Tour de France. C'était une période modeste, la plus modeste de ces trente dernières années, car il y avait les contrôles pour dopage et il n'y avait pas beaucoup de grands personnages. Il a sauvé un tour d'Italie destiné à être vraiment moyen. Il bat Ricardo Riccò qui était un dopé total, capable de gérer quelques étapes de montagnes. Contador était un sacré champion, capable de gérer le groupe, les étapes de plaines, super bon en contre-la-montre, spécialité dans laquelle Riccò était nul. Un Riccò super dopé n'était pas du tout au niveau de Contador, même à 80 % de sa forme, à la cave quelques jours avant. On parle de coureurs qui n'ont rien à voir avec la classe d'Alberto, qui lui était un coureur de grande classe. Marzio Bruseghin termine 3e ; je connais bien Marzio, mais je me pose la question de comment lui qui était un bon spécialiste de chrono et un coéquipier moyen en montagne peut arriver 3e. Ça doit être le Giro le plus modeste des trente dernières années. Sans Alberto, Marzio aurait pu gagner le Giro, c'est quand même particulier. »

L'heure est à présent au repos. Le prince d'Italie doit participer aux Jeux olympiques à Pékin, avant de défier l'Espagne et de tenter un incroyable doublé Giro-Vuelta. Il lui faut prendre des forces et rien ne le comble plus que la tortilla maison de sa maman. Une tortilla aux patates. À Pampelune, Miguel préférait les testicules de taureau.

« En montée, je l'ai vu faire des choses que seul Armstrong savait faire. Alberto a la mentalité d'un champion et une extraordinaire confiance en lui-même. Nous ne connaissons pas encore ses limites », loue son manager belge Johan Bruyneel à *La Gazzetta dello Sport*. La muraille de Chine, en voilà un sacré palier. La limite de cette année 2008. C'est avec la Vuelta – qu'il n'a jamais disputée – dans un coin de sa tête que le Pistolero se pointe à Pékin aux côtés de Carlos Sastre, récent vainqueur d'un Tour orphelin de son tenant du titre, Alejandro Valverde et Samuel Sanchez pour défendre l'Espagne. En difficulté physique liée aux fortes chaleurs et aux côtes à répétition, Alberto, comme tant de coureurs, abandonne l'épreuve en ligne en fin de course, non sans avoir œuvré en amont en imposant un rythme soutenu. Stratégie payante, puisque le redoutable Samuel Sanchez, puncheur en chef, s'impose au bout du supplice. Contador ne parvient pas à accrocher un podium synonyme de médaille quatre jours plus tard lors du contre-la-montre. Il échoue à seulement 8 secondes de son coéquipier américain chez Astana, Levi Leipheimer.

— Alberto, ici Fuentes de Invierno. Tu avais un an en 1984. Un autre Alberto, Alberto Fernandez, avait fini 2e sur ces terres, sur tes terres, en Espagne. Tu ne finiras pas 2e, toi ?

Le feuilleton de septembre est une offrande pour la péninsule ibérique. Cadel Evans et Denis Menchov forfaits, Contador, Sastre et Valverde sont attendus dans l'arène pour une bataille finale. La presse nationale s'en délecte. Un Espagnol triomphera en Espagne, mais lequel ? S'il ne le dit pas publiquement, Contador veut anéantir les doutes autour de la suprématie au pays et rappeler qu'il est bel et bien le plus fort. Une détermination qui, à l'instar du Tour d'Italie, crée des remous d'entrée de jeu. « Au début il était jeune, il ne comprenait pas trop que je laisse filer le maillot de leader. Par exemple, j'avais donné pour consigne au prologue de ralentir. On avait fait 11e du prologue de la Vuelta et il était furieux après moi. Si on prend des risques à un prologue dans Granada, un chrono par équipes… Je lui ai dit "si l'équipe elle est par terre, tu perds la Vuelta". Donc pas de risques. La Vuelta, tu vas la gagner, parce que franchement, t'es le plus fort. Donc pas de risques. Mais lui, il ne comprenait pas ces choses-là. Après, avec le recul, il disait "Alain avait raison". Mais pour le moment, il n'était pas content. Et puis, il ne parlait pas très bien anglais au début. Donc c'était un mélange de tout, c'était amusant. » Gallopin et Alberto se cherchent, se reniflent, se sentent. Ils se découvrent aussi.

« Il y a une autre chose qui est étonnante avec Alberto. Moi, on m'a toujours dit “ne bouffez pas des bananes, vous allez être plantés, les mecs”. On dit toujours que c'est pas bon d'en manger. Alberto, il en prenait six, sept, huit par jour sur les grands tours. Dès qu'il passait à côté de la voiture : “*Alain, un platano por favor.*” C'était exceptionnel. C'est le seul mec chez qui j'ai vu ça. Et il gagnait au sommet. »

Mieux préparé que pour le Giro, l'adorateur de bananes débute la compétition sans encombre. En jambes, il compte bien remporter sa première Vuelta, et ce malgré l'ombre de son coéquipier Leipheimer, à l'aise en contre-la-montre, qui s'empare du maillot en or[23] à l'issue de la cinquième étape. Éphémère mais désagréable sensation pour Alberto, le favori, que de voir un équipier lui être hiérarchiquement supérieur au classement, même s'il ne s'agit que de quelque temps, même si son retard sur l'Américain est de moins d'une minute. Le lendemain, à Toledo, Leipheimer rend l'or. Sylvain Chavanel l'endosse et voilà Astana et Contador libérés d'un poids bien trop prématuré dans cette Vuelta.

Une semaine de course et Contador s'ajuste, toujours dans le sillage de son coéquipier, grappillant quelques secondes par-ci par-là, sachant que son heure est à venir.

23. De 2000 à 2010, c'est un maillot or qui est choisi par les organisateurs de la Vuelta pour le leader du classement général. Et ce pour se distinguer du maillot jaune du Tour de France.

13 septembre 2008.

— Toc, toc, toc. Pistolero, ici l'Angliru. Ne te cache pas, jeune homme des pentes et des épreuves. Aventurier des montagnes et des nuages. *El Amarillo* va venir te chercher. Le maillot, pour toi, personne d'autre. Alberto. *¡ Vamos !*

L'Alto de l'Angliru est un juge de paix. Ses pourcentages sont vertigineux[24]. Astana contrôle la course. L'écrémage se fait au rythme des kilomètres. Kloden, Leipheimer, Rubiera roulent pour Contador. Carlos Sastre lâche rapidement le groupe de tête. Il ne sera finalement pas un danger sur cette Vuelta. Contador est en danseuse, forcément. Sa silhouette intercalée entre celles de Leipheimer, Valverde et Rodriguez. Valverde accélère. Leipheimer ne suit pas le rythme, et voilà les trois Espagnols qui s'élancent en tête, tels trois frères d'arme déterminés à montrer qui est le plus fort. À ce jeu, personne ne peut lutter avec Alberto, tant sur la beauté que sur la performance. Après un plan à trois qui ne dure qu'un temps, Contador se lève, scrute autour de lui, et dépose ses compatriotes, incapables de le suivre. *Où est-il ?* doivent-ils se demander, derrière. « Entre Pinto et Valdemoro », comme on dit chez Alberto, pour désigner l'incertitude. Ils ne le reverront pas. Les minutes

24. Cf. Introduction, « *Querer es poder* ».

défilent et Contador avance seul vers l'Angliru, vers la gloire. Il s'y sent bien. S'imagine-t-il déjà achever sa carrière ici quelques années plus tard ? « Regarder un paysage, c'est toujours se souvenir », écrivait le poète portugais Fernando Pessoa. Cinq mois après sa dernière victoire d'étape au Pays basque, Alberto Contador vainc le terrifiant Angliru et s'empare du maillot or. Gallopin avait raison. *¡ Tranquilo, Alberto !*

Le lendemain, *bis repetita*. Contador fait des Asturies sa chose. Sa demeure. Il ne laisse pas une miette à ses rivaux. Bénéficiant d'un très gros travail d'Ezequiel Mosquera, le leader de la formation Xacobeo Galicia. Chaussette légère, Contador place une banderille à deux bornes du sommet de Fuentes de Invierno. Personne ne suit. Les commentateurs espagnols de la télévision saluent l'ambition extrême et la volonté de tout gagner de leur champion. Leipheimer fait deux et Mosquera trois. Rodriguez et Valverde paient leurs efforts de la veille et arrivent à une minute. Au général, à moins d'une semaine de l'arrivée, Alberto possède 1 minute 17 d'avance sur l'Américain. Les autres sont relégués à plus de 3 minutes 30. Contador, roi des Asturies.

Lors de l'avant-dernière étape, un contre-la-montre piégeux sur les pentes de Navacerrada, col de première catégorie, Leipheimer récidive et s'impose aisément. Derrière lui, encouragé par une foule en délire et certainement motivé par les inscriptions « Contador » tout au long des 17 kilomètres, Alberto souffre mais assure l'essentiel. Il termine exténué, à 31 secondes de son équipier, confiant à l'arrivée « ne pas avoir eu de bonnes sensations. N'importe quel incident m'aurait mis à la limite. » Astana double la mise avec Alberto en vainqueur et Levi en dauphin, à 46 secondes seulement du nouveau héros de tout un pays. Le premier d'entre eux se nommait Mariano Cañardo. Lors de la première Vuelta, en 1935, « El català d'Olite » avait lutté jusqu'à sa chute, laissant le succès au Belge Gustaaf Deloor. À 25 ans, Alberto Contador vient de répondre favorablement au rendez-vous que lui donnait la légende. Le Castillan est roi d'Espagne, il est surtout le cinquième coureur de l'histoire à remporter les trois grands tours. Jacques Anquetil, Bernard Hinault, Felice Gimondi, Eddy Merckx. Et Alberto Contador. Inimaginable. Du jaune, du rose, et de l'or. Dans l'histoire de ce sport, seuls deux coureurs ont remporté la même année le Giro et la Vuelta. Eddy Merckx et Giovanni Battaglin. *¡ Olé !*

Avec trois Monuments dans l'escarcelle, le danseur étincelant se démarque par un talent hors du commun et une sérénité équivalente. Ses victoires ont été tout sauf écrasantes, avec une avance maximale de 2 minutes au général, parfois de quelques dizaines de secondes seulement. La régularité le caractérise, pas l'hégémonie, contribuant au romantisme qui fait déjà sa carrière. « Je trouve plutôt rassurant le fait que sur la même année où il gagne deux tours – c'est beaucoup –, il n'y ait pas tant que ça de victoires d'étapes. Il s'agissait d'un coureur très intelligent, ce n'était pas l'époque d'un cyclisme total comme aujourd'hui, où on voit un Pogačar tout gagner ou presque. C'était un cyclisme différent et il était très efficace. Il voulait la victoire finale. Contador n'aurait jamais sprinté pour gagner 5 secondes », résume Marco Bonarrigo. L'homme se dessine. La personnalité s'affirme et le jeune Alberto, devenu Contador aux yeux du monde, fait belle impression. Dans ses équipes aussi, ce que confirment les journalistes vélo. « C'est un garçon très respectueux. Il y a des leaders qui laissent des mauvais souvenirs. Lui avait sa garde rapprochée de coureurs espagnols. Je crois qu'humainement, il se comportait très bien avec eux. Il leur rendait la pareille. Il se comportait bien et se battait pour eux. Ça, on ne peut pas lui enlever. C'était quelqu'un de fidèle », constate Nicolas Geay. Jean-Julien Ezvan, plume du *Figaro*, confirme cette dimension sociale et humaine du champion. « Le propre des grands est de savoir s'entourer. Ça montre que c'était un grand. Tu construis ça, et puis tu inspires ça et tu attires ça. Tu as une grosse équipe, un gros budget et un bon matériel. Il ne manque pas de pièce au puzzle. Donc forcément, avoir des bons équipiers dans tous les domaines fait que la fusée puisse l'emmener là où il veut aller. Je me souviens, après avoir gagné un Tour, il avait offert des montres à tous ses coéquipiers et membres de l'encadrement. Ça suffit à dépeindre quelqu'un quand tu n'oublies personne. Ça montre la générosité du bonhomme. » Sérgio Paulinho, Benjamin Noval, Jesus Hernandez, entre autres, feront une bonne partie de leur carrière aux côtés d'Alberto. Certains deviendront des amis. En cette fin d'année 2008, Contador remporte son deuxième Vélo d'or. Il égalise Indurain, mais aussi Di Stéfano, vainqueur de deux Ballons d'or avec son Real Madrid chéri. *¡ Hala Alberto !*

7

GLOIRE ET DOULEURS. L'ENFER ARMSTRONG

Quel est le point commun entre Alberto Contador et Lance Armstrong ? A priori aucun. L'un vient de Madrid, issue d'une famille on ne peut plus traditionnelle, bien élevé, de nature plutôt réservée. L'autre connaît une enfance plus difficile, dans un contexte familial complexe. Coureur, le Pistolero est gracieux, abordable, sympathique. Le « Boss », aux allures de Donald Trump du cyclisme, est un puissant. Il se définit lui-même comme un « tyran » avec les autres.

Pourtant, les destins de Lance Armstrong et d'Alberto Contador semblent étrangement liés. Le premier a survécu à un cancer, son cadet à trois semaines de coma et une opération du cerveau. Le Texan a gagné son dernier Tour de France au sein de la Discovery Channel[25], écurie dans laquelle le Castillan remporte sa première Grande Boucle. Fin 2008, après une saison pleine de succès et de confirmation, Alberto a en ligne de mire le Tour de France, dont il vient d'être privé. Trône qu'il souhaite obsessionnellement récupérer depuis ses pleurs de détresse en février dernier. Le chemin pour y parvenir paraît sans encombre. Le talent bien entendu, la formation, la suprématie sur le reste des grimpeurs, l'amour retrouvé avec l'Hexagone. Une chimère. Bruyneel, l'homme qui voulait faire abandonner Alberto sur le Giro, a d'autres plans pour son équipe. Le 24 septembre, la star américaine, sur la touche depuis 2005, annonce sortir de sa retraite et rejoindre Astana afin d'y remporter le Tour de France. Stupeur sur la planète vélo. Pour Alberto, le désaveu est indigeste. Bruyneel le Belge a décidé de faire d'Armstrong l'Américain – son poulain depuis la dernière décennie –, la figure de proue de la formation kazakh. Face à Contador l'Espagnol, 26 ans, pour qui il faudra composer. Pour qui il faudra s'imposer. Encore. Armstrong et Contador, les destins liés. Désormais coéquipiers, il seront inéluctablement concurrents. Lance est un cheval de Troie. Un cadeau empoisonné. Il est la lumière.

25. Lance Armstrong verra ses sept Tours de France lui être retirés en 2012, reconnu coupable de dopage.

Dans l'optique de doubler la mise sur les Champs-Élysées, Alberto adopte un programme auquel il sera fidèle le restant de sa carrière. Gros bloc de travail l'hiver, avec une reprise mi-octobre, début novembre, suivie d'un début de saison généralement florissant. Une première partie de saison conclue par Paris-Nice ou le Tour du Pays basque, avant de couper et revenir pour les échéances estivales. Une approche du Tour récurrente, qui l'emmène sur des terres connues et conquises : Algarve, Catalogne, Pays basque, Paris-Nice, Castilla y León. À Ténérife, début décembre, Astana réalise son premier stage de la saison. Armstrong et Contador côte à côte. Politesse de façade. Les deux hommes ne se recroiseront pas jusqu'à l'été, espérant sans doute secrètement ne plus se croiser tout court. Alors que l'Américain arpente les routes australiennes et californiennes, le leader officiel d'Astana reste dans ses sentiers sud-européens.

— Ô Alberto, ici la vieille Europe. Reste. Reste et résiste. Ici, tu es un adopté. Tu séduis les foules, tu charmes les enfants du vélo, les jeunes cyclistes t'imitent, les danseurs de ballet t'envient.

Lettre d'amour reçue sept sur sept. Alberto salue chaleureusement le Portugal en triomphant à Algarve fin février. Sa saison est lancée. Dans quinze jours, il pourra renouer avec Paris-Nice. Des retrouvailles amères avec la France. « Il perd bêtement ce Paris-Nice. Je lui dis : “Alberto, attends le plus tard possible pour attaquer. Si tu attaques à 3 kilomètres de l’arrivée, tu vas mettre tout le monde à 1 minute. Si t’attaques à 6 bornes, tu vas mettre tout le monde à 1 minute et tu vas dépenser plus d’énergie.” La faute qu’il a faite cette année-là, c’est que dans le col de Lure, il attaque à 8 kilomètres de l’arrivée. À 1 kilomètre du sommet, il a 2 minutes 20 sur F. Schleck et L-L. Sanchez, à l’arrivée il a 1 minute. Il avait perdu 1 minute. Et Alberto quand il attaque, personne n’est capable de le suivre. En peu de temps, il met tout le monde à 1 minute, et après il maintient l’écart. Ce qui était dur avec Alberto en tant que directeur, c’est qu’il fallait le tenir. Il était trop généreux », raconte Alain Gallopin, son manager de l’époque. « Les hommes ne se passent point, au fond, d’être dirigés, non plus que de manger, boire et dormir. Ces animaux politiques ont besoin d’organisation, c’est-à-dire d’ordre et de chefs », affirmait un célèbre général[26]. Alberto ne fait pas sienne cette doctrine, et laisse une première brèche dans laquelle s’engouffre son meilleur ennemi. « Talent extraordinaire. Doit encore beaucoup apprendre », se fend sur Twitter le Texan. Une manière de lui rappeler qu’il est l’aîné, l’expérience, la sagesse face à la nervosité de son cadet. Une manière de

26. De Gaulle, *Le Fil de l’Épée*, Plon, 1932.

réveiller le « tyran » qui sommeille en lui, et qui ne laissera rien passer, surtout pas à Alberto. Sportivement, Luis Leon Sanchez, l'ami de toujours, en profite. « Mon meilleur souvenir, c'est quand je l'ai battu sur Paris-Nice en 2009. C'était impossible pour moi de croire qu'il est battable. Il était excellent à cette époque. Comme équipier, j'aurais aimé avoir un peu plus de temps, surtout les dernières années. Comme adversaire, c'est l'un des plus forts que tu peux avoir dans le peloton, il peut attaquer à tout moment, même de très loin. Personne ne savait à quoi s'attendre avec lui », nous avoue le grand vainqueur de la Course au soleil.

Contador et Armstrong ont l'occasion de cohabiter, une seule et unique fois, avant le Tour. Fin mars, Astana réunit ses deux stars pour disputer la Vuelta a Castilla y León. Il s'agit d'éviter les retrouvailles tardives. Dans la banlieue de Valladolid, avant le départ de la première étape, les deux hommes sont les plus sollicités par les fans. Demandes de photos, d'autographes… de courte durée. Armstrong chute et se fracture la clavicule à 20 bornes de l'arrivée. Abandon et inquiétude pour lui. « C'est dommage de perdre Lance, c'était une bonne occasion pour nous de travailler ensemble », déclare Contador. « J'ai énormément de respect pour Alberto. Il n'y a pas meilleur que lui, moi compris », avait auparavant déclaré Lance.

La communication marche à plein régime. La guerre attendra. « Deux personnes très différentes. Contador, c'était un immense champion, mais ce n'était pas quelqu'un qui allait en mettre plein la vue aux autres. Alors qu'Armstrong, tu sentais que la pole position c'était pour lui et pas pour quelqu'un d'autre, et peut-être qu'Alberto a eu du mal à accepter cela. Il y a en un qui se considérait comme chef de guerre alors que l'autre était un chef, mais il le revendiquait moins que l'autre », résume *a posteriori* Daniel Mangeas, speaker officiel du Tour jusqu'en 2014. Débarrassé de l'ogre, Contador est chahuté par l'autre Américain de la bande, Levi Leipheimer, qui lui grapille 16 secondes lors du chrono et remporte finalement la course espagnole. Aucun cadeau pour Alberto.

La suite de la saison voit Astana se scinder autour de ses deux figures. Le pôle américain, avec Leipheimer et Armstrong, prend la direction du Giro qui fête son centenaire, tandis qu'Alberto et ses lieutenants (Hernandez, Paulinho, Noval...) peaufinent la préparation de la Grande Boucle en disputant le Tour du Pays basque et le Critérium du Dauphiné. Dans l'extrême nord de la péninsule ibérique, où il fut déjà vainqueur l'an passé, Contador récidive. Il est le plus fort en contre-la-montre, et dès que la pente s'élève. Contador, la totale ! Le Pays basque est aussi sa maison. L'amoureux des collines est en mission, jusqu'au 4 juillet à Monaco. Il lui reste deux courses. Le Dauphiné, où il parfait sa condition physique, laissant le triomphe de juin à son compatriote Valverde. Seul juillet compte. Là où les affamés Merckx et Indurain seraient allés chercher la gagne partout et tout le temps, Contador se concentre sur ses principaux objectifs. Hégémoniques, les deux premiers. Altruiste et humain le troisième. « Contador, c'est tout sauf une machine. Indurain, c'est une machine, une bête à rouler. Contador était aussi rouleur, mais physiquement, Indurain était impressionnant. Indurain, c'était une prison. Il ne donnait pas envie de faire du vélo. Il était très gentil, très poli, mais hyper timide. Il n'y a rien qui sortait avec Indurain, ce n'était pas facile d'interviewer Indurain », se remémore le journaliste Philippe Le Gars. Un dernier message adressé à ses principaux rivaux en remportant, le 26 juin 2009, pour la première fois en professionnel, le championnat d'Espagne du contre-la-montre devant son *amigo*, Luis Leon Sanchez. Alberto est prêt.

— Ô Monaco. Qu'importe, si tu es vraiment française. Qu'importe, ce qu'on dit de toi. Je t'arpenterai, toi et tes rochers, vêtu de mon maillot espagnol. Laisse-moi te dire qui je suis.

L'heure des retrouvailles. Le Giro n'a rien donné pour Astana et ses États-Uniens. Pire, un non-paiement des coureurs a généré un conflit interne entre la structure sportive et Astana, incitant huit des neufs coureurs de l'équipe à effacer le sponsor du maillot. Le gouvernement du Kazakhstan acceptera *in fine* d'aider financièrement l'équipe dirigée par Bruyneel. Un chèque et la polémique est refermée. Avant la prochaine. Monaco, donc. Contador, Armstrong. Au milieu, des poids lourds, Leipheimer et Klöden, qui penchent du côté du second. Alberto pourra s'appuyer sur Paulinho et Zubeldia. C'est un moindre mal, dans une formation où le charismatique septuple vainqueur du Tour, pas encore déchu, monopolise l'attention, à la fois médiatique et au sein de son équipe. Le duo Contador-Armstrong fascine les médias. Deux ambitieux, une place pour deux. Avec une solide garde rapprochée – un clan même – et un manager acquis à sa cause, le Boss aborde le Tour dans des conditions idylliques. Mais Astana le sait, le plus fort, c'est Contador, que Bruyneel désigne logiquement leader de la formation. L'Américain est officiellement là pour aider sa nouvelle proie à gagner la course. Comique. Personne n'y croit. Lui, le tyran.

« La veille de la première étape, je suis allé parler avec Lance directement dans sa chambre. Il m'a dit : "C'est mieux pour moi si tu gagnes le Tour." Mais plus tard, j'ai vu qu'il avait posté ça sur Twitter : "On verra avec le chrono qui sera le leader. » J'avais perdu mon temps[27] », rapporte le Madrilène. Comme convenu, ce sera chacun pour soi. « On se demandait ce qu'Alberto allait faire avec Armstrong. Quand on y repense, en allant chez Astana, il s'est mis tout seul dans une situation très compliquée. Il aurait pu éviter cette situation. Je ne sais pas ce qui le tenait, par quel bout ça venait. Il n'aurait jamais dû. Il est parti chez Astana après l'affaire Puerto en 2006 et après il se plaint de ne pas avoir fait le Tour de France. Pour moi, il a été très mal conseillé. Je pense qu'en 2006, il avait l'occasion de couper les ponts avec son entourage qui était lié à Manolo Saiz. Il n'a pas su saisir cette opportunité. Il est resté dans un milieu qui n'était vraiment pas terrible, c'étaient les années noires du cyclisme. On avait des histoires qui étaient invraisemblables. Contador pouvait totalement se détacher de cette équipe de la Liberty Seguros. Il aurait dû trouver le moyen de se séparer de ces gens-là », juge *a posteriori* Julian Cerviño, journaliste pour *Le Nouvelliste*. Trop tard. Jouez, messieurs ! Bon match, et que le meilleur de cette guerre à couteaux tirés l'emporte.

S'il souhaite sortir de l'enfer qui lui est promis, Alberto le sait, il doit marquer son territoire durant la première semaine. Chose qu'il réalise sans conteste dès la première étape en obtenant le deuxième temps du chrono sur les

27. Interview sur YouTube, en avril 2020.

terres monégasques. Il devance Kloden, Leipheimer et surtout Armstrong de respectivement 4, 12 et 22 secondes. Première réponse aux provocations du tyran. Il envoie aussi un message aux frères Schleck, autres prétendants à la victoire finale.

La riposte ne tarde pas à se faire attendre. En Camargue, pour la troisième étape emmenant les coureurs de Marseille à la Grande-Motte, le vent de côté avait été annoncé. Les coureurs étaient prévenus. Gare aux bordures !

— Alberto, je suis le sirocco. Je viens ici, dans l'Hérault, pour te prévenir. Je vais souffler fort aujourd'hui. Accroche-toi, *campeón* !

À une trentaine de kilomètres de l'arrivée, la Columbia de Cavendish et Tony Martin accélère en tête du peloton. Bordure. Contador est mal placé et laisse le trou se faire. Comme le reste des favoris. Sauf Armstrong. « Quand tu observes le vent et que tu vois qu'un virage se présente, ce n'est pas la peine d'être prix Nobel pour savoir qu'il faut aller devant. » Lance se délecte. Il a réussi un joli coup. Toujours aux avant-postes, attentif comme personne, et avec de la bouteille, il ne pouvait pas se faire piéger, lui. À ses côtés aux avant-postes, Zubeldia et Popovych qu'il fait rouler, vous pensez bien. L'occasion est trop belle. Zubeldia, oui, celui censé protéger le Pistolero. Contador leader de l'équipe ? Du vent ! Comme le sirocco. « Les journalistes peuvent raconter ce qu'ils veulent. Au départ, on ne faisait rien devant, rien derrière. Alberto était en panique, mais il n'y avait personne de dangereux devant, à part Armstrong. Armstrong, cette bordure, ça lui a permis de faire 3e du Tour ; ensuite, il était clairement moins fort qu'Alberto, c'était évident », garantit Alain Gallopin. 41 secondes d'écart à l'arrivée entre le groupe Armstrong et le peloton. Conséquence évidente, l'Américain repasse devant l'Espagnol et prend la troisième place du général. Sur la réserve, Alberto bout. Il ne supporte pas la situation, lui qui veut être le numéro un de manière incontestée. Il ne supporte pas non plus l'allégeance de sa formation, et en premier lieu Johan Bruyneel, à son coéquipier. « C'était catastrophique. Depuis le premier jour où Armstrong a signé, c'était la cata. Alberto voulait être le seul leader, il ne voulait aucune sorte de concurrence. Il voulait jouer le Tour, être le leader. Il ne voulait pas un autre leader à ses côtés. Lors du Tour, c'était terrible, car toute l'équipe courait pour Armstrong, hormis Paulinho, qui était un peu le rempart d'Alberto. Toute l'équipe allait d'un côté, et Alberto de l'autre. Ils l'ont laissé seul. C'était une pression terrible », relate Vidarte.

Pas le temps de cogiter, le lendemain, chrono par équipes dans les rues de Montpellier. Il faut faire cause commune. Garder la face. Encore. Astana le remporte largement. Armstrong a bien roulé. Il rate le maillot jaune pour quelques centièmes seulement. En réalité, cette victoire collective profite à Contador, qui gagne du temps sur les autres favoris. La machine kazakhe se voit offrir deux jours de paix, le temps que les sprinteurs disputent leur bagarre. Qu'ils en profitent. La Grande Boucle est un temple dont les rois sont les grimpeurs. L'étape 7, chèrement attendue dans les Pyrénées, emmène les athlètes au sommet de l'ascension d'Andorre-Arcalis. Une poignée d'hommes part devant, mais les regards sont portés sur le peloton, et la guéguerre Contador-Armstrong. Astana dicte le tempo dans l'ascension pyrénéenne. Le peloton est en pièces détachées. Les coureurs lâchent un à un. Le maillot jaune, Fabian Cancellara, est en perdition. Il est donc provisoirement sur les épaules de l'Américain.

— Lance, ici les Pyrénées, terres de France, d'Espagne, et d'Alberto. Chez toi, c'est la Californie. L'*amarillo*, il est pour nous !

Hors de question pour Contador de laisser faire. Dans la roue d'Armstrong jusqu' alors, il place une attaque peu avant la flamme rouge. Contador en danseuse, vole, s'envole, chez lui, dans ses Pyrénées. « Je l'ai vécu de l'intérieur, car je suivais Armstrong puis Contador. Je pense que ce Tour a été hyper dur pour lui parce qu'en fait il était dans une équipe dévouée à sa cause, avec sa garde rapprochée, et du jour au lendemain Armstrong arrive et devient le patron. Avec Bruyneel, ils font l'équipe, Armstrong est le boss et Contador est un peu laissé pour compte et va être en quelque sorte le banni de l'équipe, au niveau matériel, etc. C'est là que Contador m'a le plus impressionné. Au niveau mental ! 9 coureurs sur 10 se seraient écrasés, et lui, qu'est-ce qu'il va faire ? il va attaquer à Andorre et va se prendre Armstrong de face en lui disant "non c'est moi le patron, c'est pas toi qui vas gagner, c'est moi [...]". Et là tu dis chapeau parce qu'il ne se laissait pas faire[28]. » Personne ne parvient à prendre sa roue. Evans, Schleck, Armstrong tentent de limiter la casse. 21 secondes de grattées à l'arrivée pour Alberto et une deuxième place au général, juste devant son ennemi mais néanmoins coéquipier. Astana s'évite le jaune trop tôt dans une course éprouvante de trois semaines. « Ce n'était pas vraiment dans les plans, mais je ne m'attends pas à ce qu'il respecte nos plans. » La pilule est dure à digérer pour le Texan. Cette première semaine de course frôlait la perfection pour lui. L'autorité, qu'il tient tant à entretenir et conserver, est bafouée par un gamin qu'il juge trop gourmand et indépendant. À l'issue de l'étape, Armstrong monte dans le bus et se dirige vers Contador : « Tu ne vas pas me casser les c*** longtemps, pistolero[29] ! » La guerre est déclarée.

28. Nicolas Geay, France TV. Entretien avec les auteurs.

29. Gérard Ernault, *L'Équipe raconte le Tour de France*, éditions Robert Laffont, 2018.

Exit la politesse et la diplomatie. Le troisième du classement général ne se contente pas de mots et de menaces. Il va dès lors mener une vie infernale à celui qu'il méprise et dont il admire le talent, comme le relate Jacinto Vidarte, qui, loin des courses jusqu'alors, rejoint Alberto sur ce Tour. « Il me demandait à moi d'être présent à la course, pour avoir quelqu'un de proche avec lui. Il y avait donc son frère et moi. Pour avoir un soutien. Il était à la marge. À cette époque, à l'hôtel de l'équipe, il y avait un ou deux gardes du corps. Parfois, son frère avait du mal à rentrer dans l'hôtel de l'équipe pour le voir, ils l'emmerdaient. C'était toute une pression extrasportive énorme. C'était impossible de discuter avec Armstrong. » L'entreprise de sabotage est en marche. À l'hôtel, le soir, le clan de l'Américain isole l'Espagnol du staff et du reste des coéquipiers. Un plan de déstabilisation rondement mené. Les journalistes doivent faire attention à ce qu'ils écrivent, sous peine d'être mal vus, voire éjectés. Le journaliste de *L'Équipe*, Philippe Le Gars, raconte : « Armstrong lui pourrit la vie. C'était terrible. L'Américain en jouait, il se sentait intouchable à nouveau. Armstrong voulait montrer qu'il était encore Armstrong. Ce qui est totalement ridicule. Alberto s'est retrouvé vraiment isolé dans l'équipe. Vraiment isolé. Il était avec son frère, mais c'était tout. Enfin, il y avait Sergio Paulinho qui a toujours été sympa avec lui. Il faisait historiquement partie de la bande d'Armstrong, mais il était cool avec Alberto. Sinon il était tout seul. À l'hôtel, c'étaient des scènes inimaginables. C'était un truc incroyable. C'étaient deux équipes qui étaient superposées. » Excepté son frangin Francisco, Alberto s'entoure de son attaché de presse, Vidarte, et de son mécanicien, Faustino Muñoz, qui monte dans sa chambre tous les soirs pour lui tenir compagnie, emmenant même parfois son vélo, de peur que quelqu'un y touche. Méfiance absolue. Dans le peloton, c'est la sidération. Chacun sait ce qui se passe au sein de la formation de Bruyneel. À 22 ans, Pierre Rolland participe à son premier Tour de France. « On se rendait bien compte qu'il y avait deux équipes dans une. Une équipe anglo-saxonne avec les Américains et tous ceux qui entouraient Armstrong ; et puis il y avait la petite brèche espagnole avec quelques fidèles qui accompagnaient Contador... Ça donnait l'impression qu'il y avait une grosse fracture. » Aujourd'hui consultant pour la chaîne *L'Équipe*, Christophe Riblon n'en revenait pas. « C'était incroyable ! Quand on entendait en interne comment ça se déroulait dans leur équipe, avec limite deux staff différents, Armstrong qui faisait tout pour lui baiser la gueule... Pour moi, c'est magistral ce qu'a fait Alberto sur ce Tour-là. » Sans doute, Contador se remémore-t-il son enfance, une époque où devant sa télé, il assistait au crépuscule de Pedro Delgado et l'avènement de Miguel Indurain, les deux s'entraidant au sein d'une

Banesto tenue d'une main de maître par le mythique Eusebio Unzué. Une époque si lointaine.

S'ensuit un temps de répit pour la formation des deux champions. L'Italien Nocentini porte le jaune plus d'une semaine, obligeant AG2R La Mondiale à travailler jusqu'à l'arrivée des coureurs dans les Alpes. Pas de bouleversement parmi les favoris. Le peloton s'observe, laisse la part belle aux sprinteurs et puncheurs. Alberto a fait le dos rond. Sa famille passe le voir à Colmar, lors de l'étape 13. Sinon, il les appelle tous les soirs, mais pas question de parler de vélo. Il faut évacuer la pression intenable de ce Tour cauchemardesque. Son heure est à venir. Les Alpes, ce pays profond où le ciel, fatigué d'être bleu, s'est allongé sur la montagne. Les Alpes de Victor Hugo, où l'on est aigle ou crétin.

— Alberto, ici Verbier. Ici la Suisse. L'Aigle de Tolède, le génie de Santo-Domingo nous a laissés orphelins de romantisme et de grâce. Sois aigle, à ton tour !

L'explication. Départ, Pontarlier. Arrivée, Verbier. 8,2 kilomètres à 7,9 % de moyenne. Nocentini ne sera plus leader en fin d'après-midi. Contador, Armstrong, les frères Schleck, Nibali, Wiggins, Sastre. Un fauteuil pour tant d'artistes. Tant de héros du mois de juillet. Les premières rampes de l'ascension voient la Saxo Bank des Luxembourgeois mener un train d'enfer. Sans doute ont-ils l'intention de reprendre du temps au duo Astana. Tous lâchent un par un. Fränk Schleck accélère à 6 kilomètres de l'arrivée, Alberto prend sa roue immédiatement. Pétard mouillé. Ils ne sont plus que cinq. Les doigts d'une main. Armstrong est à l'intox. En danseuse, Contador ausculte ce petit groupe. Regards à droite, coups d'œil derrière son épaule. Il se dresse, se lève, encore plus haut, puis s'envole, seul, d'un coup, vers la montagne, vers ce ciel qui s'est allongé, pour devenir aigle à son tour. « Le meilleur grimpeur du monde s'envole, c'est le nouveau Bahamontes », s'exclame Thierry Adam, commentateur du Tour. Andy Schleck essaie de suivre en deuxième position mais n'y parvient pas. Les autres sont relégués. Klöden, coéquipier d'Armstrong, visiblement moins d'Alberto, tente de ramener l'Américain, ou du moins de limiter la casse. S'il faut sauver la place sur le podium de Lance, l'image est source d'interrogations. Visage impassible, Alberto débranche l'oreillette et adopte un rythme de grand, un rythme d'assassin pour ses adversaires. En danseuse, sous les yeux de ses parents présents dans la foule, il souffre malgré tout. « Je me souviens m'être dit : *Mon Dieu, il me reste 6 kilomètres à souffrir, qu'est-ce que je fais*[30] *?* » Ce Dieu, sa maman l'implore, comme seul guide possible, depuis le début de ce Tour. Le dieu du vélo est avec Alberto.

30. Dans le documentaire *Alberto Contador Una Vida Cuesta Arriba*, Teledeporte.

Il ne se retourne pas, jamais, sur la dépouille de ses victimes qui culminent à plus d'une minute.

— Alberto, je suis le maillot jaune ! Le divin Polo ! le tee-shirt sacré ! *¡ Vamos Alberto, vamos !*

Il sort le pistolet, dégaine, lève les bras, et s'empare de la liquette infinie. « En matière de sport, l'inattendu possède certes des charmes avérés, il sort de l'ombre des étoiles secondaires. Mais rien n'est plus grandiose, malgré tout, que l'exacte rencontre d'un athlète et de son triomphe. » Antoine Blondin n'aurait pu mieux décrire la prouesse du héros madrilène, s'il lui avait adressé ces mots magiques. Au général, il possède 1 minute 37 d'avance sur Armstrong et 1 minute 46 sur Wiggins. « Il était jeune et dans une équipe qui n'était pas faite autour de lui. Il était un peu étranger dans cette équipe. Il avait son frère à ses côtés, il avait son propre attaché de presse. Il avait créé sa bulle au sein de l'équipe et nous, journalistes, on avait senti que l'équipe n'était pas à 100 % derrière lui. On a vu plusieurs fois qu'il était embarrassé. Mais il a su avoir une personnalité assez forte pour s'imposer. C'est selon moi sa plus belle victoire. Il n'était pas arrogant. Je pense que la discrétion et l'humilité, il a essayé de les cultiver. On peut dire la même chose de Miguel Indurain. Il n'avait jamais un mot au-dessus des autres. Toujours une bonne parole, il ne s'est jamais comporté comme Lance Armstrong », juge Luis Miguel

Pascual, de l'agence de presse EFE. Une démonstration de force qu'approuve l'ensemble de la presse castillane. « Il a remporté l'étape de Verbier, mais Alberto voulait montrer tous les jours qu'il était plus fort qu'Armstrong, il voulait l'écraser. La dernière humiliation a été l'étape du Ventoux. Alberto, au fond de lui, travaillait pour qu'Armstrong termine 2e. Il voulait qu'Armstrong soit juste en dessous de lui sur le podium pour qu'il se rende compte de qui était au sommet. Les années de collaboration entre Armstrong et Contador ont été difficiles pour Armstrong, pas pour Alberto. Le Tour 2009 a été un supplice pour Armstrong. Quand il est revenu en décembre 2008, le premier camp d'entraînement était en Californie, puis en janvier aux Canaries. En Californie, Armstrong est sur ses terres et il a toujours eu l'habitude de rouler là-bas. Il voulait montrer qu'il était de retour au niveau, en dominant tout le monde dès la première ascension. Mais Contador l'a déposé et Armstrong a rapidement compris qu'il ne serait pas le plus fort. Aux Canaries, c'était la même chose tous les jours. Alors qu'on approchait du Tour 2009, Armstrong demandait encore à Bruyneel : "Est-ce que je pourrais gagner de l'argent pour lui ?" Eh bien, tu verras, n'est-ce pas ? Bruyneel était tout le temps en train de freiner Alberto et il lui demandait de ne pas attaquer[31]. » L'entreprise de

31. Carlos Arribas, *El Pais*, entretien avec les auteurs.

sabotage atteint les limites de la performance. Armstrong manque son pari. Chez Astana, on tempère cette version. Plus proche de Contador, pendant que Bruyneel et son poulain sont cul et chemise, Alain Gallopin défend « sa » stratégie de course. « Contrairement à ce qu'on a pu dire, Lance a été très correct, un grand pro. Quand Alberto gagne à Verbier, dans le train Astana, Lance est avant-dernier. Il aurait tiré pour Alberto. Après je connaissais bien l'équipe Saxo Bank, je savais qu'ils démarraient plus tôt dans le faux plat. Donc on n'a pas eu besoin de sortir le train Astana. Fränk a démarré plus tôt. Alberto avait juste besoin de rester sur lui et il l'a attaqué quand il fallait. Quand tu diriges un coureur comme Alberto, tu sais qu'il va gagner, avec toujours la peur qu'on le flique alors que c'était pas vrai. C'est plutôt Alberto qui, avec son clan, était très méfiant vis-à-vis du reste de l'équipe. »

Avant la seizième étape, les pendules ont été remises à l'heure. Le Boss a reconnu la veille la suprématie du vrai patron de ce Tour. Un champion soulagé, plus qu'heureux. Le bonheur attendra l'après-Armstrong. Le lendemain, nouvelle épreuve de vérité pour les favoris. Le tracé les emmène en Haute-Savoie, au Grand-Bornand. La plus grande étape alpestre de ce Tour. Nicolas Sarkozy, le président de la République, suit l'étape. Ce mordu de sport et de cyclisme. Les cols de Romme et de la Colombière en juge de paix, afin de dresser la table des plus forts de ce Tour. Une accélération d'Andy Schleck suffit à faire le ménage. Contador prend sa roue. Les deux sont amenés, dans les années qui suivent, à se partager le gâteau. Un groupe de quatre se dessine. Les deux frères luxembourgeois, Alberto, Klöden. Facile, le Madrilène en remet une dans la Colombière, mais Klöden n'a plus les jambes et Contador ralentit. Le final se fera finalement à trois. Alberto laisse la victoire à Fränk. Le trou est fait au général. 2 minutes 26 sur le 2e, Andy. « Armstrong parlait dans la presse. Je me souviens de l'étape du Grand-Bornand, quand Contador attaque dans la Colombiere, il fait craquer Klöden qui était avec lui. Derrière, Armstrong va dire que c'est une erreur de Contador. Et lui, il assume, il est droit dans ses bottes et il résiste à Armstrong, qui, de l'intérieur, le bouffe. Là, franchement, tu dis chapeau », rapporte Nicolas Geay. « Contador, comme tous les grands champions, a toujours été très égoïste et n'a pensé qu'à son intérêt personnel. Mais il est nécessaire d'être égoïste. Il ne pensait à personne, tous les autres étaient là pour l'aider lui à atteindre ses objectifs. C'est quelqu'un de très sympa, mais il ne tolère pas qu'un autre puisse gagner excepté lui. Un jour, il s'est fâché avec Dani Navarro parce que Dani Navarro voulait gagner une étape et lui ne voulait pas le laisser[32]. »

32. Entretien avec Carlos Arribas.

Annecy. Dix-huitième étape, dans ce périple de l'enfer. Un chemin de croix au sein de l'Astana. Alberto a fait le plus dur. Le contre-la-montre de 40,5 kilomètres autour du lac ne doit pas chambouler la course au maillot jaune. Le podium, lui, se joue. Les deux frères n'apprécient pas l'exercice, Wiggins et Armstrong sont à l'aise. Mais l'Américain et son mentor Bruyneel, qui n'ont que peu goûté de voir Alberto lâcher Klöden la veille et ainsi ne pas voir trois Astana sur le podium à Paris, ne peuvent pas en rester là. Eux qui ont tout construit autour du retour de « Big Tex », en isolant le plus possible l'Espagnol pour qu'il ne vienne pas perturber le compte de fée. Matin de l'étape. Le septuple vainqueur du Tour a convié famille et amis pour l'évènement. Il monopolise l'ensemble des véhicules de la formation pour aller les récupérer à l'aéroport. Inimaginable. Un élément a sans doute échappé à Bruyneel. Ou pas. Il a, dans son équipe, le maillot jaune du Tour de France, qui est contraint d'appeler son frère Francisco pour l'emmener sur la ligne de départ. Impensable. Dans le hall du Palace de Menthon, qu'il rejoint en dernier puisqu'il est le dernier à s'élancer, il n'y a personne. L'hôtel est à plusieurs kilomètres du départ de l'épreuve. Armstrong et Bruyneel l'ont privé de voiture. « Ce n'était pas une situation facile pour Alberto parce qu'il était avec Bruyneel dans l'équipe, et Bruyneel, il était copain avec Armstrong. Quand le patron ou le directeur sportif préfère que ce soit un coureur qui gagne plutôt que l'autre, j'imagine que c'est difficile à digérer. Je pense que pour Contador, c'était le Tour de France le plus dur au niveau psychologique. Le coureur à battre pour l'un et l'autre, c'était le coureur de sa propre équipe. Contador pour Armstrong et inversement. Ce n'étaient pas les frères Schleck, ce n'était pas Bradley Wiggins. Alberto croyait beaucoup en lui. Il ne baissait jamais les bras », estime Mikel Astarloza, le 11e du Tour 2009[33] et vainqueur deux jours plus tôt à Bourg-Saint-Maurice. La scène suscite la stupéfaction de la presse et des observateurs. Comment est-ce possible ? Une guerre totale, sans pitié. « J'étais sur le Tour. Je parlais avec beaucoup de monde. Son équipe était terrible, terrible ! Une provocation totale. Du matin jusqu'au soir, il était isolé, dans le bus de l'équipe, au restaurant… Je crois que le vrai chef-d'œuvre de Contador a été de résister pendant ce Tour à l'atmosphère terrible, jusqu'au moment où Lance est sorti totalement du classement général. La façon dont il a supporté la pression psychologique est le chef-d'œuvre de sa carrière. Rien à voir avec les autres courses qu'il a gagnées. Quand vous partez favori, la pression est déjà énorme. Mais résister à des pressions comme ça… Hormis son mécano et son masseur, toute l'équipe était contre lui. Il était tout seul. Je sais qu'il

33. Disqualifié par la suite pour dopage.

a pleuré plusieurs fois, je sais que c'était difficile, mais il a gagné et pour moi, c'est énorme. Il n'y a aucune forme de dopage qui peut t'aider dans des moments comme ça. C'est son cerveau, c'est sa psychologie », vante le spécialiste italien Marco Bonarrigo. Alain Gallopin a beau livrer une version différente, les témoignages convergent en ce sens. « C'est une anecdote complètement fausse. J'étais là. Le plan, c'était : Bruyneel s'occupe d'Armstrong et moi de Contador. J'emmène au départ Contador et Paulinho. Il y a Jacinto qui me dit : "Alain je te suis pour aller au départ, car je ne connais pas la route." Alberto me demande s'il peut monter avec Jacinto. Bien sûr, il est derrière. Ils me suivent. Le problème, c'est que quand on est arrivés au parking coureurs, moi, j'ai pu accéder au bus, et Jacinto avec sa voiture a dû se garer à 50 mètres. Il n'avait pas de badge pour accéder au bus. Et Alberto a fait 50 mètres à pied. Voilà la vraie histoire. J'étais le maître organisateur. Est-ce que moi, Alain Gallopin, qui ai passé ma vie dans le vélo et qui ai un coureur qui va gagner le Tour de France, je n'aurais pas fait le maximum pour ce coureur-là ? Je m'en suis occupé. On ne l'a pas laissé tomber. Le plus fort, c'était Contador. Son adversaire numéro un, c'était Andy Schleck. Armstrong a été 3e du Tour avec énormément d'expérience. Au chrono, j'ai même la radio qui n'a pas marché aux trois derniers kilomètres, il avait des doutes là-dessus. Je lui ai dit : "Si tu as des doutes envers moi, je suis triste pour toi." J'ai donné le maximum pour lui et pour l'équipe. J'aimais bien Lance aussi. Alberto avait son entourage. Il avait un masseur qui s'appelait Valentine. Un Basque. Faustino qui avait travaillé avec Manolo pendant des années était son mécanicien. Il était un mécanicien hors pair. C'étaient ses fidèles. Il avait son caractère de champion. En 2009, il gagne le Tour le plus facile de sa carrière. Il ne pouvait pas le perdre. Il avait l'équipe la plus forte, il était le plus fort. C'était le meilleur coureur au monde. Il avait même le meilleur capitaine de route en la personne d'Armstrong. Quand AG2R avait le maillot, il y a des moments où ça devenait dangereux, Lance disait deux mots et toute l'équipe montait pour suppléer AG2R. On avait la maîtrise de la situation, on n'a jamais été nerveux dans la voiture. » Parole contre parole. Alain et Alberto ont sans doute vécu deux Grandes Boucles différentes. Alberto respecte Alain pour son expérience, et parce qu'il est français. Une donne très importante pour lui. Pour autant, avec lui, il aime improviser. Alain peut dire une chose et Alberto procéder différemment en course.

Alberto n'a plus qu'à s'élancer. En dernier, comme le veut la tradition. Vêtu de jaune, et du casque de champion d'Espagne. Dernier signe de croix avant de partir, pour faire appel une énième fois à Dieu sur ce Tour de France.

— Nous, les Naïades, nous, nymphes des sources et des lacs. Alberto. Entends-nous. Ta maman est venue nous chercher. Elle nous a chargées de veiller sur toi. Alberto, toi, le dieu du vélo. Roule, avance, accélère, ne t'arrête pas. Nous sommes derrière. Devant, il y a le miracle.

Le temps de 40,5 kilomètres, parcourus en apnée, Alberto Contador ressuscite Indurain. Allongé sur sa machine, en danseuse quand la route s'enraidit, le futur vainqueur anéantit la concurrence. Ses passages aux temps intermédiaires sont éloquents. Il les écrase tous. Même le spécialiste Fabian Cancellara, qui l'avait logiquement devancé à Monaco lors de la première étape, doit s'incliner à l'arrivée pour trois petites secondes. Contador remporte sa première victoire dans un chrono sur un grand tour. Roi en montagne, il est aussi maître en contre-la-montre. Mais d'où sort ce monstre ? Une performance éblouissante… et embarrassante. Le saint homme, l'incarnation du renouveau, va vite, très vite. Trop vite. Forcément dopé, selon certains. Bluffant, diront tout simplement ses compères. « C'était un mec très sympa, très avenant, avec un talent exceptionnel. Quand je courais, sur le vélo, c'est le coureur qui m'a le plus impressionné. Un peu ce que pourrait être aujourd'hui un Pogačar, capable de tout faire. C'était un coureur impressionnant, toujours placé où il faut, capable d'éclater tout le monde dans les ascensions, faire d'excellents contre-la-montre. Profil complet, idéal pour être un coureur de grand tour au classement général. Il a une force de caractère incroyable. C'était naturel, il n'avait pas besoin d'ouvrir sa bouche et de crier fort. Je pense qu'il avait une bonne vie de moine… Encore aujourd'hui, vu le cyclisme de nos jours, vu le niveau de précision, il serait parfait », analyse Christophe Riblon, retraité d'AG2R La Mondiale.

Pas d'immense sourire à l'arrivée ni de joie démesurée. Simplement le sentiment du devoir accompli, et la décharge d'une journée supplémentaire de passée. Une dernière arrivée au sommet, au mythique mont Ventoux, qui aurait dû, pu, être décisive dans la lutte des favoris, ne changera rien. Les Schleck multiplient les attaques pour tenter de déloger Armstrong, mais l'Américain tient bon. Alberto, Andy, Lance. Le podium final. Avec plus de 4 minutes d'avance pour Alberto sur ses rivaux. Une suprématie. Pour Astana aussi qui place ses deux champions dans le top 3. À l'issue du dernier jour de course, où Contador est pris d'une envie pressante d'uriner sur les indéboulonnables tours des Champs-Élysées, il remporte officiellement son deuxième Tour de France, quatrième grand tour, déjà. À 26 ans. Sur le podium, protocole oblige, les trois leaders sont présents. Parmi eux, deux ennemis. La poignée de main est glaciale, ils ne se regardent pas. Armstrong sourit jaune. Alberto le porte, il vient de gagner deux courses. Une sur la route. L'autre à l'hôtel. Il est l'homme qui a résisté à Armstrong. « Armstrong était une idole pour moi, j'ai lu son livre *Retour à la vie*, et mon fils l'admirait. Mais cette idole a été brisée. Quant à Bruyneel, qu'il ait beaucoup de chance, mais Alberto n'a pas besoin de gens comme lui à ses côtés », assène Paquita, maman du héros, devant les médias présents à Pinto pour la victoire du *hijo*. Il ne reste à l'hymne espagnol qu'à résonner sur la plus belle avenue du monde. Même pas. L'organisation se trompe et envoie *Der er et yndigt land*, l'hymne danois. Alberto est incrédule. Encore un coup d'Armstrong, se diront les mauvaises langues. Une fois de plus, il faut faire face. Garder le sourire. Montrer une belle image. Ne pas être muré dans la gloire. « Je lui ai toujours conseillé d'avoir une attitude ouverte, sympathique. Pas seulement face aux médias, mais également devant le public et les fans. C'est l'une des composantes du travail, et même du sport en général », nous dévoile son ancien attaché de presse. Alberto, l'autre face de la pièce, *a contrario* d'un Armstrong omniprésent, orgueilleux, tyrannique. Le champion et l'antichampion. Nicolas Perthuis, de *Vélo Magazine*, approuve. « Ce que j'ai bien aimé de sa carrière, c'est qu'il y avait une forme de cocon autour de lui, avec toujours les mêmes personnes. Je pense que c'est un mec tranquille. Il aspirait vraiment à être un coureur tranquille, sans histoire. Après, quand t'es leader et favori, forcément, tu es chahuté. » Encore jeune, réservé de nature, et contaminé par une ambiance on ne peut plus pesante, difficile pour les journalistes de percer la carapace de ce personnage effacé, non sans rappeler à certains égards Miguel de Pampelune, le paysan de Villava. « Au fond, Indurain, c'était quelqu'un de très robotique qui répétait toujours la même chose. Il n'y avait aucun intérêt, c'était un monstre puissant. Indurain a disparu des célébrations du monde du vélo, on le voit très peu. Contador, c'était une personnalité qui était très effacée, un peu gênée par les questions. Chez Contador et Indurain, il y avait un refus de se livrer totalement. L'un à travers un discours stéréotypé et mécanique. Absolument inintéressant, mais qui devenait intéressant à force d'être inintéressant. Et Contador, c'était une petite chose extrêmement brillante. Finalement, on aurait voulu qu'il soit plus attachant qu'il ne l'était. C'était quelqu'un de chétif, très effacé, on avait l'impression qu'il ne voulait pas déranger. On avait l'impression qu'il subissait cette gloire et cette célébrité qui lui est tombée dessus. » Jean-Louis Le Touzet a suivi la Grande Boucle pour *Libération* durant plus de vingt ans. Pour lui, le grand personnage du roman, c'est bien Armstrong. Principal rival de Contador à cette époque, Andy Schleck ne nous dément pas cette version lorsque nous l'interrogeons sur la relation entre les deux leaders Astana. « Il faut avoir un leader pour l'équipe. Ce n'est pas nécessairement le plus fort. Mais il faut avoir quelqu'un qui guide l'équipe. Je pense que ce n'est pas un talent qu'Alberto avait. »

Alberto peut rentrer à Pinto, là où il ne sera embêté par personne. Où courir la saison prochaine ? Certainement pas avec Armstrong et Bruyneel. Les deux créent leur équipe américaine, RadioShack, et embarquent avec eux Gallopin, Leipheimer, Klöden, Zubeldia... et même Paulinho. À l'image du Tour de France. Contador souhaite rompre l'aventure avec Astana, mais se résout finalement à rester au sein de la formation kazakhe, sous de multiples conditions sportives et financières. La Caisse d'Épargne de Unzue lui faisait pourtant les yeux doux. Il ne la rejoindra jamais. Astana enregistre le retour de suspension du héros national, Alexandre Vinokourov, qu'il connaît bien. Ils se sont côtoyés en 2006, au moment de l'affaire Puerto, aux débuts d'Astana, initiés par Manolo Saiz et Vinokourov. Les deux ne se sont ensuite plus vraiment quittés. « En 2009, quand Vinokourov a pris le contrôle de l'équipe à la place de Johan Bruyneel, Alberto aurait pu partir avec Bruyneel dans l'équipe de Lance Armstrong, RadioShack. Mais il a préféré partir avec Vinokourov et Giuseppe Martinelli à Astana, il avait un meilleur feeling avec Vinokourov qu'avec Bruyneel, et une meilleure façon de penser le cyclisme et la carrière[34]. » 2010 sera ainsi.

Sa chute en 2004, l'affaire Puerto en 2006, l'enfer Armstrong cette année. Les épreuves ont d'ores et déjà traversé cette énigme d'un quart de siècle, tout juste plus. Son frère Raul est toujours en lui, avec lui.

— Alberto Contador, ici les Colombes de Pinto. Symbole de paix et d'amour. Nous en avons tant à t'offrir. Alberto, reviens, et n'oublies pas ton troisième Vélo d'or. Un de plus que Miguel. *Querer es poder.*

34. Entretien avec Carlos Arribas.

8

TROP FORT POUR ANDY

À quel moment une adversité devient légendaire ? Quel est ce point de bascule qui fait d'un duel un combat à nul autre pareil ? Ce tournant décisif, cet instant absolu.

Les affrontements au sommet entre Alberto Contador et Andy Schleck sur les routes de l'Hexagone ne sont pas légion, mais leur duel épique a bercé la jeunesse de tant d'adolescents. La rareté d'une chose peut aussi la rendre précieuse.

Chacun ses préférences. Andy aime la fraîcheur d'un Tirreno-Adriatico. Alberto rayonne sur Paris-Nice. Le Luxembourgeois a un faible pour les classiques ardennaises, ce qui n'a jamais été la grande passion de son homologue espagnol. Avant la grande échéance de juillet, Contador vient se frotter à ses adversaires dans les Alpes pendant que Schleck préfère le parcours verdoyant et escarpé du Tour de Suisse. Chacun sa préparation, mais la même ambition : le maillot jaune, sur les Champs-Élysées. La gloire.

Dix saisons. Dix années côte à côte, coude à coude, dans un peloton où leur rivalité cristallise l'attention du grand public. Il faut remonter au 10 juin 2006, jour des 21 ans d'Andy, pour voir les deux compères prendre le départ de la même course : le Tour de Suisse. Si l'Espagnol (23 ans) repart de cette semaine chez les Helvètes avec le gain d'une victoire d'étape, le Luxembourgeois fait ses gammes en compagnie de son frère Fränk au sein de la formation CSC.

En 2007, Alberto Contador s'annonce comme l'un des favoris pour le Tour de France après son succès tonitruant sur Paris-Nice, mais un jeune Luxembourgeois filiforme lui vole la vedette au mois de mai. Andy Schleck fait son trou au milieu des Di Luca, Piepoli, Simoni et termine sur le podium du Tour d'Italie[35]. Esseulé dans la montagne, sans coéquipiers autour de lui, il parvient à effrayer ces grands champions italiens pourtant habitués aux rivalités féroces. « C'est un coureur de grand tour. Il roule, il grimpe, il a la santé, le mental et le

35. Il termine 2e à 1 minute 55 de Danilo di Luca.

tempérament », rapporte Cyrille Guimard, son entraîneur au VC Roubaix lors de sa première année espoir. Pour lui, le Luxembourgeois est le plus grand talent de ces dix dernières années à avoir émergé. Il en vient même à le comparer à David Millar, multiple médaillé lors des Championnats du monde du contre-la-montre. Dont acte. Si le directeur sportif qui a façonné Bernard Hinault, Greg LeMond et Laurent Fignon déclare qu'il faut se méfier du descendant de Charly Gaul[36], autant dire que le client est sérieux.

Cyrille Guimard conclut cependant son analyse de la manière suivante : « Pour moi, il est au niveau d'un futur vainqueur de grand tour. À moins qu'on lui brûle les ailes. Andy Schleck ne se fera pas cramer les ailes en pleine ascension, mais il sera son plus grand adversaire. » Et malheureusement, son plus grand adversaire, il le sera. « Je pense que l'un était habité par son sport et pas l'autre. Je pense que Schleck était plus fort. Génétiquement. Alberto vivait pour le vélo. Andy, pas à 200 %. Peut-être à 95 % », rapporte Nicolas Perthuis, journaliste à *Vélo Magazine*. Un sentiment partagé par Philippe Bouvet, ancien journaliste à *L'Équipe* : « Andy Schleck était un coureur assez friable, avec certaines lacunes. Je pense que c'est le mental

36. Vainqueur du Tour de France 1958.

qui a dû faire la différence entre les deux. » Interrogé sur les routes du Tour 2022, le Luxembourgeois n'est pas de cet avis. Il juge qu'il avait globalement les mêmes capacités que son rival espagnol. « Je ne pense pas que j'étais plus fort que lui. Je pense que l'on était plus ou moins au même niveau. Il n'était pas plus fort en contre-la-montre, il avait le physique qui lui permettait d'être un peu plus aérodynamique. Si on doit comparer les watts que l'on développait, je pense que c'était plus ou moins la même chose. » Pour le savoir, il faut que les deux hommes s'affrontent dans les terrains à ciel ouvert que sont les Alpes et les Pyrénées. Après le sacre de Contador sur le Tour en 2007, les suiveurs assidus de la petite reine guettent avec impatience le duel tant attendu entre le petit prince luxembourgeois et le nouveau roi d'Espagne. Avec l'envie de vivre, soixante ans plus tard, un duel entre le descendant de Charly Gaul et celui de Federico Bahamontes[37].

Patience. Les présentations sont repoussées inlassablement. En raison de la non-invitation de l'équipe Astana, les coureurs ne pourront pas se juger à armes égales lors de la Grande Boucle 2008. Un Tour où les deux frères Schleck repartent avec les honneurs du top 5 pour Fränk et celui du maillot blanc de meilleur jeune pour Andy.

37. Vainqueur du Tour de France 1959.

En plus de cette satisfaction personnelle, ils ont été les fers de lance de Carlos Sastre dans la haute montagne. Sastre qui succède au palmarès de la Grande Boucle à un certain Alberto Contador.

Bien que son palmarès soit nettement moins fourni que celui d'Alberto, vainqueur des trois grands tours dès fin 2008, le chouchou du public, c'est Andy. « Je pense qu'il manquait à Contador la faculté de s'ouvrir un peu plus aux autres. Je me souviens que, quand il était en bataille avec Schleck, ce dernier attirait toute la lumière. Quelle que soit la position qu'occupait Contador. Qu'il soit à côté, derrière, il avait une façon de rayonner. Il était polyglotte, il avait une façon de jongler avec les médias. Il avait une façon d'attirer à lui une empathie, une sympathie, un élan que Contador n'arrivait pas à susciter. C'est pas grand-chose, mais tu te dis qu'il avait beau avoir le maillot jaune, il n'avait pas la popularité », estime Jean-Julien Ezvan, responsable au service des sports du *Figaro*. Un sentiment partagé par le Luxembourgeois. « Oui, j'ai senti que le public pouvait me préférer à certains moments, peut-être parce que je parle français », confie t-il en souriant. Alexandre Vinokourov, coéquipier d'Alberto chez Astana, n'est pas de cet avis : « Il avait les pieds sur terre. Il était simple, il parlait beaucoup, lors des repas avec l'équipe. Pas mal avec les Espagnols, sinon en anglais.

Il y avait des personnes qui étaient bien plus timides que lui. C'était vraiment une bonne personne. »

Le 3 juillet 2009, à Monaco, la rencontre peut enfin avoir lieu. « Bonjour, Alberto ! », « *Hola Andy* ». Alberto Contador, au sommet de son art, affronte le nouveau champion du Luxembourg. Mais celui qui vise un doublé en France est davantage préoccupé par Lance Armstrong. Après quatre jours de course, le retard de Schleck sur Contador atteint quasiment les 2 minutes alors que la montagne n'a pas pointé le bout de son nez. Le grimpeur luxembourgeois ne baisse pas les bras pour autant. « Comme prévu, le Tour se jouera dans les Alpes », déclare-t-il après une semaine. Préoccupé par ce qu'il se passe en interne, Contador oublie Schleck, mais ce dernier se rappelle, souvent, à son bon souvenir. Au soir de la vingtième étape, lors d'un entretien à l'Agence France-Presse, Contador assure que son adversaire le plus féroce n'est pas américain. Il vient du nord de l'Europe : « Andy m'a fait souffrir. Il n'a commis aucune erreur, mais la différence s'est faite dans les contre-la-montre, c'est là que ça s'est joué. Et notamment dans celui de Monaco, le premier jour. Mais durant trois semaines, il a couru de façon très intelligente, et il sera l'un de mes grands adversaires l'an prochain. » Le Luxembourgeois aurait aimé partager les honneurs du podium avec son frère. Dans les valises,

Schleck repart avec un nouveau maillot blanc et encore plus d'expérience.

2010 : l'heure de la revanche. Les coureurs offrent aux passionnés du mois de juillet une course d'anthologie, sûrement la plus belle de ces quinze dernières années. « Dans la montagne, en 2010, peut-être que j'étais plus fort que lui », nous balance le Luxembourgeois. Comme ça, c'est dit.

Schleck sait que les possibilités sont multiples pour faire vaciller le double vainqueur du Tour de France. Dans un entretien publié avec le journal de son pays, *Le Quotidien*, le cadet des Schleck pronostique que Contador sera friable sur l'étape des pavés qui emmènera le peloton de Wanze à la Porte du Hainaut. « Dans le prochain Tour, qui sera très montagneux, il suffira pour Alberto d'être entouré de deux, trois grimpeurs. Mais son problème, ce sont les pavés. Il pourrait souffrir alors que Fränk et moi, on pourra compter sur des spécialistes des pavés comme Fabian Cancellara[38], Stuart O'Grady[39] ou Matti Breschel. »

Le début de cette Grande Boucle 2010 est marqué par un nombre incalculable de chutes qui mettent à terre la

38. Triple vainqueur de Paris-Roubaix.

39. Vainqueur de Paris-Roubaix 2007.

quasi-totalité des favoris. Lors de la deuxième étape, c'est l'hécatombe, les deux têtes d'affiche sont lourdement touchées. Andy traîne sa misère dans les bas-fonds de la course. Contador, en grand seigneur, prend les choses en main et décide, en compagnie de Fabian Cancellara, de demander aux coureurs du peloton d'attendre le Luxembourgeois. « Dès que j'ai entendu qu'Andy était derrière, j'ai dit à tous mes coéquipiers de stopper leur effort, a ajouté le vainqueur sortant du Tour. Je me suis comporté envers lui comme je voudrais que l'on fasse à mon égard », rapporte-t-il après la course. Un geste de grande classe. Ce respect mutuel entre ces deux phénomènes est d'ailleurs salué par l'ensemble des suiveurs. « Pour en avoir parlé avec Andy, je pense qu'ils étaient différents, avec deux tempéraments totalement différents. Le Luxembourgeois *vs* l'Espagnol, le garçon un peu réservé *vs* le garçon fougueux. Mais il y avait beaucoup de respect entre les deux. Andy me l'a toujours dit », relate Nicolas Geay. « Je pense qu'Alberto avait beaucoup de respect pour Andy et je crois que ça leur a été reproché, que c'était un peu le monde des Bisounours. Pourtant, chacun a sa mentalité, les champions ne sont pas tous des tueurs. Chacun a sa façon d'agir face à l'adversité. Contador avait une façon plus soft d'agir dans l'adversité. Même si c'était un tueur quand même », déclare de son côté Philippe Le Gars.

Le principal intéressé a, lui aussi, une réponse à apporter. « Alberto, c'était un très grand coureur. Franchement, j'étais super content qu'il soit là. Sans lui, j'aurais gagné beaucoup plus de courses, mais l'histoire ne serait pas la même. Les années de lutte et de duel, c'est ça dont les gens se souviennent aujourd'hui. J'ai beaucoup d'admiration pour lui. On s'entend bien aujourd'hui. En même temps, on reste deux forts caractères[40]. » Loin de nous cette époque où Luis Ocaña déclarait à propos d'Eddy Merckx : « Quand je faisais l'amour, je m'obligeais à penser à Merckx pour me déchaîner. » L'Espagnol qui avait aussi donné à son chien le nom de son rival pour le simple plaisir de dire « Merckx, au pied ». Le temps des légendes.

Andy Schleck est en meilleure condition que son adversaire espagnol et dicte le rythme dès que la route s'élève. Son démarrage lors de la première arrivée au sommet à Morzine laisse Contador pantois. Pour Schleck, c'est plus qu'une victoire d'étape. « Je réalise que j'ai gagné une belle étape du Tour, c'est ma plus belle victoire, j'en suis très heureux. Je laisse les sentiments derrière moi, parce que j'ai des ambitions plus grandes que de gagner une étape. Je ne l'avais jamais vu en difficulté, et là, il l'était. C'était la première étape de montagne, la plus facile. »

40. Entretien avec les auteurs.

Désormais en jaune, Schleck a le poids de la course sur les épaules, il s'en accomode aisément. Les deux coureurs se jaugent, se jugent et se rendent coup pour coup. Ils se livrent une guerre psychologique. Christophe Riblon, vainqueur de l'étape d'Ax-3-Domaines, tire profit de ce *mano a mano.* « C'est sûrement pour ça que j'ai pu gagner aussi (*rires*). Ils nous offrent des images incroyables, aussi bien des scènes d'attaque que des surplaces, comme cela avait pu être le cas ce jour-là. Mon directeur sportif me disait que ça ne rentrerait pas derrière parce que ça se regardait. Mais jamais on ne m'a dit qu'ils étaient arrêtés. »

Après le surplace, place aux attaques. Dans le port de Balès, le maillot jaune et son dauphin savent quel spectacle moribond ils ont proposé la veille et décident de se lancer dans un duel homérique. Schleck attaque à 4 kilomètres du sommet, immédiatement suivi par Alexandre Vinokourov, le coéquipier de Contador, qui répond timidement, moins aérien que l'an passé.

— Alberto, te souviens-tu, l'an dernier, lorsqu'à Verbier, moi, dieu du vélo, j'avais comblé ton corps de jaune ? Je suis revenu cette année. Prends-moi la main.

Au bout de quelques mètres, Schleck fait du surplace, il a déraillé, ses vitesses ne passent plus et Contador en profite pour prendre du champ. À l'arrivée, l'Espagnol reprend le maillot jaune que lui promettaient les cieux. Trois ans plus tôt, personne ne l'avait attendu après sa crevaison à Tignes qui l'avait obligé à cravacher pour revenir dans le peloton principal. « Le Tour de France, dont le propre est d'aller de l'avant, bien qu'il tourne parfois autour de lui-même, porte un solide bagage de traditions, parfois mystérieuses. Il sécrète des intentions, des actes, des gestes et en conserve la mémoire dans ses sites légendaires », écrivait Antoine Blondin dans les colonnes de *L'Équipe* en 1982. Le port de Balès devient un site légendaire.

« Je n'aurais pas tiré avantage de cette situation. C'est sûr que ces mecs-là n'auraient pas gagné le prix du fair-play aujourd'hui. Je suis fâché et je prendrai ma revanche dans les jours qui viennent. » Andy l'a mauvaise. Comme Luis Ocaña, en 1972, lorsque Eddy Merckx l'avait attaqué alors qu'il venait de chuter dans la descente du Soulor avec Lucien Van Impe et Bernard Thévenet. « Ocaña, amer, accusa Merckx d'avoir profité de sa crevaison pour attaquer. Merckx répondit que, douze mois plus tôt, c'est Ocaña qui l'avait attaqué après qu'il eut crevé dans les Alpes[41]. »

Le nouveau maillot jaune répond, il avait prévu d'attaquer. Treize ans plus tard, Schleck revient sur cet événement avec plus de décontraction. « Je m'en fous aujourd'hui. Il a

41. William Fotheringham, *Merckx, Le Cannibale*, éditions Talent Sport, 2017.

attaqué, ce n'était pas trop fair-play, on va dire. Tout le monde l'a vu. J'étais fâché parce qu'il a dit qu'il n'avait pas vu. À la fin, il m'a dit qu'il était sous pression. Je suis allé moi-même devant la télévision française pour demander aux spectateurs de se calmer. C'était mon initiative, parce que moi j'étais un coureur comme ça. » Premier à sauter dans la roue d'Andy, Alexandre Vinokourov nous livre sa version des faits. « Andy a attaqué, je l'ai suivi. Mais on n'a pas réalisé que la chaîne avait sauté. J'étais derrière lui, mais je n'ai pas compris de suite. Alberto a ensuite contré. Dans les cols, tout le monde est nerveux, il y a de l'adrénaline, etc., et à mon avis, Alberto n'a même pas compris ce qu'il se passait avec Andy avant la ligne d'arrivée. Ensuite, moi j'ai roulé à mon tempo, car Alberto est parti. Andy m'a rattrapé dans la descente du Port de Balès, je suis resté avec lui. Voilà la vraie histoire.

C'est facile de commenter quand on est sur le canapé. Quand Alberto a compris après coup, il s'est excusé, mais je pense que s'il l'avait vu, il n'aurait pas attaqué. »

Égoïsme du champion, simple ignorance, fait de course ? « La morale n'est-elle pas qu'une interprétation ? », disait Nietzsche. Pour Pierre Carrey, journaliste sportif à *Libération*, il ne faut surtout pas sermonner ce geste de Contador : « La moralisation du sport est un fléau. Elle consiste tout le temps à ce que les vainqueurs écrivent l'histoire. Les gens qui appliquent la morale sont des gens qui n'ont pas de morale eux-mêmes. Ça, il faut le savoir. Les gens qui versent des larmes de crocodile après ce qu'ils estiment être un acte de déloyauté dans le sport, en général, ils ne valent pas très cher sur le plan de l'honneur. Le vélo, c'est aussi du vice, c'est faire le coup du ravito. On bourre les poches du maillot et quand c'est le moment du ravito, quand tout le monde ralentit, il y a des coureurs qui attaquent et qui vont gagner. Il y a une partie politique qui se joue à ce moment-là avec un échange de coureurs. À ce moment-là, les deux managers sont en train d'intervertir leurs coureurs en leur demandant de ne pas pousser trop loin l'esclandre. Les coureurs ne se rendent pas compte […] qu'ils sont échangés tels deux espions sur le pont pendant la guerre froide. »

Le Tourmalet. Terrain de jeu parfait pour une revanche au goût de bataille finale. En cent ans, il a été le théâtre de moments douloureux, accouchant de nombreuses désillusions. « Il est des lieux où souffle l'esprit », signait Maurice Barrès. 1910, lors de sa première ascension, Octave Lapize bravait les dangers du Tourmalet avant de clamer haut et fort que les organisateurs de la course étaient des assassins. Trois ans plus tard, Eugène Christophe cassait sa fourche et devait marcher durant 14 kilomètres pour la réparer. En 2010, le Tourmalet accouchera d'un nouveau champion. Nicolas Sarkozy a bien choisi son étape, encore.

Contador et Schleck affirment leur supériorité dans la montagne, ils écrasent la concurrence. Dès le pied de cette terrible ascension de 18 kilomètres. L'écart entre les deux coureurs au classement général est de 8 secondes, le Luxembourgeois aurait pu attendre les derniers hectomètres de ce col mythique pour porter l'estocade décisive, mais il préfère partir dès le pied. Schleck risque de tout perdre en emmenant l'Espagnol dans sa roue, mais il préfère mourir avec ses convictions que de tenter un coup de poker. Au fil des kilomètres, le coureur de la Saxo Bank accélère, encore, toujours, et décide de faire tapis. Contador suit. *All-in*, les comptes seront faits en haut. Chez les morts et les dieux. « Je suis le brouillard du Tourmalet, et je suis venu t'encourager. Le vent dit que tu seras roi. Roi, c'est ici qu'on le devient, dans la portion la plus dure du Tourmalet, l'entrée de la Mongie[42]. »

Au micro de France Télévisions, Laurent Fignon, gravement malade, nous conte sa dernière histoire. Celle de deux champions bravant la foule et les conditions météorologiques désastreuses. Les deux coureurs se regardent

42. Christian Laborde, *Le roi Miguel.*

et s'ignorent. Ils s'aiment et se détestent. Contador est la plupart du temps dans la roue d'Andy, mais il vient aussi se caler à sa hauteur pour lui montrer qu'il est encore là. *¡ Hola Andy !* De l'égo plus qu'une démonstration de force, Contador a perdu la souplesse de son coup de pédale, il n'en peut plus. Schleck va-t-il mettre en échec le matador espagnol à l'image de Mohamed Ali écrasant George Foreman lors du plus grand combat de boxe de l'histoire à Kinshasa, en 1974 ? Fin du suspense : la réponse est non, il manquait une balle dans le barillet du Luxembourgeois pour tirer une ultime fois. Cette scène de deux coureurs, dans l'incapacité de se distancer, tels des aimants – mais s'aiment-ils ? – fait revivre, quarante-six ans plus tard, le duel entre Poulidor et Anquetil dans la terrible ascension du Puy-de-Dôme. Les deux hommes sortent du brouillard et se saluent, et soudain surgit également Greg LeMond, offrant la victoire à Hinault au sommet de l'Alpe d'Huez en 1986. Coéquipiers, les deux coureurs s'étaient pourtant rendus coup pour coup, malgré un accord passé en interne avec Bernard Tapie[43]. Au sommet, incapable de se départager, LeMond, en jaune, avait offert la victoire au Français. Cette fois-ci, c'est l'Espagnol qui offre la victoire au Luxembourgeois. « Leur bagarre dans la brume du Tourmalet est mythique. C'était un vrai duel

43. Directeur général de la formation La Vie claire, l'équipe d'Hinault et de LeMond.

qui a atteint son paroxysme à ce moment-là, un jour où Andy fait l'erreur, d'ailleurs, de rouler tout le temps. Ils se mettaient des pains, c'était incroyable. C'était mémorable. On s'est nourris de ça pendant quelques années », se rappelle avec émotion Nicolas Geay.

Huit secondes séparent les deux coureurs avant le contre-la-montre final entre Bordeaux et Pauillac. Contador est plus fort que Schleck dans la discipline chronométrée, mais ses efforts répétés dans le Tourmalet l'ont meurtri. Il réalise, ce jour-là, l'un de ses plus mauvais contre-la-montre, mais parvient tout de même à reprendre 30 secondes à son principal adversaire. Sueurs froides, mais contrat rempli. À Paris, Alberto Contador reçoit les honneurs de la victoire pour la troisième fois consécutive. En 2012, le Tribunal arbitral du sport (TAS) lui retirera cette victoire et c'est le Luxembourgeois qui intégrera le palmarès des vainqueurs de la Grande Boucle. Une victoire qui n'en a pas la saveur. « Non, je ne l'ai pas vraiment gagnée. Je ne suis pas monté sur la plus haute marche du podium aux Champs-Élysées. Je n'ai pas porté le maillot jaune à Paris. Je n'ai pas signé mon contrat l'année suivante comme vainqueur du Tour et ça, financièrement, ça change beaucoup de choses. Cette victoire figure sur mon palmarès, mais ça reste une déception et les années n'y changeront rien. Je ne me suis jamais senti aussi fort. Je faisais ce que je voulais en montagne, il n'y avait pas un adversaire qui me faisait mal. J'étais à 100 % dans les Alpes, j'ai battu tous mes records de puissance lors du dernier chrono. Mais je n'ai pas gagné ce Tour comme j'aurais dû le gagner », rapporte, douze ans plus tard, Andy Schleck dans les colonnes de *L'Équipe*. « Il plaide toujours que c'est lui le vrai vainqueur. Ce n'est pas moi qui ai pris la décision. Ce sont les juges et des avocats qui ont traité l'affaire. Ce n'est pas moi. Je n'en reparle pas trop, car ce n'est pas une belle histoire pour le cyclisme, et moi j'aime le cyclisme[44]. »

Après la saison 2010, le duel entre les deux coureurs ne sera plus le même. Empêtré dans une affaire de dopage, l'Espagnol ne parvient pas à se préparer idéalement pour la Grande Boucle à l'inverse du Luxembourgeois. Impatient de recevoir la décision du TAS, Andy ne souhaite pas blâmer son adversaire tant que rien n'est officiellement déclaré. Si Contador prend part à cette Grande Boucle, il sera un adversaire de taille et non un pestiféré. « Ce n'était pas joli pour l'équipe Saxo Bank, et notamment pour Alberto », déclare le coureur de la Leopard Trek après la présentation officielle de la Grande Boucle au Puy-du-Fou où Contador est vigoureusement sifflé. Durant ce Tour, trois coureurs se jouent l'accessit principal et Contador

44. Entretien avec les auteurs.

attend, tapi dans l'ombre, que l'un d'eux s'effondre pour récupérer une place sur le podium. Mais ni Evans ni les deux frères Schleck ne craquent[45]. Dans le Galibier, lors de la dix-neuvième étape de cette Grande Boucle, Andy et Alberto, les deux champions ne le savent peut-être pas encore, mais ils viennent de s'offrir leur dernière balade à deux. Le champion blessé dans son orgueil et son éternel second partagent la route durant de longs kilomètres avant d'être dépassés par un jeune Français, fougueux et renversant. Un certain Pierre Rolland. Entre suspension pour l'un et fin prématurée de carrière pour l'autre, leurs chemins vont se séparer. La grande histoire du vélo pleure déjà ce duel. L'Aigle et l'Ange, eux, auraient adoré.

45. Cadel Evans remporte le Tour de France 2011.

9

LE PLUS FORT D'UNE GÉNÉRATION DORÉE

Il est des étés que l'on oublie pas. 2010, pour les Espagnols, est ce moment d'ivresse et d'apothéose. Rafael Nadal, roi de la terre, soulève Roland-Garros pour la cinquième fois. Pau Gasol remporte les Finales NBA avec les Lakers de Los Angeles, Fernando Alonso, pilote chez Ferrari, est en tête du championnat de F1, la Roja est championne du monde de football et Alberto Contador vient de remporter le Tour de France. L'Espagne domine le monde du sport et le dire est un euphémisme. En plus d'écraser la concurrence dans leurs sports respectifs, les champions sont des êtres appréciés, charismatiques, vecteurs d'identification et qui s'entendent bien. « Alberto était proche de Rafael Nadal et de Fernando Alonso. Ils se parlaient et se congratulaient sur les réseaux sociaux. Ils gardaient contact par message, ils se félicitaient mutuellement. Ce sont des gens pour qui l'humain est très important. C'était également le cas avec le basketteur Pau Gasol, le meilleur de sa génération », rapporte Jacinto Vidarte en contact constant avec Alberto. « Notre sport vit une époque dorée, la meilleure de son histoire », vante le secrétaire d'État aux Sports, Jaime Lissavetzky, après le succès des Espagnols lors du mondial sud-africain. Rafael Nadal, à l'issue de son succès à Wimbledon reconnaît que l'Espagne est à son firmament : « Depuis cinq ans, on a des résultats fantastiques dans des sports importants : Pau Gasol et l'équipe de basket, Alonso, Lorenzo, Pedrosa, Contador, les clubs en foot. C'est le meilleur moment de notre histoire. Il faut le savourer, car on ne doit jamais oublier à quel point c'est difficile d'y arriver, et parce que ce sera difficile de retrouver une génération aussi talentueuse. »

Les triomphes rapprochent ces héros populaires. Ils pensent comme des champions et se comprennent. Au point même de vouloir s'associer. « Alberto était assez proche de Fernando Alonso. Le pilote de F1 aimait vraiment le cyclisme. Il voulait racheter l'équipe Euskadi quand elle était sur le point de disparaître, mais au final, ils ne sont pas tombés d'accord. Il aurait aimé prendre Contador. Plus jeune, Fernando Alonso regardait les étapes du Tour de France, vêtu comme Miguel Indurain. Lors du Tour 2009, ils sont sortis ensemble dans les rues de Monaco après le contre-la-montre inaugural[46] », rapporte Carlos Arribas, journaliste à *El Paìs*. Contador nouait aussi d'excellents liens avec le prince de la porte d'Auteuil. Nadal, Contador, les deux noms les plus scandés dans les rues de Paris quand arrivent juin et juillet. Le premier égaye les journées des candidats au bac, le second ensoleille leurs vacances d'été.

Contador, une pièce d'un puzzle magique, un épisode de l'histoire. Dans le monde de la petite reine, les Espagnols n'ont jamais été aussi dominants. Miguel Indurain était l'unique « digne » représentant du cyclisme hispanique dans les années quatre-vingt-dix. Pedro Delgado n'a jamais pu compter sur ses compatriotes pour remporter le Tour de France 1988 et Federico Bahamontes se reposait sur son talent de grimpeur légendaire en 1959. Le seul Espagnol à avoir été accompagné par l'un de ses compatriotes sur le podium d'un Tour de France qu'il a remporté, c'est Luis Ocaña, en 1973. Troisième, José Manuel Fuente avait terminé à... 17 minutes du grand Luis de l'équipe Bic. Dans les années 2000, après la domination sans partage de Lance Armstrong, la *Marcha Real* devient

46. Entretien avec les auteurs.

un tube en vogue sur les Champs-Élysées. De 2006 à 2010, la Grande Boucle n'est remportée que par des Ibériques. Contador, Sastre et Pereiro.

En 2007, parmi les 23 premiers au classement général, 13 Espagnols. Une razzia, mais pas une surprise. « L'Espagne a toujours été un pays de grands grimpeurs. Indurain a été une rareté, puisqu'il excellait en contre-la-montre et il était bon en montagne. Nous avons admiré Indurain, alors qu'il ressemblait à un étranger. Il n'y a jamais eu personne qui a dominé dans la discipline du contre-la-montre en Espagne, Miguel Indurain a été le premier et il a été admiré. Et en dehors de cela, Indurain ne voulait pas être populaire. Il a été populaire en dépit de lui-même. Parce qu'il est tranquille, modeste, il ne fait jamais de grandes déclarations, il mène une vie très tranquille, il ne veut pas être connu. Indurain est donc admiré pour sa grandeur, pour le fait qu'il est un être unique, pour ne pas avoir l'air espagnol, pour avoir donné à l'Espagne un air européen. Mais les Espagnols aiment surtout les grimpeurs, c'est comme cela depuis Fermín Trueba[47]. Ça fait un moment. Maintenant que nous sommes plus ou moins égaux dans tous les pays, nous n'avons plus de grands grimpeurs avec un physique prédéfini. Désormais, nous avons des coureurs de toutes sortes : sprinteurs,

47. Coureur cycliste espagnol dans les années 1930 et 1940.

rouleurs, baroudeurs et grimpeurs. Mais en Espagne, on aime toujours les grimpeurs par-dessus tout », analyse Carlos Arribas. « L'Espagne a toujours ressenti le besoin de se créer des personnages à la hauteur de ses fantasmes, héros positifs capables de panser les déchirures et les malentendus nés de la guerre civile[48]. » Des mots d'un mythe. Federico Bahamontes.

Être un membre privilégié de cette génération dorée n'a-t-il que des avantages ? Courir au sein de cette élite du cyclisme espagnol a aussi desservi Alberto. Être entouré de champions si talentueux dès son plus jeune âge l'a propulsé immédiatement vers le haut niveau, mais le talent de ses adversaires l'a empêché d'avoir un palmarès plus fourni. En 2008, à Pékin, l'équipe d'Espagne alignée au départ des Jeux olympiques de Pékin est une armada digne des Avengers. Samuel Sanchez, 6e du dernier Tour de France, Alejandro Valverde, vainqueur du Critérium du Dauphiné, Oscar Freire, maillot vert de la dernière Grande Boucle, et Carlos Sastre, grand vainqueur du Tour de France, sont présents en Chine en compagnie d'Alberto Contador dans l'optique de rapporter une médaille en or à la sélection espagnole. Pari réussi avec la victoire de Samuel Sanchez qui s'impose au sprint

48. Propos rapportés dans la biographie de Bahamontes par Jean-Paul Ollivier.

devant l'Italien Davide Rebellin. Contador abandonne afin de mieux se préparer pour la prochaine échéance, celle du contre-la-montre qui se tient dans les jours qui suivent. Son ambition ? Rapporter l'or, comme Sanchez, mais aussi comme le grand Miguel en 1996 dans cette même discipline à Atlanta.

Échec, le royaume du contre-la-montre est bien gardé par son roi suisse : Fabian Cancellara[49]. Spartacus devance Larsson, Leipheimer. Alberto Contador échoue au pied du podium. Il était pourtant lancé pour réaliser un exploit. Meilleur temps au sommet de la première ascension, il rejoint et dépose Stef Clement tel un enfant. Le Néerlandais était parti 90 secondes avant lui. Mais Contador n'a pas surpassé la « Muraille » et termine 4e de ce chrono. José Luis Arrieta, ancien coureur professionnel, se souvient. « La génération JO 2008 était impressionnante. Il y a eu deux générations[50] qui ont tout gagné, c'est difficile de retrouver une génération comme ça », rapporte celui qui courait au sein de l'équipe AG2R La Mondiale au moment des faits.

Revenons-en à 2010. Trois cent soixante-cinq jours durant lesquels chaque sportif espagnol qui prenait le départ d'une compétition se parait bien souvent d'or.

49. Quadruple champion du monde du contre-la-montre.

50. La deuxième génération étant celle de Indurain, Olano, Escartin.

Impérial sur le Tour d'Algarve, Contador se rend sur Paris-Nice avec l'envie d'inscrire, une deuxième fois, la Course au soleil à son palmarès. Une course au soleil d'Espagne, puisque les trois favoris sont espagnols : Luis Leon Sanchez, Alberto Contador et Alejandro Valverde. Lors de la quatrième étape, le triomphe hispanique est total. Le *Pinteño* s'impose devant Alejandro Valverde, Samuel Sanchez et Joaquim Rodriguez. Même Luis Leon Sanchez termine dans le top 10 au sommet de l'intransigeante montée Laurent Jalabert. Impassible et vigilant, Contador conserve son maillot jaune jusqu'à la promenade des Anglais et ne se fait pas surprendre, comme l'année précédente, par ses compatriotes. L'Espagne est un peuple doré, Contador en est le prodige. *¡* Olé *!*

Les courses se suivent et se ressemblent pour Alberto. Sur le Tour de Castille-et-Léon, il domine quatre compatriotes (Moreno, Bernabéu, Mosquera et Anton). Le roi d'Espagne voit son trône attaqué de toutes parts, mais il repousse les valeureux envahisseurs sans trop de difficultés. Lors des classiques ardennaises, il termine sur le podium de la Flèche wallonne pour la première fois de sa carrière (3e). Cette fois, c'est sûr, Contador marche sur les eaux de la mer de Galilée.

Lors de la Doyenne, Contador commet le péché d'avoir un cœur. Fidèle et reconnaissant des efforts de

Vinokourov tout au long de l'année, il aide le Kazakh à remporter un nouveau Liège-Bastogne-Liège. Pourtant, le plus fort, ce jour-là, c'était lui. Il avait déjà frappé ses trois coups, comme au théâtre, avant que le rideau ne se lève. Au moment où les artistes sont entrés en scène pour le grand final, il laisse le rôle principal à son coéquipier. Alberto Contador est aussi ce genre d'homme, capable de laisser la lumière quelques instants à ceux qui l'ont aidé à briller. Rares sont les leaders capables de faire preuve de cet altruisme au moment de pouvoir inscrire un Monument du cyclisme à son palmarès, mais Contador est éternellement reconnaissant envers les coureurs qui l'ont aidé à grandir comme Vinokourov.

Place à l'été et aux grandes échéances tricolores. Alberto Contador n'est plus le même homme dans l'est de la France, lors du 62e Critérium du Dauphiné. L'Espagnol n'est pas du genre à écraser la concurrence dès que l'occasion se présente. « Contador voulait juste gagner et faire la guerre avec les autres leaders du général », rapporte Nicolas Geay, journaliste à France Télévisions. « Aussi, il n'avait peut-être pas l'équipe pour rouler toute la journée et empêcher les échappées de se jouer la gagne. Finalement, on pourrait se dire que c'est à son image, il ne veut pas tout rafler. Et puis, on ne se souvient pas de ses victoires, on se souvient de ses envolées en montagne, de sa vista.

C'était un pur grimpeur, avec des qualités d'explosivité, mais c'était un garçon frêle, qui manquait parfois de puissance et qui se désintéressait des grandes victoires. »

Sur ce Dauphiné, Contador montre un tout autre visage. Lors du prologue, il teste son nouveau vélo Specialized après deux mois sans avoir accroché le moindre dossard. Résultat : victoire. « C'est une petite surprise pour moi, mais je m'attendais à faire un bon chrono. Le parcours, la distance, me convenaient bien. Je voulais le faire à fond pour tester mon nouveau vélo, ça a bien marché. J'ai passé beaucoup de temps à parler et travailler avec les ingénieurs de Specialized. On a encore besoin de petits réglages sur ce modèle, mais je suis content, j'aurai un très bon matériel pour le Tour », rapporte-t-il après avoir endossé le maillot jaune de leader de la course. Dans l'Alpe d'Huez, lors de l'étape reine, il terrorise ses adversaires en attaquant à de multiples reprises dans les 8 derniers kilomètres. « Encore un moment, monsieur le bourreau, un petit moment », déclarait la comtesse du Barry avant de se faire guillotiner en 1793. Dans le rôle de la comtesse du Barry, le Slovène Janez Brajkovic, qui implore le double vainqueur du Tour de France de ne pas l'achever. Mais Contador est impitoyable et il s'impose au sommet. Précautionneux, l'Espagnol avait préparé son coup : « J'y tenais. Hier soir, j'ai regardé sur Internet des vidéos de la montée, de Pantani,

Lance et d'autres. En me couchant, je pensais que ce serait très beau de gagner ici, comme je l'ai fait. »

Preuve en est que ce Critérium du Dauphiné est un mystère dans la carrière d'Alberto Contador, il se désintéresse du classement général pour se préoccuper des victoires de prestige. Anomalie supplémentaire, il aide même Dani Navarro à remporter l'étape de Grenoble. Contador a toujours apprécié ses coéquipiers, mais il aimait surtout que chaque maillon de l'équipe reste à sa place, pour que tout se passe comme prévu. Laisser l'un des maillons se détacher de la chaîne n'est pas dans ses habitudes.

La maîtrise de ses adversaires est un symbole. En 2010, l'amoureux des bêtes est au sommet de son art. Il *est* la bête. Sur les routes de la Grande Boucle, Contador et Schleck livrent une bataille romanesque. Le premier l'emporte, le second confirme les espoirs portés sur lui. Le 25 juillet 2010, Samuel Sanchez et Alberto Contador sont sur le podium du Tour de France et célèbrent dignement la victoire de l'Espagne sur le reste du monde. À ce stade de la saison, les hispaniques ont fait une razzia sur les principales courses de la saison. Contador a gagné Paris-Nice et le Tour de France. Joaquim Rodriguez s'est offert le Tour de Catalogne, Luis Leon Sanchez a remporté la Clasica San Sebastian après avoir terminé sur le podium de Paris-Nice, et Alejandro Valverde s'est adjugé le Tour de Romandie. Les Espagnols sont ravis, quatre de leurs

2006, Tour de Romandie.
Contador enfile le maillot jaune après la 3ème étape.

© AFP PHOTO FABRICE COFFRINI

Exténué après sa victoire lors de la 4ème étape de Paris-Nice, 2007.

© AFP DOMINIQUE FAGET

22 juillet 2007,
Le pistolero dégaine pour la première fois sur le Tour de France, au Plateau de Beille.

© AFP DOMINIQUE FAGET

Tour de France 2007, 18ème étape. Banane en main et sur le visage, maillot jaune sur les épaules. Aux côtés d'Oscar Pereiro.

Sur les Champs-Elysées, en jaune, entouré de sa compagne (à gauche) Macarena et de sa maman (à droite) Francisca.

À 24 ans, Contador remporte son premier Tour de France.

2008. Contador, en rose, remporte son premier Giro. Début du flirt avec l'Italie.

La même année, il remporte sa première Vuelta avec deux étapes à la clef, comme ici à Fuentes de Invierno. Olé !

Armstrong et Contador, coéquipiers et ennemis chez Astana en 2009.

24 mars 2009, Palencia.
Miguel et Alberto.
Légendes d'Espagne.

© AFP PATRICK HERTZOG

Monaco, 2009. Contador avec le double champion du monde espagnol de Formule 1, Fernando Alonso.

© AFP PATRICK HERTZOG

Alberto remporte son deuxième Tour de France et son combat face à Lance Armstrong.

© AFP DANI POZO

27 juillet 2009. Pinto, terre de Contador, en joie pour fêter son héros.

© AFP JOEL SAGET

Port de Balès, Andy Schleck, en jaune, déraille. Contador en profite et s'envole vers la gloire.

Alberto, Andy, la foule, le Tourmalet, les nuages. Pour l'éternité.

Triple vainqueur du Tour de France, Contador offre un maillot jaune au Premier Ministre Jose Luis Rodriguez Zapatero.

Pinto, 30 septembre 2010. Contrôlé positif au clenbutérol sur le Tour de France, Contador tient une conférence de presse.

22 juillet 2011. Dans l'ascension de l'Alpe d'Huez, l'Espagnol repousse un fan déguisé en médecin un peu trop tactile.

21 novembre 2011, Lausanne. Contador se rend au TAS entouré de son frère et son avocat.

© AFP FABRICE COFFRINI

Pinto. Conférence de presse après sa condamnation à deux ans de suspension pour dopage.

© AFP JAVIER SORIANO

© AFP JAIME REINA

Contador la résilience, Contador le ressuscité. Victoire exceptionnelle en solitaire à Fuente Dé, 17ème étape de la Vuelta 2012.

© AFP JAIME REINA

Vainqueur de la Vuelta 2012, il célèbre avec le chiffre 7, réponse au retrait par les instances de son Tour 2010 et de son Giro 2011.

© AFP JOEL SAGET

Contador impuissant face à la machine Sky lors du Tour 2013.

© AFP LIONEL BONAVENTURE

Désillusion absolue pour Alberto contraint d'abandonner un Tour 2014 qu'il se voyait gagner. Le diagnostic révélera une fracture du tibia.

Vainqueur de la Vuelta 2014, Contador pose à côté de la statue de l'Apostol de la cathédrale de Saint-Jacques-de-Compostelle.

© AFP JAIME REINA

© AFP LIONEL BONAVENTURE

Toujours à l'offensive, en danseuse. Ici face à Christopher Froome, Romain Bardet et Richie Porte lors du Critérium du Dauphiné en 2016.

© AFP KENZO TRIBOUILLARD

Meurtri par une violente chute sur le Tour 2016, Contador ne remportera plus jamais la Grande Boucle.

© ICON COLIN FLOCKTON

Un géant, qui achève en héros. Alberto Contador lève une dernière fois les bras lors de la Vuelta 2017 au sommet de l'Angliru.

compatriotes dominent la planète cyclisme. Mais lequel est leur préféré ? « Je pense que Contador est à égalité avec Valverde. Valverde a marqué l'histoire du cyclisme. Pour moi dans l'esprit des gens, en termes de popularité et de sympathie, il est presque à égalité avec Contador, mais comme champion, je pense que Contador passe devant. Beaucoup plus de gens sont fans de Contador lorsque l'on parle purement des succès. Gagner le Tour de France a tout changé et Valverde n'a jamais été en mesure de le faire », tranche Carlos Arribas. « C'était une grande période pour le cyclisme espagnol, mais c'était lui le plus important. Valverde a mis un peu plus de temps à être adoré par les Espagnols. Il y a un débat en Espagne qui dit que Valverde s'est égaré dans sa carrière. Parce qu'il a essayé de gagner des grands tours, mais il est vite passé sur les courses d'une semaine et les classiques. Contador était une échelle au-dessus des Sanchez et des Rodriguez. C'est lui qui jouait la victoire sur toutes les grandes courses, il était favori sur le Tour de France qu'il a gagné plusieurs fois. Il a toujours été le leader de son équipe, une équipe qui venait toujours sur les grands tours pour les gagner[51] », ajoute Luis Pascual, journaliste pour EFE. Pour ce dernier, Contador est un modèle : « Je crois que pour toute une génération, Alberto Contador est une référence. Il y

51. Entretien avec les auteurs.

a une différence entre l'Espagne et la France. Les Français aiment et aimeront toujours le cyclisme et le Tour de France, mais en Espagne, on aime le cyclisme en fonction de nos champions. Quand on a un coureur capable de gagner, tout le monde va se mettre derrière sa télé, par contre quand on n'a pas de champions, les gens s'en foutent, du cyclisme. »

« Je crois qu'on n'a jamais vu une génération aussi forte dans le cyclisme espagnol », valide Luis Leon Sanchez.

En Espagne, avantage Contador. Et de l'autre côté des Pyrénées ? « On n'est pas sur le même profil de coureur : Valverde, c'est le punch, c'est l'explosivité, c'est l'endurance. Valverde, c'est l'homme des courses d'un jour, c'est l'homme des courses d'une semaine. Au-delà, il avait ses limites, même s'il a fait podium sur les trois grands tours et qu'il a gagné une Vuelta. Ce n'est pas le même coureur. Valverde avait une pointe de vitesse que Contador n'avait pas. Je pense surtout que l'Espagne a eu la chance d'avoir deux champions aux caractéristiques différentes et qui ont des palmarès qui se complètent très bien. Les classiques, les courses d'un jour, le championnat du monde pour Valverde et les grands tours pour Contador. L'Espagne a été gâtée avec ces mecs-là. J'ai vu des vidéos de Contador qui faisait des recos pour GCN lors du dernier Tour d'Espagne et on voit qu'il est encore populaire. Lorsqu'il fait les cols en reco avant la course, on a l'impression que c'est un champion qui est encore en activité. » Match nul pour Alexandre Pasteur.

Et dans l'histoire, où se classe Alberto ? « C'est difficile de comparer les époques, mais il est vrai que dans le caractère ibérique, il y a de la fierté ; il y a du panache dans ce qu'ils font. Ce sont des battants qui n'hésitaient pas à battre le fer quand il était chaud, mais à faire chauffer le fer aussi. Luis Ocaña, c'était un grand coureur, peut-être un peu trop impulsif. Contador n'a jamais pris de décisions sur un coup de tête, alors que Luis, il prenait des décisions à des moments pas vraiment opportuns. C'étaient les moments où il voulait faire quelque chose. Indurain a marqué son époque, mais parfois on avait l'impression qu'il gagnait sans trop de difficultés. Et en plus, il n'avait pas le sourire de Contador. Contador sourit, il est un petit peu comme Pogačar. Il était content d'avoir gagné, mais il était aussi heureux du devoir accompli », juge depuis les sommets de Morzine et avec la hauteur de l'Histoire Bernard Thévenet, double vainqueur du Tour de France en 1975 et en 1997.

Avec trois Tours de France dans la musette à l'âge de 27 ans, Contador est prêt à battre tous les records. Plus qu'un immense cycliste espagnol, il peut légitimement ambitionner de devenir le plus grand grimpeur de l'Histoire. L'avenir lui appartient, mais plus pour longtemps. *Qui veut voler trop près du soleil se brûle les ailes.* Gare au coup de chaud fatal !

10

JUGÉ COUPABLE

Vous souvenez-vous de la princesse d'Eboli ? Ana de Mendoza de la Cerda, emprisonnée sur ordre de Philippe II, au Torreon de Pinto, après que celui-ci eut découvert sa relation avec son secrétaire. La disgrâce. La fin.

Le 30 septembre 2010, Alberto Contador, entouré de Francisco et Jacinto, tient une conférence de presse au Sercotel Princesa de Eboli de Pinto. Il a fait l'objet d'un contrôle antidopage « anormal » lors du Tour de France qu'il a enlevé pour la 3e fois cet été-là. L'anormalité date du 21 juillet, en marge de la deuxième journée de repos, à Pau. Des traces minimes de clenbutérol ont été retrouvées dans l'un de ses échantillons. Le clenbutérol, un anabolisant, utilisé pour traiter les troubles respiratoires et l'hypertension, améliore le transport de l'oxygène par le sang et permet d'augmenter la masse musculaire. Il est aisément détectable dans les urines. Un médicament vétérinaire détourné de son utilisation initiale pour que les bovins aient plus de viande. L'interdiction totale de l'usage du clenbutérol a été confirmée en 2004 par le Code mondial antidopage. La réglementation considère que si une personne a cette substance dans le sang, elle est dopée. Li Fuyu, coureur chinois de la Radioshack et coéquipier d'Armstrong, en avait lui aussi intégré en avril dernier. Dans le cas d'Alberto, c'est le laboratoire de Cologne, le Deutsche Sporthochschule[52], référence dans le contrôle antidopage – l'Allemagne étant connue pour l'exigence et l'intransigeance de ses analyses – qui a remis le résultat des analystes à l'UCI et l'AMA (Agence mondiale antidopage) fin août. « Dûment informé de ces faits et de la probabilité de sa prochaine suspension provisoire, Alberto Contador a demandé le 26 août 2010 que l'on procède à l'analyse de l'échantillon B. Opéré le 8 septembre 2010, cet examen a confirmé des traces de clenbutérol », explique dans un communiqué l'Union cycliste internationale (UCI). Contador est donc suspendu à titre provisoire, conformément au code de l'Agence mondiale antidopage.

La décision n'est pas encore rendue publique. Il lui faudra attendre quelques semaines. Des instants de sidération,

52. Agréé par l'Agence mondiale antidopage (AMA).

d'abattement, d'effondrement. « C'est impossible. » Avec son frère, il se rend chez ses parents. « Je viens vous prévenir que des informations vont prochainement sortir. Mais vous pouvez être certains que je n'ai rien fait. Soyez prêts à ce que vous allez entendre. » Sa mère n'est pas prête, elle ne l'est jamais quand il s'agit d'attaques envers son fils, mais elle ne doute pas le moins du monde de sa sincérité[53]. Tant d'efforts, de sacrifices, réduits à néant. Un honneur frappé de plein fouet. Alberto le génie, Alberto l'après-Armstrong, Alberto le tsunami. La vague est dévastatrice. Replié sur son cocon, frère, femme, attaché de presse, le vainqueur du Tour doit désormais s'expliquer. L'UCI a communiqué. Le tribunal médiatique et populaire est prêt. Premier jugement d'une longue série. Quatre siècles après Ana de Mendoza, va-t-il subir le même sort ? *El torreon de Pinto* est prêt.

« Un matin, j'allume la radio et j'entends : "Alberto Contador contrôlé positif." J'appelle mes patrons, on réserve tout de suite les billets d'avion pour Madrid. J'appelle Jacinto Vidarte et il me dit qu'il organise une grande conférence de presse avec les médias du monde entier. Comme d'habitude, j'essaie d'avoir une interview avec lui derrière et il me dit OK. Il fait sa conf,

53. Témoignage recueilli dans le film *Una Vida Cuesta Arriba*, Teledeporte.

tout le monde est là. Une cinquantaine de caméras, le monde entier est là. Et derrière, on fait l'entretien de 20-30 minutes, seul à seul. Je lui demande les yeux dans les yeux s'il ne s'est pas dopé et s'il n'a pas pris de clenbutérol. Il me répond oui. Je vais pas mal le chercher, et à un moment donné il est presque en larmes. Presque sur le point de s'écrouler. Je pense que c'est quelqu'un qui voit qu'il est peut-être en train de tout perdre. Il doit se justifier devant le monde entier. Seul lui sait s'il s'est dopé ou pas. Derrière, j'organise le duplex du journal de 20 heures avec David Pujadas. Il avait vécu une journée très dure. Peu de temps après, j'ai Jacinto qui me dit OK pour revenir a Pinto “mais tu seras moins dur que la dernière fois, parce que ça avait été difficile pour lui”. Il avait été marqué. On vient, on le fait. Et la plupart des coureurs m'en auraient voulu après ça. Je ne l'ai pas épargné, on a fait pas mal de sujets dessus, et lui, il ne m'en a jamais voulu, il m'a répondu de manière égale, toujours cordial, il faut vraiment saluer cette attitude. Toujours classe dans sa façon d'être. » Nicolas Geay suit le dossier au jour le jour. Contador organise sa défense, même s'il est impuissant face aux unes de journaux et au déferlement de la presse mondiale. La version est choisie. Elle ne changera pas. Le Madrilène plaide pour une contamination alimentaire et met en cause de la viande importée d'Espagne absorbée la veille et le jour du contrôle.

Le « Solomillo ». Le faible taux de poussière d'ange[54] – comme on surnomme la substance – détecté pourrait aller dans ce sens, mais l'hypothèse peine à convaincre. Une viande dopée par des éleveurs afin d'augmenter la masse maigre des bovins, d'où la présence de clenbutérol ? Peu crédible tant la pratique est obsolète. *Quid* de ses coéquipiers qui n'ont pas été contrôlés positif ? Dans le clan, on n'en démord pas. « Je l'ai aidé en toute circonstance, mais dès le début on a vu que ce serait très très difficile de prouver son innocence. C'était quasiment impossible, puisqu'il s'agissait d'une contamination. Quand ils ont déclaré qu'il était positif, il a pris la décision de se défendre. Depuis le début, il se considérait comme innocent et il ne pouvait pas accepter une telle décision. Je crois que dans de telles circonstances, par la suite, de nombreux sportifs ont été considérés comme innocents. Mais la situation politique dans le cyclisme et à l'UCI à cette époque était terrible. On était en plein dans les sanctions contre Armstrong, et l'UCI était engagé politiquement pour démontrer qu'il y avait une tolérance zéro à chaque minisuspicion de dopage. Alberto a été victime de ces circonstances et de cette époque. La différence est qu'Alberto était innocent. Il a

54. 50 picogrammes par millilitre, soit 400 fois moins que la concentration que les laboratoires antidopage accrédités par l'Agence mondiale antidopage (AMA) doivent pouvoir détecter.

transmis sa vérité. Armstrong, c'était une autre époque, celle des transfusions etc., c'était terrible. »

La mort pour tous, mais à chacun sa mort. Jacinto Vidarte fait front. Il est le tampon entre une presse internationale sportive dont Alberto devient l'un des sujets principaux et un champion plus seul que jamais. « Je suis au journal *L'Équipe* depuis 1990. À partir de l'époque de l'équipe Ariostea[55], Gewiss-Ballan[56], tous les mecs qui gagnaient, c'était douteux, à chaque fois. C'est sûr que Contador a souffert de la période dans laquelle il a couru. Je pense que si Contador courait aujourd'hui, il n'y aurait pas autant de doutes sur lui. Aujourd'hui, on est plus ouverts à croire. On est plus portés à faire confiance aux mecs. Ils donnent plus de gages d'assurance et de probité qu'à l'époque. Il n'a pas toujours choisi les bonnes équipes, mais après ce n'est pas sa faute non plus[57]. »

Sur le toit du monde il y a encore quelques semaines, l'amateur de viande doit de nouveau faire face à une épreuve qu'il ne soupçonnait pas. La plus éprouvante de sa carrière. Journalistes et enquêteurs appellent à toute heure du jour et de la nuit. Alberto, dont le frère Raul est gravement handicapé, demande du respect. Le cauchemar est

55. Équipe cycliste italienne ayant existé de 1984 à 1993.

56. Équipe cycliste italienne des années 1990.

57. Philippe Le Gars, entretien avec les auteurs en janvier 2023.

absolu. Il vient de signer un contrat de deux ans en faveur de l'équipe Saxo Bank-Sungard, mais déjà l'aventure est mise entre parenthèses.

Plusieurs questions se posent. La première, évidemment : comment Alberto Contador, incarnation désignée du renouveau, a-t-il pu se retrouver dans une telle mésaventure ? Son entourage professionnel et ses fréquentations sont logiquement pointés du doigt. « Il a couru avec Armstrong qui était 100 % dopé. Il courait avec Vinokourov. Il a eu Bruyneel comme directeur sportif, mais aussi comme adversaire. J'ai appris à ne jamais faire de relation directe sur la question du dopage. Il faut toujours vérifier les responsabilités individuelles des uns et des autres et comprendre les relations éventuelles. Dans les années 2000, ce n'était pas 100 % dopage comme dans les années 1990, mais 75 %. Tout le monde était d'une façon directe ou indirecte lié au dopage. Le problème avec Contador, selon moi, c'est qu'on a toujours eu des suspicions, mais on ne peut pas vraiment dire que c'était un personnage comme Armstrong, Vinokourov et Basso[58] », analyse Marco Bonarrigo. Si Bruyneel, complice d'Armstrong, sera suspendu de cyclisme à vie par le TAS en 2018, d'autres proximités alertent davantage concernant

58. Vinokourov et Basso ont été suspendus pour dopage en 2007-2008.

Alberto. Pepe Marti a été son préparateur physique chez la Discovery, puis Astana. Accusé d'avoir livré des produits dopants aux coureurs, surnommé le dealer par certains, il sera lui aussi suspendu quinze ans dans le monde du vélo en même temps que Bruyneel. Qui est ce mystérieux Marti dont personne n'ose vraiment parler ? « On ne sait vraiment rien. J'ai connu presque tous les entraîneurs sulfureux de l'époque. Mais sur Pepe Marti, on a une photo ou deux, des *news* qui arrivent de l'agence antidopage concernant ses suspensions. Mais sinon, rien. Personne ne sait comment il travaillait. On sait que c'était vraiment un mec de confiance d'Alberto, qui a toujours refusé d'admettre qu'il était entraîné par Pepe », complète Marco Bonarrigo.

Le labyrinthe semble ne disposer d'aucune sortie par la grande porte. Le sulfureux s'entremêle avec l'illégal, et difficile pour Contador de jouer la carte d'un entourage sain. « Pepe Marti était son entraîneur, son nom est ressorti dans les investigations sur Armstrong, car il a transporté des médicaments de Valence jusqu'en France. Les enquêteurs cherchaient les personnes qui alimentaient le réseau Armstrong. Il a toujours été très discret, mystérieux et il agissait dans l'ombre du médecin Pedro Celaya. Je pense qu'ils sont plusieurs à avoir eu un impact sur sa carrière. Il y a Johan Bruyneel, Pepe Marti qui a été son entraîneur et le docteur Pedro Celaya, qui était aussi le médecin de l'équipe, mais il est rapidement devenu son ami. Je m'en souviens, en 2010, quand les médecins de l'UCI lui ont annoncé son contrôle positif, la première personne qu'Alberto a contactée, c'est Pedro Celaya. Il a lui dit ce qu'il venait de lui arriver et il lui a demandé ce qu'ils pouvaient faire. Il était accusé d'un contrôle positif au clenbutérol et il fallait trouver une solution. Ils sont arrivés à la conclusion que c'était la viande. C'est donc de là que vient la théorie de la viande. Je pense que Pedro Celaya est la personne en qui il avait le plus confiance[59]. »

Pedro Celaya, autre nom de la liste, autre individu banni à vie du cyclisme en 2018, officiellement pour ses activités au sein de l'US Postal et de la Discovery autour du Texan. Côté accointances professionnelles, l'addition est salée pour Contador et ne peut qu'accentuer les doutes des spécialistes du dopage, comme le journaliste Julian Cerviño. « C'est le problème, comment on peut faire confiance à ces gens-là après ce qui s'est passé, alors que l'on savait ce qui se passait dans le cyclisme. Comment on peut se retrouver chez Discovery Channel, puis chez Astana pendant trois ans. C'est ça qui m'a désolé dans la carrière d'Alberto, les choix de ses équipes étaient mauvais. Comment ne pas avoir de doutes quand on voit ce parcours ? » Argument que réfute le responsable des

59. Entretien avec Carlos Arribas, *El País*.

colonnes cyclisme à *L'Équipe*, Philippe Le Gars. « C'est facile de dire *a posteriori* que son entourage était sulfureux. Il a fait confiance à des personnes. Si votre père est criminel, ça ne fait pas de vous un criminel pour autant. C'est sûr que ça a altéré son image, mais on ne peut pas le rendre responsable de tout ça. »

Un coureur plutôt effacé, qui travaille sous la férule de directeurs sportifs à fort tempérament, comme Bruyneel, Saiz, Riis… Curieux. Mais Alberto avait-il vraiment le choix ? Un tel talent pouvait-il faire fi à 100 % des arguments sportifs, économiques, médiatiques des grosses cylindrées du monde professionnel ? Difficilement envisageable. Les formations espagnoles ne sont pas à la hauteur de son potentiel. De même pour les contrats proposés par celles-ci. « Malheureusement pour lui, ils sont beaucoup à avoir eu une histoire sulfureuse, c'était le hasard. Rien dans sa carrière n'a quoi que ce soit à voir avec les histoires de ses directeurs. À cette époque, c'étaient aussi les meilleurs managers… c'est donc normal qu'ils travaillent avec un coureur comme lui. Quand a explosé l'équipe[60] de Manolo Saiz, la formation la plus puissante qui pouvait signer qui elle voulait était celle de Bruyneel. C'est pour ça que Bruyneel a recruté Alberto. Il connaissait bien le

60. Liberty Seguros, en 2006, à la suite de l'affaire Puerto.

cyclisme espagnol et il savait qu'Alberto était le meilleur », justifie Vidarte.

Concernant l'entourage, difficile de ne pas évoquer le mentor Manolo Saiz[61]. L'homme qui a fait décoller la carrière du Pistolero, le fondateur de l'équipe Once devenue, en 2004, Liberty Seguros par changement de sponsor. Les premiers employeurs et premières aventures du gamin de Pinto chez les grands. Homme et manager brillant, Manolo gère d'une main de maître ses équipes et devient vite un exemple pour les autres directeurs sportifs. « Ce qui le différencie des autres ? C'est que lui, on a naturellement envie de lui faire plaisir[62] », déclarait à son sujet Laurent Jalabert. Meilleur ami du docteur Ferrari[63], et surnommé le cancer du cyclisme – rien que ça ! –, Manolo Saiz est impliqué dans le vaste coup de filet antidopage de 2006 : l'affaire Puerto. Arrêté en possession de produits suspects, il est interrogé par les autorités et contraint de quitter le monde du cyclisme. Il sera acquitté par le tribunal de Madrid en 2013. « Manolo parlait un petit peu français. À l'époque, beaucoup de coureurs ne parlaient que leur langue maternelle. Je le connaissais forcément,

61. Cf. chapitre 2, « Les débuts d'un miraculé ».

62. Laurent Jalabert, Philippe Pailhoriès, *On m'appelle Jaja*, éditions Solar, 1996.

63. Médecin espagnol et principal inculpé dans l'affaire Puerto.

parce que je fréquentais Laurent Jalabert et c'était le directeur sportif de Laurent durant une grande partie de sa carrière[64]. J'imagine qu'il y a une partie du personnage qui est sulfureuse. Les faits plaident en sa défaveur, il a été lourdement condamné et on ne l'a plus jamais revu dans le monde du vélo. Ce côté, je ne le connais que par ce que j'ai lu et ce que l'on m'a rapporté. L'homme en lui-même, je pense que c'était un visionnaire, comme beaucoup de gens dans le sport espagnol. Il aurait pu être agent de joueurs de foot, il aurait réussi. Il aurait pu être directeur général du Real Madrid et il aurait réussi. Je pense qu'il a été précurseur dans la mise en place et l'organisation d'un cyclisme moderne. Je pense qu'il savait s'entourer. Tactiquement, il était très au point. C'était quelqu'un qui était bourru et grognon, mais moi quand j'allais à la voiture de la Once, j'allais le voir et il me répondait sur tout un tas de questions. Sportivement, je pense que c'était quelqu'un d'avant-gardiste et qui a su exploiter le maximum du potentiel des coureurs qu'il avait choisis. Il avait monté une grande équipe, il avait de grands coureurs, il a été l'un des premiers à avoir un bus. Il était bourru, mais pas antipathique », affirme Thierry Adam, commentateur de la Grande Boucle pour France TV de 2007 à 2016.

64. Once : 2000-1992.

Ses fréquentations, les hommes qui ont fait en partie sa carrière, Alberto en paie sans doute le prix. En attendant la décision du Tribunal, la présomption d'innocence demeure la règle. Mais d'autres questions agitent les têtes des journalistes, et notamment celle des résidus de plastique retrouvés dans les urines du coureur. Plusieurs médias avancent la thèse d'une conservation au frais de son sang pendant la période hivernale. Durant la trêve, il aurait pu prendre des produits pour augmenter sa masse musculaire et son endurance. Il aurait prélevé alors son sang et l'aurait congelé dans une poche en plastique, pour se faire une réserve de sang riche en globules rouges pour le Tour de France. Thèse que réfute le sportif et que ne confirme pas l'AMA, qui assure cependant dans son rapport que l'Espagnol a bien une autorisation spéciale pour traiter l'asthme avec un bronchodilatateur, mais sans que le clenbutérol ne fasse partie du traitement. De quoi interloquer ceux qui ont le nez dans cette affaire, comme Marco Bonarrigo. « J'ai étudié tous les dossiers qui concernaient Alberto Contador, 1 000 pages environ. C'est un cas flou. Il y a plusieurs questions. On a parlé de certaines substances trouvées au contrôle antidopage, notamment des petits morceaux de plastique que certains ont liés à des poches de transfusion. Mais ce n'était pas l'objet des investigations sur Contador. Quand quelqu'un veut raconter le parcours d'Alberto Contador, il faut savoir qu'on n'a pas eu de réponses claires. Avec lui, il y a toujours un point d'interrogation. Parle-t-on d'un immense champion ou d'un tricheur comme les autres ? Un tricheur de talent qui a été capable de s'échapper de certains contrôles, mais qui s'est fait prendre pour une substance "mineure". C'est un mec mystérieux. » Autre étrangeté que met en avant France Télévisions[65], le curieux itinéraire du prélèvement d'urine du coureur. Le flacon serait parti au laboratoire de Cologne, spécialisé dans le repérage du dopage chimique dans les urines, alors que les tests des coureurs du Tour de France sont habituellement analysés aux labos de Lausanne ou de Châtenay-Malabry, spécialisés dans le dopage biologique dans le sang. Pierre Carrey travaillait pour le site Internet de l'UCI en 2012 et 2013. Il raconte les coulisses. « Contador a passé un marché avec l'UCI, parce que l'UCI savait qu'il avait utilisé une poche de sang. Le clenbutérol se trouvait dans une poche de sang qu'il s'est injectée. Comment l'UCI le sait ? Tout simplement parce qu'on a retrouvé dans son sang un plastifiant d'origine surprenante et qui est très vraisemblablement le plastifiant qui sert à confectionner des poches de sang. La présence de ce plastifiant indiquait que Contador s'est fait une transfusion. C'est d'ailleurs pour ça qu'il y avait du clenbutérol. Personne ne prend du clenbutérol

---

65. https://www.francetvinfo.fr/sports/dopage-l-affaire-contador-en--3 minutes-et--12secondes_30569.html

pendant le Tour. En revanche, pendant les stages en altitude, pendant la présaison, parmi les protocoles, on prévoyait la prise de clenbutérol. C'est pour ça que le clenbutérol s'est retrouvé là, comme Landis et sa testostérone qui sort de n'importe où. C'est les méfaits des poches de sang mal contrôlées. L'équipe juridique de Contador a beaucoup discuté avec l'équipe juridique de l'UCI. En fait, Contador a d'une certaine manière accepté sa condamnation pour le clenbutérol sachant qu'il allait être fortement sali avec l'histoire du dopage sanguin. Pourquoi l'UCI n'a pas plaidé devant le TAS le dopage sanguin ? Le test avec ses poches plastiques n'était pas homologué. Tout était sur la table. L'UCI n'a aucun doute sur le fait que Contador a utilisé une poche de sang. En fait, pour bien rappeler l'histoire, au début, l'UCI n'est pas au courant, c'est Contador qui reçoit les tests du labo chez lui et ils appellent l'UCI un peu à l'ancienne. Ce n'était pas juste par courtoisie, mais c'était pour savoir s'il y avait une porte de sortie. D'ailleurs, Pat McQuaid (président de l'UCI) comprend le sens de cet appel et dit qu'il va voir comment ils peuvent s'arranger à l'UCI. Le problème, c'est qu'à ce moment-là, la télé allemande le sait, et je crois même que la télé allemande a sorti l'info. D'ailleurs, l'entourage de Contador prévient McQuaid que la télévision allemande est au courant et là, McQuaid dit qu'il ne peut plus rien faire. »

La Fédération nationale de cyclisme espagnole est chargée par l'UCI d'ouvrir une procédure disciplinaire. Elle doit déterminer si Alberto Contador a enfreint le règlement antidopage. Le couperet tombe le 26 janvier 2011. Suspension d'un an. Coupable ou victime ? Peine en demi-teinte ou peine de compromis ? Les positions divergent, mais seul un homme connaît la vérité. Privé par cette décision de Tour de France 2011, déchu de son triomphe l'an dernier, atteint dans son honneur et entouré d'une armée de conseillers et d'avocats convaincus que la peine peut sauter, Contador fait appel. « Je ferai tout pour défendre mon innocence jusqu'au bout. Jamais, je ne me suis dopé, je peux le dire haut et fort. Je me sens propre. Ils veulent salir ce que j'ai réussi. J'ai subi environ 500 contrôles dans ma vie, à la maison, lors de mon anniversaire, lorsque j'étais au ciné… À chaque fois, j'ai accepté parce que je faisais confiance au système antidopage, mais je n'y crois plus. Ce système est obsolète », déclare-t-il devant les médias. Le feuilleton judiciaire est lancé. L'option est payante. Comme après le coma, comme après l'enfer Armstrong, Alberto renaît de ses cendres.

Le 15 février 2011, le comité de discipline de la Fédération espagnole de cyclisme fait volte-face et acquitte Alberto. L'Espagnol est blanchi. Coup de tonnerre ! Contador peut courir à nouveau, dès le lendemain ! « Justice a été faite », se félicite sa défense. Une relaxe au motif que le coureur « n'a pas fait acte intentionnel de dopage ni commis de négligence ». *L'Équipe* évoque aussi un vice de procédure qui aurait bénéficié au clan Contador. Une lettre de l'UCI envoyée à la fédération espagnole aurait dû être transmise au coureur, ce qui n'a pas été fait le 8 novembre précédent : une violation d'un article de la constitution espagnole relatif au « droit de l'accusation à être informée ».

Un acquittement logique, estiment plusieurs figures du cyclisme tricolore. « On peut dire qu'Alberto Contador a été victime de son époque, puisque c'est un moment où les laboratoires faisaient un concours entre eux à celui qui irait le plus loin. Apparemment, le clenbutérol, on le cherchait trois chiffres après la virgule, et le laboratoire (celui qui a trouvé les traces de clenbutérol) a voulu prouver qu'il pouvait trouver six chiffres après. Je pense qu'il a été victime de la guerre des laboratoires », nous confie Bernard Thévenet, vainqueur des Tours 1975 et 1977. « Alberto Contador reste quoi qu'on dise un grand champion. » « Je vais serrer la main à Contador. C'est quelqu'un de bien et qui respecte tous les coureurs. S'il a été blanchi, c'est qu'il y a un raison », réagissent respectivement les Français Laurent Jalabert et Brice Feillu.

La tendance globale est tout autre. Le climat général impose la méfiance et incite à la critique. Virulente, le plus souvent. Des données publiées par l'ancien entraîneur de Festina et spécialiste reconnu de la performance, Antoine Vayer, posent une question concernant l'ascension de Verbier en 2009. Sa VO2 max, les watts développés semblent surpasser ceux du commun des mortels. Les directeurs sportifs français, peu enclins à défendre le romantique et suspecté espagnol, sortent les griffes. « Pathétique », assène Marc Madiot, manager de la FDJ, à propos de la dernière décision. « J'ai du mal à comprendre. Des traces de clenbutérol ont été retrouvées lors des analyses, il doit donc être suspendu un an », surenchérit dans les médias Jean-René Bernaudeau, manager de la formation Europcar. Dans le viseur des observateurs, un système politico-médiatique acquis à la cause de Contador. La péninsule ibérique est réputée laxiste dans les affaires de dopage. Alors, Contador remis en selle par sa patrie ? Jaime Lissavetzky, ministre des Sports du gouvernement Zapatero, déclare publiquement qu'« Alberto est une personne propre et un sportif propre ». La bataille des déclarations peut débuter. Le choc des mots. Arguments contre arguments. Accusations en réponse à d'autres. Marco Bonarrigo a son avis sur la question. « Il a aussi payé une période durant laquelle le cyclisme espagnol, la fédération et l'État *via* le ministère des Sports avaient une attitude négative par rapport au dopage. L'idée était de protéger le sportif espagnol coûte que coûte. On peut dire également qu'il a été capturé dans une affaire politique et qu'il a payé l'attitude de l'Espagne par rapport au dopage. L'Espagne qui refusait d'adopter une vraie loi antidopage... C'était plutôt une bataille entre l'Espagne et l'AMA, au milieu de laquelle le sportif espagnol le plus important avec Rafa Nadal était victime. On sait que très bien que ces sportifs espagnols ont aussi été protégés par les journalistes espagnols. Je crois que ces derniers ont eu des responsabilités lourdes sur la question. Chez nous (en Italie), durant la grande période de dopage des années 1990, 2000, je suis allé une dizaine de fois découvrir l'entraînement des coureurs, savoir qui était derrière les entraînements. La presse espagnole n'a jamais fait ça. Ça crée forcément des mystères. On était vraiment dans la presse partisane. Le fait qu'Alberto ne parle qu'espagnol (par la suite, quelques mots d'anglais) n'a pas aidé... Moi, par exemple, je n'ai jamais pu lui poser des questions directes, même en conférence de presse. Donc ça crée forcément une ombre de suspicion sur le coureur. Surtout quand tu gagnes comme lui. »

L'Espagne, défenseur du Pistolero ou bourreau indirect ? Une vérité située sans doute entre les deux. « L'UCI n'est pas hostile à Contador, loin de là. D'ailleurs, à ce moment-là il y a un contentieux entre l'UCI et la fédération espagnole qui remonte au cas Valverde. L'UCI essaye de poursuivre Valverde contre l'avis de la fédération espagnole. Cette fédération espagnole qui n'avait pas ratifié les protocoles internationaux sur le dopage. Dans les années Valverde, l'Espagne est encore le paradis du dopage européen. Il y a un miracle du cyclisme espagnol à cette époque-là. On ne va pas se cacher qu'une grande partie de ce miracle repose sur une grande permissivité assez débridée à l'encontre du dopage. Quasiment une permissivité d'État. Quand vous reprenez des déclarations des secrétaires d'État à la Jeunesse et aux Sports de l'époque, c'est assez troublant », reconnaît Pierre Carrey, auteur de *Giro,* du nom de la course que remportera quelques mois plus tard le danseur madrilène. Derrière le coureur, c'est un pays qui est la cible des critiques. Le sport espagnol est à son apogée grâce aux sélections de football et de basket, mais aussi aux champions absolus que sont Nadal, Gasol, Alonso et Contador. Donc forcément… « Plus qu'avoir souffert, il a vécu durant les sept ou huit années pendant lesquelles tout le monde disait que l'Espagne était l'Eldorado du dopage, ce que personne n'a su expliquer. S'ils étaient tous dopés, pourquoi seul Alberto a été positif ? Et pourquoi l'Espagne serait-elle différente des autres pays sur ce sujet ? Il y avait du dopage partout, pourquoi il n'y a qu'en Espagne que le dopage était si efficace que tout le monde était champion ? », modère Carlos Arribas.

Que Contador ne s'inquiète pas. Les commentateurs internationaux, et notamment français, vont largement compenser la bienveillance espagnole. Et s'il pensait que cet acquittement était l'ultime rebondissement de son dossier, il n'en est rien. L'Union cycliste internationale et l'Agence mondiale antidopage disposent de plusieurs semaines pour faire appel auprès du Tribunal arbitral du sport. Chose faite, sans surprise. L'affaire est relancée. Le verdict en première instance lui octroie le droit de courir, mais la menace est persistante en attendant celui du TAS. Sa préparation physique et mentale aux grandes échéances estivales est tronquée par les multiples reports de son audience et donc des conclusions définitives. « La vie n'est pas faite pour cela ; le bonheur est une monstruosité ; punis sont ceux qui le cherchent », prononçait Gustave Flaubert dans ses lettres à Louise Colet.

Le stress est à la hauteur du déroulement de toute cette affaire. Interminable et insupportable. Initialement prévue début juin, l'audience devait permettre de déterminer la culpabilité ou non de Contador, ce qui arrangeait bien les organisateurs du Tour de France. Le report est justifié par la possibilité de donner à toutes les parties concernées un délai raisonnable pour préparer cette audience et pour garantir la participation en personne des témoins et des experts. « Nous avons dit et répété que l'on souhaitait un règlement avant l'édition 2011. Ce n'était que du bon sens, mais c'était sans doute trop demander », enrage Christian Prudhomme, patron du Tour.

— Alberto, je suis le Duomo de Milan. Souviens-toi de 2008, rapporte ton innocence de Madrid, et délivre nous ton trésor. Alberto, l'Italie est avec toi, mais tu le sais déjà. Amen.

Algarve, Murcia, Catalogne, Castilla y León, et enfin Giro, qu'il remporte pour la seconde fois[66]. Dans sa nouvelle équipe, et entouré de certains de ses fidèles, Alberto fait preuve d'une résilience insoupçonnable. Il faut être sacrément convaincu de sa bonne foi, ambitieux jusqu'au-boutiste ou vraiment culotté pour aller arracher des gloires qui seront potentiellement retirées d'ici quelques mois. À quoi bon, a-t-on envie de lui souffler quand il se lève de sa selle pour déposer ses rivaux. En Vendée, au Puy du Fou, sur les terres du franchouillard manager d'Europcar, Jean-René Bernaudeau, Contador voit son œuvre et sa magie contrariées lorsqu'une partie du public le prend en grippe. L'emblème du renouveau et de l'esthétisme hué, converti en symbole d'un ras-le-bol généralisé. L'ombre qui s'accroche à la montagne n'est pas la bienvenue en France. Qu'en aurait-il été si Alberto s'était appelé Albert ? L'Espagne gronde quand la France jubile. Le monde du vélo est abasourdi. Il aime Alberto, mais rejette comme jamais ce qui concerne Alberto. Le dilemme frappe chacun. « Je l'ai vécu

66. Cf. chapitre 11, « Résilience ».

de loin et avec un mélange de déception et d'agacement. S'il était vraiment innocent, je comprends qu'il se soit défendu. S'il a effectivement triché, je crois qu'il aurait dû l'admettre et que ça aurait participé de sa grandeur surtout à une époque où chaque coureur pris pour dopage niait automatiquement –, même si j'imagine que c'est difficile de faire face à la vérité[67]. » Reviennent soudain les mots de sa maman, dans le journal *Le Parisien*, deux ans plus tôt. « Moi, je sais qui il est et ce qu'on lui a inculqué. Le Tour de France peut être fier d'Alberto. Il ne le trahira jamais. Ce qui est dramatique, c'est que la présomption d'innocence n'existe pas dans le vélo. On est coupable d'office. En 2006, nous préparions nos valises pour venir sur le Tour quand il m'a appelée en pleurant parce qu'on l'empêchait de courir. Il ne comprenait pas pourquoi. Depuis qu'il est professionnel, j'avais l'habitude de lui faire chaque année un *book* pour son anniversaire. J'ai arrêté après le Tour 2007. Tout ce que je lisais ne parlait pas de l'Alberto que je connais. »

Mais qui est vraiment Alberto ? Le TAS va devoir trancher. Que s'est-il passé les jours qui ont précédé le 21 juillet 2010, date du contrôle positif au clenbutérol sur la Grande Boucle ? Contamination alimentaire ?

67. Grégory Nicolas, auteur d'*Équipiers*, Hugo Sport, 2020.

Autotransfusion sanguine ? Faites vos jeux. L'audience a lieu à Lausanne du 21 au 24 novembre 2011. Tenue de la Saxo au placard, c'est vêtu d'un costard, visage marqué et yeux rougis, que Contador apparaît face aux médias. Énième épreuve. Dernière étape dans ce supplice judiciaire. Elle vaut toutes les ascensions mortelles du monde. Le roi d'Espagne, quand la route s'élève, risque gros. Deux ans de suspension et le retrait de ses victoires depuis 2010. L'épilogue intervient le 6 février 2012. Soixante ans jour pour jour après la mort de George VI, le roi Contador est balayé. Le tribunal lui inflige la lourde peine, sans pour autant retenir la thèse de l'UCI et l'AMA, à savoir la transfusion sanguine, jugée hautement improbable. Le TAS table sur l'ingestion de suppléments nutritifs contaminés. Incapable de démontrer qu'il n'avait commis aucune faute grave ou négligence, Contador prend rétroactivement deux ans de suspension et perd son Tour 2010 et Giro 2011. La chute la plus dure. Le choc aussi pour tout un pays qui peine à accepter le verdict. « Nous sommes en train de perdre le Nord dans la lutte contre le dopage. Soyons objectifs, le TAS pensait que la présence de clenbutérol méritait une sanction, mais deux ans, c'est beaucoup trop », assène Pedro Delgado. Rafa Nadal ne manque pas de réagir sur Twitter : « Il n'y a pas de preuves absolues et ils lui infligent la sanction la plus dure... LAMENTABLE... Je suis derrière toi, champion. Tu as mon soutien ! » Gloires passées et présentes du cyclisme mondial sont nombreuses à se ranger elles aussi derrière Alberto. « C'est une nouvelle fois le cyclisme qui trinque. Je suis dégoûté. C'est une punition excessive. C'est mauvais pour tout le monde. C'est comme si quelqu'un voulait tuer le cyclisme. Je ne suis ni expert ni médecin. Mais j'attends vraiment les explications de ces experts. Il n'y a qu'en cyclisme que l'on cherche à détecter des quantités infinitésimales, des 0,000000. J'aimerais que l'on fasse la même chose dans les autres sports. S'il y avait eu des éléments probants clairs pour prouver le dopage de Contador, il aurait été suspendu de suite. L'an passé, Contador a gagné le Giro en ayant subi des contrôles tous les jours. Et on n'a rien trouvé », proteste le Cannibale, Eddy Merckx, athlète absolu de ce sport et meilleur avocat d'Alberto. « Je trouve cela pénible pour Alberto. J'ai toujours cru en son innocence », ajoute Andy Schleck, désigné nouveau vainqueur du Tour 2010.

Difficile, plus de dix ans après les faits, de ne pas trouver des défenseurs de Contador parmi ceux qui l'ont côtoyé. La plaie n'est pas vraiment cicatrisée, tant l'épisode fut douloureux. « Ça fait mal au cœur de nous voir retiré ce Tour de France. On a travaillé dur pour lui. C'était magnifique sur les Champs-Elysées avec Alberto. C'est douloureux. Je lui fais confiance à 100 % dans cette histoire-là. J'ai été témoin pour lui au tribunal », consolide Vinokourov, coéquipier chez Astana en 2010. C'est le moment de redonner la parole à Alain Gallopin. Deux ans à ses côtés chez Astana, l'aventure insolite du Giro 2008, le difficile mais prestigieux triomphe du Tour 2009. Alain porte Alberto dans son cœur et il ne nous faut pas longtemps pour le comprendre. « C'est un gros coup dur. Pour moi, ce n'est pas juste. Quand t'es condamné et que tu sais que n'as rien fait… Je pense que Contador est très fort dans sa tête. Et puis le truc, c'est qu'il était aussi bon après qu'avant, quoi. Il a regagné après. Dans l'histoire, il perd un Tour et un Giro, c'est lourd. Malgré ça, il avait toujours l'envie de se battre. J'ai vécu ça avec Fignon, qui avait vécu des injustices, il avait perdu le Tour pour 8 secondes avec LeMond, cela a été la fin de sa carrière. Après je n'ai plus retrouvé le même, quoi. Tandis que Contador a probablement vécu de l'injustice, mais quand il est revenu, c'était le même tempérament. Forcément moins fort, car il était en fin de carrière, mais le mental était pareil. C'était un furieux, un grand coureur. J'en ai vu des coureurs, j'ai passé ma vie dans le vélo. Mais Alberto, c'est un très très très grand coureur. » L'éloge ultime de l'un des plus grands managers français.

Et maintenant, que vais-je faire. De tout ce temps que sera ma vie. De tous ces gens qui m'indiffèrent. Alberto pousse-t-il la chansonnette de Gilbert Bécaud en ces temps infernaux ? Lui, l'amateur de musique et de flamenco, est sonné. Il décide avec ses avocats de ne pas faire appel, assurant avoir perdu foi en la justice sportive. Est-il la victime expiatoire d'un système à bout de souffle, la tête de Turc de gens désirant se payer le sport espagnol, ou bien tout simplement un piètre défenseur face aux accusations, lui l'attaquant inné ? Est-il coupable ou innocent ? « Après cette répétition des affaires et après ce que le cyclisme avait enduré et laissé faire pendant de longues années, les dominations et les résultats imposent un devoir de vigilance. Tant mieux. La lumière doit rester allumée. Les champions savent qu'ils doivent vivre avec ça, savent qu'ils doivent être exemplaires. Contador avait sûrement conscience de ça. C'est lourd à porter, car lui n'a jamais rien reconnu. Il avait un vrai soutien populaire, sportif et politique à l'époque, en Espagne. L'affaire du steak après...

« Malheureusement, les champions qui se sont défendus ces dernières années dans les affaires de dopage ont sorti des excuses tellement abracadabrantesques que le grand public et les spécialistes ont du mal à avaler certaines choses. Lui est sûrement rentré dans tout ça... C'est un entonnoir d'émotions. Le Tour, c'est une caisse de résonance pas possible. Une affaire de dopage qui arrive à n'importe quel autre moment de la saison n'a jamais les répercussions qu'elle a sur le Tour[68]. » Les années passent et sa défense après son contrôle positif à l'été 2010 paraît *a posteriori* discutable, pour ne pas dire douteuse d'après les spécialistes les plus aguerris. « Il faut considérer que, en ce qui concerne le clenbutérol, on trouve toujours des traces animales de la substance interdite. La contamination est toujours un sujet délicat, un sujet sur lequel l'AMA n'a jamais été clair d'un point de vue du règlement. Le problème du cas de Contador, c'est la défense de Contador, c'est-à-dire l'idée d'avoir construit un sujet avec un morceau de viande en Espagne. À l'époque, j'étais dans l'hôtel de Contador le soir où il a mangé la viande. Je me souviens très bien de l'hôtel, quand le repas est arrivé. On parlait à l'époque d'un ami d'Alberto qui aurait donné à quelqu'un de l'hôtel la viande. Puis on a parlé du président de la fédération nationale du cyclisme... Ils ont changé de version plusieurs fois. On a toujours eu l'idée que sa défense était un peu artificielle. On n'a jamais eu de cas de contamination en Europe avec la substance, surtout dans la viande. Ce sont des cas limités à l'Amérique [du] Sud ou certaines régions de l'Asie. On n'a jamais eu de vraie réponse sur le cas Contador. C'est un dosage minimal, c'est vrai, mais ça suffit pour être positif. La question des morceaux de plastique reste ouverte. L'idée à l'époque

68. Jean-Julien Ezvan, chef du service des sports au *Figaro*, entretien avec les auteurs.

c'est qu'il a pu peut-être échapper à des contrôles plus importants et il a été pris dans quelque chose de mineur. Il a payé durement pour un cas comme ça en perdant deux grands tours, deux années. On reste dans le flou », synthétise l'expert en dopage, Marco Bonarrigo.

Sans doute aurait-il dû emprunter un autre chemin, une autre voie d'argumentation. Il en est ainsi. Alberto Contador fera peut-être un jour sa confession ultime, mais en cette année 2012, la fin de la saga le bouleverse profondément. « La vérité, c'est que ça a été un traumatisme pour nous tous. Je dois reconnaître que ça a cassé quelque chose dans sa carrière. Sans cette période, sa carrière aurait été bien plus brillante », admet le fidèle Jacinto. « Il n'est pas sorti indemne de ce truc-là. C'est quelque chose qui l'a meurtri au plus profond de sa chair. Il n'en a jamais vraiment reparlé », conclut Ezvan.

Dans les rues de Pinto, au moment d'évoquer l'icône locale avec les habitants, le sujet apparaît forcément. Les plus jeunes conservent l'image d'un athlète hors du commun. Les contemporains du Pistolero gardent en tête l'épisode du clenbuterol, sans jamais lui tourner le dos. « Ici, son image n'est pas écornée. C'est un sportif adoré. C'est notre champion. Peut-être pas un mythe, mais un sportif de premier rang », souligne le gérant du gymnase

Alberto-Contador. Contador envers et contre tout. Le champion n'est plus sain, mais le public désire-t-il un champion sain ? Personne n'est attiré par la perfection. Le sport est assis sur une montagne de contradictions et de tiraillements. Injonction morale et injonction au spectacle. Les deux s'entremêlent sans être conciliables, la plupart du temps. Il ne reste à Alberto qu'à faire front, danser à nouveau, gagner et regagner. Cette fois, ombre de l'effort déposée sur son visage, la victoire aura une autre saveur. Celle du renouveau.

11

RÉSILIENCE

2011, Alberto peut courir pour la première fois sous les couleurs de l'équipe Saxo Bank-Sungard, mais sans la sérénité qui le caractérise. Il est innocent, il en est convaincu, mais il sait que son cas cristallise l'attention du grand public. « Ce qui avait le plus d'importance pour moi, c'était que mon honneur soit reconnu et que justice soit faite », affirme-t-il lors d'une interview télévisée quelques jours avant le départ du Tour d'Algarve, dont il est le double vainqueur. « Il y avait un Alberto assez ouvert jusqu'en 2010. Après son contrôle positif, il était en colère contre tout le monde, parce qu'il pensait qu'on devait accepter sa défense et il a toujours proclamé qu'il était innocent. J'ai eu une bonne relation avec lui dès le début. Puis ça a un peu dérapé en 2010 quand il a eu le contrôle positif, qu'il pensait que nous devions tous être de son côté », regrette Carlos Arribas. Au Portugal, l'Espagnol se lâche face aux médias et se livre à cœur ouvert : « Le pire est passé, mais on m'a fait beaucoup de mal, avec beaucoup de mensonges, de diffamations, d'inventions. J'ai vraiment pensé à tout laisser tomber pendant deux ou trois mois. » Contador termine 4e.

Soucieux d'une image propre qu'il a soigneusement construite, Contador veut faire table rase du passé et se montrer rapidement performant sur les routes italiennes du Giro. « Le Tour d'Italie est mon premier grand objectif. J'ai vu les étapes sur Internet. C'est vraiment dur, très dur. Il n'y a pas une étape reine, il y en a six. Le Tour de France reste dans mes plans. Si je peux, je le courrai. Je suis passé par des moments difficiles. On a dit des choses méchantes, stupides dans les médias. Mais j'ai beaucoup de reconnaissance pour mes fans. Sans eux, peut-être que rien n'aurait été résolu. Ils m'ont forcé à éclaircir la situation. Je crois que je ne pourrai pas être comme avant, j'ai beaucoup souffert et maintenant je suis plus réservé, je fais beaucoup plus attention. »

Le Madrilène survole le Tour de Murcie et goûte, à nouveau, à la saveur de la victoire. Dieu sait qu'elle a bon goût cette saveur qu'il pensait avoir perdue pour toujours. Vigoureusement critiqué par ses pairs, l'Espagnol a réussi à retrouver son punch. La faculté de résilience d'Alberto est hors du commun. *Fluctuat nec mergitur* : il est battu par les flots, mais ne sombre pas. La devise de la ville de Paris colle parfaitement à la peau de celui qui a connu ses plus belles heures de gloire sur les pavés des Champs. « Je ne sais pas comment fait Alberto pour aller chercher cette force mentale. C'est souvent le cas chez les grands champions. Concernant Alberto, ça peut venir de sa famille. Il a un petit frère handicapé mental. Il a toujours vécu proche de lui. Il a toujours eu, à ses côtés, un frère qui ne peut rien faire, qui ne pouvait pas parler. Alberto a donc toujours été confronté et pris conscience des difficultés de la vie. Tout ce que l'on peut acquérir peut rapidement être perdu. Cette épreuve a été la première école de sa vie », retrace Jacinto Vidarte.

Paradoxe, c'est en Catalogne, terre où les velléités d'indépendance grimpent en flèche, que Contador écrit son chemin vers un retour à la tête du cyclisme espagnol. En pleine préparation pour le Giro, le vainqueur des trois grands tours fait plus que « se préparer ». Sans être au top de sa forme, il enlève l'étape reine devant Michele Scarponi et prend les commandes du général. Alors que le Tribunal arbitral du sport a été saisi par l'Union cycliste internationale et que le cas du coureur espagnol va être examiné à nouveau, l'envie de Contador de tourner la page prend du plomb dans l'aile. Devant les journalistes, l'Espagnol affiche un optimisme déconcertant : « Je fais partie de ces personnes qui pensent que si les choses arrivent, c'est parce qu'elles devaient arriver. Il faut peut-être aller au Tribunal arbitral du sport pour que mon innocence soit encore plus claire. Je fais pleinement confiance aux arguments qu'ont donnés mes avocats. »

Son sacre sur le Tour de Catalogne est une marche en avant. À Turin, pour le départ de cette 94e édition du Giro, Contador est scruté par l'ensemble de ses adversaires. Sa forme physique et surtout mentale pose question. Vainqueur des cinq derniers grands tours auxquels il a participé, l'Espagnol est imbattable sur le papier. « Le football est un sport qui se joue à onze contre onze, et à la fin, c'est l'Allemagne qui gagne », affirme une maxime.

Traduction en langage vélo : « Un grand tour dure trois semaines, et à la fin, c'est Contador qui gagne. »

En 2008, Alberto n'avait pu préparer son Giro, sa formation étant invitée de dernière minute. Cette fois-ci, Contador est dans l'attente d'un jugement du TAS qui sera rendu dans les prochaines semaines. Les opposants de Contador en sont persuadés, face à tant de contrariétés, Alberto ne supportera pas une telle surcharge mentale. Lors de la troisième étape, un événement tragique intervient : le décès du cycliste belge, Wouter Weylandt après une chute à plus de 70 kilomètres à l'heure dans la descente du Passo del Bocco. Alberto pense à 2004. À l'arrivée de la course, à peine descendu de son vélo, il prend la parole et rend hommage à ce grand champion qu'était Wouter Weylandt : « C'est une terrible nouvelle, un deuil pour toute la famille du cyclisme. »

Comment un sportif, aussi talentueux soit-il, peut-il performer correctement dans ce contexte ? Grâce à sa capacité de résilience, forcément. Ce concept, c'est le coureur français de la formation Cofidis Guillaume Martin qui en donne la meilleure définition. « C'est la capacité à rebondir après un échec ou après un moment difficile, c'est une manière de transformer quelque chose de négatif pour en faire quelque chose de positif. Je pense qu'on peut rattacher cela à Freud et au concept de sublimation. Le fait que l'on puisse transformer des pulsions négatives. Pour Freud, c'était par l'art, mais je pense que le sport peut être un aussi bon moyen que l'art. Je pense que si quelque chose nous touche dans notre vie de tous les jours, on peut le transformer en quelque chose de positif sur le terrain du sport[69]. »

En Italie, Contador est méconnaissable, mécanique, presque un autre homme. Lorsqu'il s'impose au sommet

69. Entretien avec les auteurs.

de l'Etna, il ne mime même pas son geste fétiche du Pistolero. Il est obnubilé par ces secondes qui sont face à lui. Il court après le temps, un temps qui ne se rattrape pas. En écrasant la course et ses adversaires, Contador s'offre une nouvelle légitimité. Nouvelle… pas réellement. Il veut surtout prouver qu'il peut dominer un grand tour de la tête et des épaules sans avoir besoin de recourir à une substance interdite. Puisque certains en doutent. Les caméras du monde sont braquées sur lui.

— Amis du vélo, amis du monde entier. Regardez, je suis toujours aussi fort et je suis toujours aussi propre. Commentateurs, détracteurs, rendez-moi le trésor de l'innocence.

Maillot rose de leader sur le torse, Contador prend la parole devant les médias et répète une nouvelle fois qu'il était prêt à tout arrêter : « À qui je dédie cette victoire ? À beaucoup de personnes, mais, en premier lieu, à mes fans. Ce sont eux qui m'ont donné la force de continuer à m'entraîner. Aussi à ma famille, qui m'a beaucoup aidé dans les moments très particuliers que j'ai traversés, à mon équipe et aux sponsors. »

Ce Tour d'Italie 2011, Contador le gagne sans grande difficulté, en augmentant son avance au fil des jours, bien que le Tribunal arbitral du sport se rappelle à son bon souvenir plusieurs fois. Comme le veut la tradition, l'hymne national du vainqueur est lancé après son succès dans un Grand Tour. Contador, qui avait connu une première mésaventure en 2009 lorsque l'hymne danois avait été entonné lors de son sacre sur le Tour, pensait avoir tout vu en la matière. Que nenni : cette fois-ci, les organisateurs italiens lancent l'hymne franquiste pour célébrer le cycliste espagnol. L'idéal ultime attendra, encore.

Processus judiciaire au ralenti, la porte du Tour de France est ouverte. Rien ne sert de spéculer tant que le TAS ne s'est pas prononcé. L'objectif est clair, ambitieux, chimérique. Devenir le premier coureur depuis Marco Pantani à réaliser le doublé Giro-Tour, et s'imposer pour la quatrième fois en cinq ans sur le Tour de France. Contrairement au sud de l'Europe, Alberto ne se pointe pas en terrain conquis dans l'Hexagone. « Sportivement, ce n'est pas une bonne chose qu'un gars testé quatre fois positif soit dans la course. C'est mauvais aussi pour toutes les équipes qui se battent pour être propres, c'est le cas de notre équipe Sky », témoigne Bradley Wiggins[70] après le Critérium du Dauphiné. Un tacle assassin de la part de l'un des outsiders du prochain Tour de France. Les directeurs sportifs des équipes françaises en rajoutent

70. Vainqueur du Tour de France 2012.

une couche : « À partir du moment où ce n'est pas clarifié, noir ou blanc, ce n'est vraiment pas sain en terme d'ambiance », clame Stéphane Heulot, directeur sportif de l'équipe Saur-Sojasun.

En France, Contador n'a pas que des amis et cela se vérifie rapidement. L'Espagnol est copieusement hué par 7 000 spectateurs lors de la présentation des équipes au Puy du Fou. Et ça, l'Espagnol le vit très mal : « Comme c'était le territoire de Bernaudeau, et que Bernaudeau a été celui qui l'a le plus critiqué, qui a chauffé le public contre Alberto. Le public était prédisposé à le siffler, et Alberto n'a pas vu ça comme une agression des supporters français, mais plutôt comme celle d'une partie des fans de Bernaudeau. Les cyclistes espagnols ont la théorie comme quoi les Français sont toujours des pleurnicheurs, ils ne nous battent jamais et ils cherchent toujours des excuses. Il en avait marre de cette prétendue propreté de Bernaudeau, comme quoi si les Espagnols gagnaient, c'est parce qu'ils étaient dopés alors que les Français étaient propres. Pour lui, c'était la pleurnicherie des Français parce qu'il les battait », rapporte Carlos Arribas. « C'est les Français, ça. Ils l'ont sifflé parce qu'il a gagné. Froome a été sifflé quand il gagnait et plus personne ne le siffle aujourd'hui. Les Français, ils sont comme ça. Depuis toujours. Merckx a aussi été sifflé », confirme Alain Gallopin.

Entendez-vous, dans la brise qui jase,
Tinter l'écho des cloches du pays,
Les flots joyeux que la lumière embrase
Ondulent plus blonds que les blonds épis[71]...

La Vendée, ce pays, ses cloches, Contador ne risque pas d'y remettre les pieds. « Je crois que ça a été un coup monté de Bernaudeau. Il a trop parlé d'Alberto à ce moment-là, cela avait nourri les médias français. C'était sa stratégie. On ne peut pas lui pardonner une telle chose. Évidemment, Alberto n'a pas aimé se faire siffler ainsi, mais il l'a surmonté. Je crois qu'il a réussi à se réconcilier avec le public durant la course », rapporte Jacinto Vidarte, l'attaché de presse historique de Contador.

« Je me souviens très bien de cette présentation du Tour de France au Puy du Fou. Le grand départ est la scène qui ouvre le Tour. C'est incroyable, c'est le moment où les coureurs prennent la température du Tour. Ils plongent dans la course après les jours d'organisation, de transports de valises. Effectivement, les sifflets du Puy du Fou ont résonné pendant tout le Tour. Je ne sais pas s'il y avait déjà eu ça, cette façon de cristalliser le courroux

71. *Angelus De La Mer* par Armand Mestral, 1894.

sur un coureur. Je n'avais jamais entendu ça. Pour moi, il n'y avait pas d'équivalent. Ça veut bien dire que le public lui tenait rigueur de quelque chose, une zone d'ombre, une incompréhension, comme une forme de dépit amoureux profond », se souvient Jean-Julien Ezvan. Contador est meurtri et le public français semble ne pas vouloir lui pardonner. En même temps, les archives de Pinto nous avaient prévenus. « En 1808, les habitants de Pinto, ainsi que ceux des autres municipalités voisines, se sont mobilisés contre les envahisseurs français pendant la guerre d'indépendance. Dans ce chapitre, il convient de mentionner le guérillero surnommé El Pinto, qui a fait preuve d'une grande audace et d'un grand courage contre les Français, et la destruction du couvent de San Fco. de Asís par les troupes de l'armée d'invasion, en représailles à l'explosion d'une poudrière. » Deux cent trois ans plus tard, c'est au tour du petit prince de Pinto de se mobiliser contre le public français.

Au cours de la première étape, le coureur de la Saxo Bank-Sungard est retardé par une chute dans les dix derniers kilomètres de l'étape, mais termine dans le même temps que Andy Schleck, son grand rival à 1 minute 14 des premiers concurrents. Un point du règlement vient sauver le Luxembourgeois. Sa chute est intervenue dans les trois derniers kilomètres de l'étape et la règle stipule qu'il doit bénéficier du même sort que le groupe dans lequel il se trouvait. Pourtant, Contador a lui aussi été gêné par les coureurs à terre lors de la chute collective qui a impliqué Andy Schleck. L'organisation ne veut rien savoir malgré les plaintes de Bradley McGee, directeur sportif de l'Espagnol. Foutu règlement… Déjà du débours alors que le Tour ne fait que commencer. Lors du contre-la-montre par équipes, son retard s'accroît à nouveau. Contador est 76e du Tour à 1 minute 38 d'Andy Schleck après deux jours de course, difficile de faire moins bien.

Contador, tapi dans l'ombre, attend son heure pour dégainer. L'occasion se présente rapidement, au sommet de Mûr-de-Bretagne, où les grands favoris de ce Tour décident de faire un état des lieux sur la forme de chacun. Vinokourov ? Présent ! Sanchez ? Présent ! Evans ? Présent ! Contador ? Présent ! L'Espagnol arrive à temps pour remettre les pendules à l'heure. Contador lève les bras au sommet de ce mur de 2 kilomètres à 6,9 % de moyenne. La victoire de la rédemption. Toujours pas. Les commissaires viennent lui indiquer qu'une photo-finish est à l'étude pour décider du vainqueur. Cadel Evans aurait-il commis l'affront de lui chiper cette victoire tant attendue ? La réponse est oui. « J'ignore si j'arriverai à gagner le Tour. Andy Schleck, Cadel Evans, sont plus favoris que moi. Mais je vais essayer, je vais faire de mon mieux. » Ça sent pas terrible, cette histoire.

Mark Cavendish empile les succès sur les étapes de plaine, pendant que le triple vainqueur du Tour de France ronge son frein dans le peloton. La première explication entre les favoris arrive tardivement, lors de la douzième étape se terminant au sommet de Luz-Ardiden. L'épopée de Thomas Voeckler est le tube de l'été[72]. La France vibre au rythme du vert d'Europcar. Bernaudeau a gagné son pari. Contador sait et sent que son coup de pédale est moins fluide, il est déjà tombé trois fois durant ce Tour de France. « J'ai pris un coup très fort lors de la cinquième étape sur le côté extérieur du genou droit. Lors de la neuvième étape, c'était sur la face interne. Ça n'arrange pas les choses. Il faut que je me soigne. » Interrogé sur un possible abandon de la Grande Boucle, Contador balaie cette possibilité d'un revers de main. Demander au coureur le plus pugnace du peloton d'abandonner le Tour, quelle idée saugrenue ! Dans l'ascension de Luz-Ardiden, Contador est en souffrance. Il subit le rythme imprimé par Pierre Rolland, 25 ans, alors que ce dernier n'est pas encore le grand grimpeur que l'on découvrira par la suite. L'Espagnol, que l'on citait comme grandissime favori, est à la hauteur de Tom Danielson[73] et Arnold Jeannesson[74], incapable de résister aux accélérations de Frank Schleck

72. Porteur du maillot pendant dix jours lors du Tour de France 2011.

73. Huitième de la Vuelta en 2010.

74. Cinquante-septième du Giro en 2009.

et Ivan Basso. Les séquelles de ses nombreuses chutes commencent-elles à se faire ressentir ? Dans le dernier kilomètre, Contador est distancé. Une image plus vue depuis le Tour de France 2005. « Dans sa tête, Contador a perdu le Tour de France », déclare Laurent Jalabert sur les antennes de France Télévisions lorsque l'Espagnol franchit la ligne. « J'ai été prudent. J'ai vu au début que les frères Schleck se parlaient entre eux, qu'ils allaient jouer leurs cartes. Frank s'est lancé, peut-être parce qu'il se sentait plus fort. Je n'ai pas pu y aller lorsque les autres ont attaqué, mais je suis quand même satisfait. J'irai de mieux en mieux au fur et à mesure que la semaine avancera.

« Aujourd'hui, c'était un peu la conséquence de mes chutes, je ne me sentais pas au mieux dans les jambes, je n'avais pas mon meilleur coup de pédale. Mais ça ira de mieux en mieux », rapporte Contador qui ne partage pas, du moins publiquement, l'avis de l'ancien champion français. Au fil des étapes, l'Espagnol parvient à suivre le rythme de ses principaux adversaires, mais il n'est plus le maître du temps. À défaut de faire la course, il ne perd pas la moindre seconde sur les Schleck, Evans et Sanchez. Après deux semaines de course, Contador est 7e du classement général avec 4 minutes de retard sur Thomas Voeckler.

Les Pyrénées, c'est du passé, place aux Alpes. Et Contador a prévu de taper du poing sur la table.

Une réaction pleine d'orgueil. « C'était un coureur qui ne s'avouait jamais vaincu en course. Il a pu avoir des défaillances, mais dès le lendemain, il était capable de lancer une offensive à 10 kilomètres de l'arrivée. Il était capable de renverser pas mal de courses comme ça. C'est un bel exemple de résilience. Chez les grands champions, il y a une certaine force de caractère, un côté insatisfaisant, le fait de ne jamais se contenter de ce de ce qu'ils ont. Il y a un sentiment d'insécurité chez les champions qui doit les ronger. Ça doit être assez inconfortable à vivre, mais il y a cet orgueil. Forcément, les échecs nous touchent, mais on a tout de suite envie de relever la tête », abonde Guillaume Martin, coureur professionnel chez Cofidis. Contador est observé, surveillé, marqué. Le champion va-t-il réagir, comment, quand ? Dans l'ascension du col du Galibier, tout le monde s'attend à une démonstration du leader de la Saxo Bank-Sungard. Le roi Contador abdique et laisse le trône à son plus valeureux concurrent, le Luxembourgeois Andy Schleck, qui remporte, ce jour-là, l'une des plus belles étapes de l'histoire de la Grande Boucle. Jalabert avait tout vu. Le public, moins hostile qu'au début du Tour, observe un champion qui plie mais ne rompt jamais. La fin d'un prince hégémonique et les débuts d'un Contador conquistador. Alberto la résilience, Alberto le renouveau. Il fait, petit à petit, son retour dans le cœur des Français.

— Alberto Contador Velasco, vainqueur des trois grands tours, ici le peuple de France. Ô gamin du centre de l'Espagne, tu es un humain comme nous ? Tu nous manques déjà. Envole-toi, offre-nous à nouveau ces instants de grâce. Nous nous sommes trompés. Que ton nom soit sanctifié. Que ton règne revienne.

2011 est l'année du centenaire du col du Galibier. Pour l'occasion, les organisateurs ont décidé de concocter une étape mémorable de 109,5 kilomètres où les coureurs vont escalader ce mythique col des Alpes, avant de s'attaquer à l'Alpe d'Huez. *Nom de Dious !* Les favoris du Tour de France vont escamoter le Galibier pour se jeter à corps perdu dans une bataille lors des vingt et un lacets de la montée finale. C'est en tout cas le plan prévisible et anticipé par les commentateurs. Treize coureurs prennent la poudre d'escampette dès le départ et au pied du col du Télégraphe, quand Radio Tour annonce l'impensable : « ATTAQUE D'ALBERTO CONTADOR. » Contador tente le tout pour le tout. Tapis ! Mourir avec ses idées, celle d'un attaquant né. Panique à bord, Andy Schleck se dresse sur les pédales, rapidement repris par Cadel Evans et Thomas Voeckler. Échappée royale. Convaincu que le cadet des Schleck et Contador commettent une erreur en se lançant si tôt, Evans se fait décrocher. Pour Voeckler, le rythme est beaucoup trop élevé. Au sommet du Galibier, ils ne sont plus que quatre. Avec l'Espagnol et le Luxembourgeois, on aperçoit Christophe Riblon et Rui Costa[75]. Un regroupement général s'effectue à quelques kilomètres du pied de l'Alpe d'Huez. Contador accélère dans les premiers lacets pour repartir de ce Tour la tête haute. Le ciel des Alpes le désire, lui le drague. Contador est la montagne. Il est le Tour de France.

— Amis de Vendée. Vous, mes 7 000 adversaires, accusateurs, vous qui m'avez conspué comme un traître, comme un roi déchu. Vous qui avez voulu me couper la tête. Je vous embrasse et vous salue. J'aime vos routes et vos chemins de montagne. Mais où êtes-vous, devant votre télé ? Je vous laisse, je m'envole. *Olé !*

Lacet après lacet, il tient tête à ses adversaires. Porté par une foule des grands jours, Pierre Rolland revient sur l'Espagnol en compagnie de Samuel Sanchez et vient déposer les deux Espagnols lors d'une attaque légendaire. Pierre Rolland, le plus fidèle des coéquipiers, qui part s'offrir sa première victoire face à l'immense Contador et son premier maillot blanc sous la bénédiction de Thomas Voeckler, leader déchu. La foule est en délire. Contador termine 3e de cette étape, battu par la fougue du jeune Français. « J'ai attaqué l'étape sans pression,

75. Champion du monde 2013.

seulement avec l'envie de la gagner. Je ne regrette rien, j'ai couru comme j'aime. Si je n'avais pas été dans l'échappée ou si j'avais attaqué seulement dans la dernière montée, je n'aurais pas eu la même satisfaction. Aujourd'hui il fallait tout donner, je me suis dit “qu'il se passe ce que Dieu veut”. Je suis vraiment déçu de ne pas avoir gagné ici, mais je voulais surtout remporter le classement général. » Onze ans après le chef-d'œuvre, Christophe Riblon se remémore cette fugue enchantée avec Schleck et Contador : « L'année où Pierre Rolland gagne à l'Alpe d'Huez, je suis échappé avec Contador et Schleck dans le Galibier. On était partis en échappée avant Contador, et il nous a vite rattrapés. Il avait attaqué tôt dans l'étape. Avec Rui Costa, on était les deux seuls à pouvoir le suivre. Je me suis fait 50 bornes avec Rui Costa, Andy Schleck et Alberto Contador. C'était magique, parce qu'on est avec les deux meilleurs grimpeurs des derniers Tours de France. J'arrive à rester avec eux jusqu'en haut du col du Galibier. On fait la descente. Ça reste un très beau moment de vélo. Ça reste un moment incroyable. » L'Alpe d'Huez 2011, sacre d'une vie pour Pierre Rolland. « C'est une sacrée journée, il s'est passé mille choses ce jour-là. Thomas avait le maillot jaune, Contador avait tout perdu la veille dans le Galibier. Quand on connaît son tempérament, on sait que c'est quelqu'un qui ne lâche rien et, effectivement, il a attaqué dès le pied du col du Télégraphe. J'ai pu revenir avec Evans et compagnie sur Schleck et Contador. J'ai pris un peu d'avance au pied de l'Alpe d'Huez. Contador m'a rattrapé assez facilement, puis il m'a attaqué. Mais il avait déjà fait beaucoup d'efforts… Il avait aussi le Giro dans les jambes. C'est pour ça qu'il était moins fort cette année-là sur le Tour. Il avait gagné le Giro en plus. On sait que dans le vélo moderne, c'est très compliqué d'enchaîner plusieurs performances de haut niveau en l'espace d'un mois dans les deux courses. C'est quasiment impossible. Dès Luz-Ardiden, il a un peu subi, il n'a pas attaqué. C'est quelqu'un de redoutable qui ne lâche jamais l'affaire, mais bon, on a bien vu qu'il n'était pas à son niveau de d'habitude[76] », déclare le héros du 22 juillet.

Cinquième place au final. Anomalie pour Alberto. « Je n'ai pas réussi à monter sur le podium, mais de toute façon, j'étais venu pour gagner. Il y a eu des bons et des mauvais jours, mais je vais retenir le bilan de cette saison, qui est positif. J'ai donné le maximum dans ce Tour. Je retiendrai aussi le soutien du public. Lors de l'étape de l'Alpe d'Huez, mon téléphone portable a été saturé de messages de félicitations concernant mon étape, et cela me rend plus heureux que la victoire », témoigne-t-il. Vainqueur ou rien. Tout tenter, coûte que coûte, telle est la mentalité de celui

76. Entretien avec les auteurs.

qui a retrouvé une place dans le cœur du public, mais aussi dans celui des journalistes. « Lors du Tour de France 2010, avec Andy Schleck, je trouve qu'ils se sont pas mal reniflés pendant trois semaines. Finalement, le Tour de France se joue presque sur l'incident du Port de Balès. J'ai préféré le Contador du Tour de France 2011, celui qui prend des éclats dans les Pyrénées, qui prend des éclats dans le Galibier, et qui tente de renverser le Tour dans le Télégraphe lors de l'étape Modane-Alpe d'Huez. Moi c'est ce Contador que j'aime », révèle Alexandre Pasteur, commentateur du Tour de France depuis 2017 pour France Télévisions.

Alberto décide de mettre un terme à sa saison et attend de pied ferme la décision finale du Tribunal arbitrale du sport. Surtout, l'Espagnol va se marier.

— Alberto Contador, acceptez-vous de prendre pour épouse Macarena Pescador ?

— Oui !

— Macarena Pescador, acceptez vous de prendre pour époux M. Alberto Contador, déjà vainqueur de trois Tour de France, deux Tour d'Italie et un Tour d'Espagne ?

— Oui !

Début 2012, Alberto doit poursuivre sa préparation, mais l'épée de Damoclès plane toujours. La sanction tombe le 6 février. Pire que celle-ci, il doit purger une suspension de six mois et ne pourra pas participer au prochain Tour de France. Cette fois, aux yeux du monde entier, il est coupable. Contador prend la parole le lendemain. « J'ai un sentiment de déception énorme, de désillusion. Cette année et demie d'attente a été très dure, comme je n'en souhaite à personne, un authentique calvaire. Mais cela a encore été plus dur pour ma famille. J'ai beau m'efforcer à essayer de comprendre la sanction qu'on m'a infligée, c'est impossible que je la comprenne. Je veux continuer dans le monde du cyclisme. Et même si maintenant, mon moral est bas, je sais que ce que j'ai traversé me rendra plus fort pour la suite. À mon retour, je veux continuer à disputer les plus grandes courses. » Regard plus sombre que jamais.

« Sa suspension pour dopage a été un coup terrible pour lui. Il a toujours considéré ça comme une injustice. Il a dû prendre sur lui. Ça l'a énormément affecté psychologiquement. Mais il a pu le surmonter, car il voyait le moment de son retour assez proche. Durant sa suspension, il était tellement motivé quand il allait s'entraîner. Il ne s'est jamais autant entraîné de toute sa vie. Ça lui a coûté de prendre sur lui. C'était une période très difficile pour lui, tout comme le fait que ce fut très difficile de revenir. Il a toujours été reconnaissant envers Bjarne Riis, pour sa fidélité et l'aide qu'il lui a apportée. Il a été de ceux qui lui ont permis de faire son retour et de revenir en tant que champion », dévoile Jacinto Vidarte.

Privé de Giro et de Tour, l'Espagnol a les yeux tournés sur la Vuelta en fin de saison. Avant ce grand rendez-vous, Contador fait un détour aux Pays-Bas pour l'Eneco Tour. Et l'Espagnol impressionne. Lors de cette course d'une semaine, taillée pour les gabarits plus costauds que le sien, il tient tête à Lars Boom, Sylvain Chavanel, Niki Terpstra et termine 4e du classement général. Messieurs les coureurs, levez-vous plus tôt pour abattre ce lion de 29 ans !

Un an et demi après le Tour de France, Alberto Contador renfile un dossard pour participer à la Vuelta, chez lui, en Espagne. Ses terres, son cocon, ceux qui l'ont toujours défendu. « On l'avait suivi à Pinto pendant sa suspension, à l'entraînement. C'était l'hiver, ce n'était pas gai pour lui. Il s'entraînait, mais il avait mis le foulard, il faisait un peu froid et seules les lunettes sortaient du visage. C'est cette image-là qui me marque. Le gars ne se plaignait pas, et surtout, il est resté le même avec nous », raconte Nicolas Geay. Bernard Hinault reconnaît en lui l'âme du champion. « Il n'y a pas de secret. Il avait décidé de redevenir un champion et de se dire que c'était un mauvais moment, que ce n'était pas grave, qu'il allait retourner à l'entraînement et se remettre au charbon.[77] »

77. Entretien avec les auteurs.

Le directeur de la Vuelta, Javier Guillen, a l'occasion de discuter avec Contador à de nombreuses reprises durant l'année. Il nous confie : « Avec Alberto, nous avons une bonne relation. Mais nous savons tous ce qu'il s'est passé puisqu'il l'a raconté de nombreuses fois. Ce que nous savons tous aussi, c'est qu'il est quelqu'un de très fort. Et je pense que l'une de ses plus grandes vertus, c'est sa tête. Il l'a toujours dit, rien n'est impossible. Avant tout, c'est une personne qui a la force de se surpasser, de se dépasser. Sa phrase d'ailleurs, c'est « *Querer es poder* ». Et je pense qu'Alberto est un exemple frappant de *Querer es Poder*. Je pense qu'après être passé par ces circonstances, il fallait qu'il trouve le moyen de pouvoir rebondir et d'affronter la suite de sa carrière avec ce même élan de gagnant. C'était aussi la preuve qu'il avait énormément de capacités mentales. Alberto avait une force psychologique qui était vraiment extraordinaire. Il était proche d'arrêter le cyclisme, il a souffert, mais j'imagine que l'envie de reprendre était encore plus forte. C'est vrai qu'il a une capacité incroyable de se surpasser. De passer au-dessus et de revenir encore plus fort. Et son retour de suspension nous l'a montré. »

Carlos Arribas suit le champion dans cette passe épouvantable. « Il est si orgueilleux que non, c'était impossible pour lui de tout laisser. Il a eu la chance d'atterrir dans l'équipe de Riis, qui l'a recruté malgré les sanctions et qui l'a soutenu entièrement en croyant totalement en lui. Il s'est entraîné encore plus dur pendant sa sanction, car il avait la rage de prouver qu'il valait mieux que ça. » Quatre coureurs sont vus d'emblée comme les grands favoris de cette Vuelta : Joaquim Rodriguez, Alberto Contador, Alejandro Valverde et Christopher Froome. Le quatuor se détache du reste du troupeau lors de la troisième étape qui se termine à Eibar. Valverde fait parler sa pointe de vitesse et s'impose devant Rodriguez et Froome. Contador manquait de jus dans le final, mais il a réussi à s'accrocher. À Jaca, trois jours plus tard, rebelote, le trio domine encore Contador. Cette fois-ci, le débours est un peu plus important pour le natif de Pinto qui perd une vingtaine de secondes. Au fil des étapes, Rodriguez et Valverde parviennent à prendre du temps à Contador. Quelques secondes par-ci par-là, et après une semaine de course, le Madrilène à 1 minute de retard sur Rodriguez. Rien n'est joué.

Pendant que les quatre fantastiques émerveillent le sud de l'Europe, Lance Armstrong, lui, est radié à vie par l'Agence américaine antidopage. Interrogé sur la question, Contador ne souhaite pas s'épancher sur le sujet. Certes, l'Américain est son ancien coéquipier, mais le dopage, pour l'Espagnol, c'est du passé. Surtout, le natif de Pinto n'a qu'un seul objectif en tête, remporter la Vuelta. À mi-parcours, les écarts sont infimes. Joaquim Rodriguez n'a qu'une seule seconde d'avance sur Contador et 15 sur Froome après le contre-la-montre de Pontevedra. Dès que la route s'élève, Rodriguez est plus fort que Contador. Lors des arrivées au sommet, le leader de la Saxo Bank-Tinkoff Bank est systématiquement décroché dans les derniers hectomètres. Pour s'imposer, il faut qu'il emploie les grands moyens. Au départ de la dix-septième étape qui mène les coureurs jusqu'à Fuente Dé, Contador est impassible. Visage concentré. Mais que prépare-t-il ? Après Fuente Dé, il n'y aura plus que l'étape de Bola del Mundo pour faire la différence et Rodriguez sera bien plus fort que lui dans les pourcentages les plus abrupts. L'Espagnol doit donc distancer le Britannique et faire craquer le coureur de la Katusha. Pas une mince affaire.

À 50 kilomètres de l'arrivée, le peloton se trouve dans la Collado La Hoz, la deuxième ascension de la journée. Le rythme est soutenu, mais les leaders flânent encore au milieu de la grappe de coureurs. Quand intervient le coup de génie.

Contador s'évade en compagnie de onze coureurs, dont Sergio Paulinho et Paolo Tiralongo, qui lui seront d'une grande aide dans sa quête de succès. L'écart augmente rapidement. Valverde et Rodriguez sont pris au piège puisqu'ils n'ont plus que Losada, Cunego, Astarloza et Ballan pour les aider. Autant dire de piètres grimpeurs comparés à Alberto. Le groupe de tête se réduit considérablement au fil des kilomètres et Contador finit par se retrouver seul en tête de la course. « Le génie a besoin de liberté pour vivre. » C'est le poète français Auguste Barbier qui le dit. Il n'avait pas vu l'Espagnol s'envoler seul vers la victoire, en communion avec le public, conscient ou pas d'écrire un moment d'histoire. Encore plus grand que Rolland à l'Alpe d'Huez l'an dernier. « Quand j'ai attaqué, le diable sur mon épaule me disait "attaque", et l'ange "attends, c'est une folie, ils vont te reprendre". J'ai préféré risquer », se souvient l'Espagnol, le diable. Dire qu'il avait prévu d'attaquer à 3 kilomètres du sommet. « Il n'y a point de génie sans un grain de folie[78]. » Contador est au sprint dans les derniers hectomètres comme Miguel Indurain dans sa tendre jeunesse à Villava. Contador fonce, galope. Contador est un cerf, lui aussi. Au galop, Alberto !

Dans les derniers hectomètres de la course, Jésus Hernandez tient son rôle de coéquipier de luxe à merveille. Il ne quitte pas la roue de Joaquim Rodriguez, il le rend fou. Oscar du meilleur acteur dans un second rôle. Valverde parvient quant à lui à se défaire du piège des Saxo Bank et part à la chasse. Orgueilleux et désireux de mener son entreprise à bien, Contador résiste jusque dans les derniers instants au coureur de la Movistar. *¡ Olé !*

---

78. Aristote.

À peine un mois après son retour de suspension, Alberto s'offre un succès de prestige et quelques jours plus tard, une deuxième Vuelta, son cinquième grand tour officiellement, son septième selon lui. En passant la ligne d'arrivée à Madrid, il forme le chiffre 7 avec ses doigts pour montrer qu'il est bien le vainqueur de sept grands tours. Un pied de nez aux instances internationales du cyclisme qui lui en ont retiré deux.

Le héros ressuscité de tout un peuple. Valverde, Rodriguez, Froome : *out !* Contador est de retour, avec ce que beaucoup décrivent comme la plus belle victoire de sa carrière. « Pour moi, je pense que comme spectacle sportif, c'est le meilleur spectacle qu'Alberto Contador a pu nous donner sur un vélo. Pourtant, Alberto a gagné de grandes courses et pas seulement sur la Vuelta. Ce qu'il a fait à Fuente Dé, c'était vraiment historique. Cette étape restera dans les annales du cyclisme », rapporte Javier Guillen, le directeur du Tour d'Espagne. « Fuenté Dé pour moi, c'est énorme. Après, pour le plus grand public français, ce n'est pas très marquant, parce que c'est la Vuelta, c'est diffusé sur une chaîne privée. C'est un de ses plus grands exploits. Sur le Tour, je dirais Verbier 2009, lorsqu'il écrase la concurrence et qu'il montre qui est le patron », complète Alexandre Pasteur.

« Il a mis son empreinte, sa signature. Il a également démontré qui il était en tant que cycliste, sa manière de courir, de concevoir le cyclisme. Cette course, il l'a beaucoup préparée, travaillée, il était très motivé, attentif à chaque détail, comme par exemple l'analyse de Purito, de son équipe, qui fêtait presque la victoire déjà. Il connaissait bien le terrain, les étapes », conclut Jacinto Vidarte. Une Vuelta remplie d'émotions et de rebondissements, Contador donne rendez-vous à ses adversaires en 2013.

— *Hi Alberto, it's Chris. Chris Froome.* Chris de Londres et de Nairobi. Ne me regarde pas de haut, toi debout et moi assis. Je viens te faire de l'ombre, te défier sur tes terres. On se retrouve tout en haut, jeune puce espagnole, ni géant ni balèze !

12

LA SKY IS THE LIMIT

Un supplice. Les quelques mois privés de compétition ont été pour le Pistolero une période de travail, de souffrance, d'observation aussi. Alberto Contador a pu assister, depuis son canapé, à l'avènement de l'équipe Sky Procycling. La formation britannique avait déjà démontré son potentiel en 2011 avec la victoire de Bradley Wiggins sur le Critérium du Dauphiné. Lors de la saison 2012, ses champions vont assoir leur domination sur le monde de la petite reine. Si Mark Cavendish empile les succès sur les sprints et les classiques, Bradley Wiggins prend la couronne de roi de la planète cyclisme. Pour la première fois depuis de nombreuses années, l'hégémonie n'est pas espagnole. En l'espace de quelques mois, Wiggins, pourtant spécialisé dans la discipline du contre-la-montre, entame une métamorphose et remporte Paris-Nice, le

Tour de Romandie, le Critérium du Dauphiné et le Tour de France. La Sky Procycling s'octroie le luxe de réaliser un doublé sur la Grande Boucle avec la 2e place de Christopher Froome. Le Kenyan de naissance détonne de facilité et est annoncé comme l'un des favoris lors de la Vuelta 2012 avec Contador, Rodriguez et Valverde. Après deux semaines de course au contact de ses rivaux hispaniques, le Britannique finit par craquer. On ne s'improvise pas patron en quelques jours. Supporter le poids d'une course en tant que leader de sa formation est une charge mentale que Froome n'avait encore jamais eu l'occasion de connaître. Au terme de cette Vuelta 2012, Contador est interrogé sur l'adversaire qu'il craint le plus pour la saison 2013 et sa réponse est claire : Christopher Froome. La bataille est lancée. « Que Contador me considère comme son principal rival, c'est un compliment. En regardant le tracé, je me suis dit aussi qu'il pourrait bien être le plus dur à battre sur ce parcours », répond le Britannique. Bradley Wiggins, le vainqueur du dernier Tour de France a d'ores et déjà annoncé qu'il allait participer au Giro et qu'il serait l'équipier de luxe de Froome pour l'édition du centenaire de la Grande Boucle.

La formation britannique détonne dans le peloton. Soutenue par Rupert Murdoch, un homme d'affaires milliardaire, et par la fédération britannique de cyclisme, la Sky met les petits plats dans les grands. Avec un budget conséquent, le deuxième plus important du peloton derrière celui de la BMC, l'équipe qui compte plus de 83 employés, soit le double de la plupart des équipes professionnelles, a de beaux jours devant elle. En collaborant avec la marque automobile Jaguar, la formation britannique peut se vanter d'avoir réalisé, avec le Pinarello F8, le meilleur vélo de la planète en 2013. Comment cette formation, créée il y a deux ans, a-t-elle réussi à révolutionner son sport ? L'explication réside en partie dans les *marginal gains* de Dave Brailsford. Pour le manager de l'équipe britannique, ces gains marginaux sont « de petites améliorations dans un nombre d'aspects différents de nos actions qui ont un énorme impact sur la performance de l'équipe. » Les Britanniques instaurent de nouvelles pratiques, que nous n'avions pas l'habitude de voir par le passé. Les coureurs de la Sky, après une étape, montent systématiquement sur un home-trainer, un décrassage après l'effort pour améliorer la récupération. Les autres équipes se sont rapidement mises à imiter la Sky.

Aucun détail n'est négligé par l'ovni Sky. Afin d'éviter qu'un coureur dorme dans une chambre avec une mauvaise literie la veille d'une étape cruciale, l'équipe britannique s'est mise à transporter, pour chacun de ses coureurs, un oreiller personnalisé, ainsi qu'un matelas. Les Britanniques ont aussi travaillé dans l'optique de parfaire les combinaisons de leurs coureurs. En 2017, ils ont même créé une combinaison spécifique pour permettre un meilleur aérodynamisme grâce au Vortex cousu sur le maillot. Frédéric Grappe, directeur de la performance chez la FDJ, avait déclaré que cette astuce avait permis aux coureurs britanniques de gagner 18 à 25 secondes lors du contre-la-montre inaugural du Tour de France 2017. Un gain non négligeable. Petits détails qui font la différence, perfectionnisme, moyens conséquents, meilleurs coureurs en son sein et vous obtenez le cocktail du succès. Impossible n'est pas anglais !

Hasard du calendrier, Froome et Contador ont l'occasion de s'affronter une première fois, très tôt dans la saison, lors du Tour d'Oman. Froome, Wiggins, Nibali, Evans et Contador sont au départ de la course. Lors de la première étape de montagne, c'est Joaquim Rodriguez qui récolte les lauriers de la victoire d'étape, mais c'est Christopher Froome qui endosse le maillot rouge de leader. Contador multiplie les attaques tranchantes. À son rythme, qui lui sera caractéristique par la suite, Froome grimpe et dispose de la fraîcheur nécessaire pour démarrer dans le final de l'étape. Coup dur pour Alberto. Le lendemain, l'Espagnol a l'occasion de prendre sa revanche lors d'une arrivée au sprint en compagnie de Froome et Rodriguez. C'est encore le Britannique qui prend le dessus sur son adversaire.

Pour la première fois depuis l'apogée de son duel avec Andy Schleck, Contador semble avoir trouvé un adversaire à sa mesure. Enfin... presque. À la différence des frères Schleck qui se retrouvaient souvent seuls en montagne, Chris Froome peut compter sur une armada capable de l'entourer sur tous les terrains. Atout d'une ampleur énorme. Lors de l'ensemble des courses par étapes auxquelles Alberto prend part en guise de préparation au Tour de France, il est systématiquement battu par un ou plusieurs coureurs de la formation britannique. Troisième de Tirreno-Adriatico derrière Froome, cinquième du Tour du Pays basque derrière Sergio Henao et Richie Porte, dixième du Critérium du Dauphiné derrière Porte et Froome. Les Sky Procycling sont le poison de Contador qui ne parvient pas à s'en défaire. La suspension a coûté cher. « La place, on la laisse une année et c'est déjà trop tard. Dans l'histoire du Tour de France, tu laisses ta place et il y a quelqu'un qui la prend, et Froome, c'était ça. Dans le vélo, quand on parle de l'âge, il faut faire attention. Van Aert, il a 28 ans, mais ça ne fait que quatre ans qu'il fait de la route à fond[79] », estime Philippe Le Gars, responsable du service cyclisme au journal *L'Équipe*.

79. Entretien avec les auteurs.

Contador est seul, trop seul face à l'armada. Valeureuse, son équipe est trop limitée dans la haute montagne par rapport à la formation britannique. « Quoi de plus seul qu'un héros[80] ? » énonçait Boris Vian. « Alberto n'a jamais eu un excellent coéquipier à ses côtés. Pour moi, peut-être que les meilleurs étaient Roman Kreuziger et Rafal Majka. Daniele Bennati, par exemple, l'a beaucoup aidé, pas tellement en montagne, mais tactiquement, il lui disait quand attaquer, comment se placer. Je pense qu'il comptait beaucoup sur des coureurs comme Benatti et Matteo Tosatto lorsqu'ils étaient là pour l'aider à se placer sur le plat et l'emmener bien placé au pied des ascensions pour qu'il soit dans les meilleures dispositions pour attaquer le col. Il n'a jamais eu un super *gregario*. Je me souviens que c'est Dani Navarro qui l'a accompagné lors du Tour de France 2010, mais seulement pendant ce Tour, et après ça, il n'a jamais eu de véritable lieutenant. Il avait une supériorité dans la montagne, mais il n'avait pas une équipe entière qui voulait gagner toutes les étapes et qui pouvait l'aider à gagner toutes les étapes », rapporte Carlos Arribas, rédacteur au quotidien *El Paìs*.

« L'un des problèmes qu'a eus Alberto est que, dans quasi toutes ses formations, il n'a jamais eu de coéquipiers

80. Boris Vian, *L'Herbe rouge*, Toutain, 1950.

assez forts. Ainsi, il n'a jamais eu autour de lui de grosses équipes comme INEOS Grenadiers[81] aujourd'hui ou Jumbo-Visma, des formations puissantes. Il a toujours dû résoudre de gros problèmes de course seul comme un grand. Par obligation, il a été contraint d'être un peu individualiste. Face à Froome, il n'avait pas l'équipe pour rivaliser. Les Sky pouvaient imposer un rythme et avoir toute l'équipe autour de Christopher Froome dans le dernier col. Il avait plein d'énergie au moment d'attaquer. C'est dur pour les adversaires. Alberto devait trouver des tactiques non pas pour battre Froome, mais pour battre toute l'équipe Sky. Au moment du *mano a mano*, il était déjà plus fatigué que le Britannique. Froome était un grand coureur, qui grimpait aussi bien, voire mieux qu'Alberto. En plus, il était meilleur en contre-la-montre », ajoute Vidarte.

Pour le centenaire du Tour de France, et privé de son roi l'an dernier, la formation Saxo Bank-Tinkoff bâtit sa meilleure équipe autour d'Alberto Contador en alignant, pour l'épauler, Jesus Hernandez, Roman Kreuziger, Sergio Paulinho, Nicolas Roche et Michael Rogers. « On décidera de la tactique sur ce Tour de France après le deuxième contre-la-montre. Selon ma position au classement général, on choisira si on fait une stratégie offensive

81. Nouveau nom de l'équipe Sky Procycling à partir d'août 2020.

ou défensive. En tout cas, il y aura plus d'action, plus de mouvement sur ce Tour que lors des dernières années. Le fait d'avoir une équipe plus forte sur ce Tour de France qu'en 2011, ça apporte beaucoup de tranquillité, de calme », déclare Contador la veille du départ. Très vite, 2013 a des airs de 2011. Lors d'un final chaotique qui voit les coureurs arriver à Bastia, Contador chute, il est touché à l'épaule gauche. Contador, le romantisme… et la poisse ?

Plus de peur que de mal. Il n'a rien perdu sur ses adversaires et son épaule ne semble pas lui causer trop de torts. RAS à l'issue de la première semaine de course. Les coureurs débarquent au départ de la huitième étape à armes égales et ce sont les terribles pourcentages de la montée d'Ax 3 Domaines qui se chargeront de les mettre d'accord. Les oreillettes vont chauffer.

La Sky va-t-elle confirmer les espoirs placés en elle ? Contador est-il toujours le plus fort ? Kanstantsin Siutsou et Vasil Kiryienka, deux coéquipiers de Froome, s'occupent d'écrémer le peloton lors de la première moitié de la course et Contador perd rapidement cinq de ses coéquipiers. Richie Porte prend le relais en tête des résistants et fait exploser le peloton des favoris en mille morceaux. Schleck out, Evans out, Rolland out. À 6 kilomètres du sommet, ils ne sont plus que cinq dans le groupe des favoris : Valverde, Froome, Kreuziger, Contador et Porte. Le rythme de l'Australien est trop élevé, à la limite de l'inhumanité. Personne ne peut le suivre. Richie Porte, coéquipier d'Alberto en 2011, devient machine de guerre aux côtés de Froome. *¡ Joder*[82] *!*

Les deux coéquipiers de la Saxo Bank craquent quelques centaines de mètres plus haut, le début du calvaire. En voulant suivre le rythme des Britanniques, Contador explose en plein vol. Les écarts se creusent et Alberto se fait irrémédiablement dépasser par certains outsiders. Valverde le lâche tout comme Bauke Mollema, Laurens Ten Dam et Mikel Nieve. À l'arrivée, avec 1 minute 45 de retard, le constat est implacable. « Je ne me suis pas senti bien du tout, mais je remercie Kreuziger qui a fait une montée impressionnante et m'a permis de résister. Maintenant, il faut que je récupère bien. Demain sera un autre jour », rapporte le champion. L'impressionnante machine Sky ne cache pas sa joie. « Je suis un peu surpris par les écarts. Pas seulement par rapport à Contador, mais aussi par rapport aux autres coureurs du classement général. Richie Porte et moi sommes arrivés sur le Tour en grande condition. On s'est entraînés pendant des mois pour y arriver. C'est une très belle satisfaction de nous retrouver devant », répond Froome, vainqueur de l'étape, aux

82. « Fait ch*** », en espagnol.

caméras. Le contre-la-montre au Mont-Saint-Michel est une exécution. Froome, porteur du maillot jaune, reprend 2 minutes à tous ses adversaires. Le coureur au général le mieux classé derrière lui n'est autre que son coéquipier australien, Richie Porte. Largué, il reste à Alberto l'affection qui se dégage du personnage. Élégant dans la victoire, touchant dans la perdition.

Le phénomène Richie Porte montre son premier signe de faiblesse lors de la légendaire ascension du mont Ventoux. Le rythme dicté par l'Australien dans le Géant de Provence n'est pas assez élevé pour Quintana qui parvient à sortir du groupe maillot jaune. Agacé de voir son adversaire colombien prendre du champ, Christopher Froome accélère soudainement et de manière brutale. Une attaque étourdissante. « Regardez cette attaque, il est assis sur la selle. C'est incroyable d'attaquer comme ça dans le Ventoux. C'est surréaliste. C'est une attaque à la Cancellara que vient de faire Christopher Froome », crie Cédric Vasseur sur les antennes de France Télévisions. Personne n'a jamais vu ça. Dernier rival sans sa roue, Contador ne peut pas lutter contre la folie Froome dans le mont Chauve.

— Contador. Gamin en or. Nous sommes les pentes du Ventoux. Accroche-toi, *hombre* ! Accroche-toi jusqu'à n'en plus pouvoir.

Copie conforme de la semaine passée. Contador le *ganador* veut suivre Froome et finit par se brûler les ailes. Le Britannique vient de creuser un écart qui paraît définitif. À moins d'une chute, rien ne peut le priver d'un sacre sur la plus grande course du monde. Derrière, les coureurs se battent pour les accessits. Contador semble avoir pris l'ascendant sur ses rivaux en vue de la 2e place ?

Attendez... de la quoi ? Foutaise ! Kreuziger l'accompagne provisoirement sur le podium, mais l'Espagnol est ambitieux et embarque le Tchèque dans sa folie. Lors de l'étape de l'Alpe d'Huez, Kreuziger prend rapidement les devants avant d'être rejoint par Contador après une descente périlleuse. Les deux hommes s'emploient pour creuser l'écart et y laissent des forces, sans renfort pour renverser le roi Froome. Échec et mat. Le duo décide de se faire reprendre par l'avant-garde du peloton. La situation se détériore. Contador se rend compte dans la montée finale de l'Alpe d'Huez que les jambes ne sont finalement pas au rendez-vous. Il paie son panache. Le vainqueur de sept grands tours, cinq officiellement, explose dans les lacets de l'Alpe d'Huez. « Nous avions des idées dans les Alpes et nous avions tenté des choses. Lors de l'étape de l'Alpe d'Huez, nous avons tout tenté pour reprendre du temps, nous avons attaqué dans la descente, mais nous avons eu beaucoup de vent de face dans la vallée et nous n'avons pas réussi à creuser l'écart. Nous avons tout tenté et si ça avait marché, ça aurait changé la course. Parfois, pour gagner une course, même si vous n'êtes pas le meilleur, vous devez tout tenter et je pense que c'est ce que nous avons fait », nous confie neuf ans après Roman Kreuziger. Cette fin de Tour de France est un calvaire pour les coureurs de la Saxo, qui perdent leurs places sur le podium. Contador chute lors de l'avant-dernière étape, ressent des douleurs dans l'ultime ascension de la Grande Boucle et dégringole au classement général passant de la 2e à la 4e place. « Défendre une 2e place n'est pas la même chose que défendre un maillot jaune. C'est toujours mieux de finir 2e que 10e, mais le but était de finir premier. » L'*amarillo* ou *nada*.

« Cette année-là, nous avions une équipe incroyable. J'ai peut-être manqué une occasion de finir sur le podium d'un Grand Tour, parce que j'ai dû attendre Alberto à plusieurs reprises dans la montagne, mais je l'ai fait parce que j'estimais que c'était ce qu'il fallait faire. Comme je l'ai mentionné précédemment, lorsqu'on allait sur le Tour de France, le plan était d'aider Alberto à gagner et je ne voulais surtout pas trahir l'équipe en jouant ma carte personnelle. Tout se passait très bien jusqu'à l'étape de l'Alpe d'Huez à trois journées de l'arrivée. J'étais 3e et lui 2e et nous voulions gagner le classement par équipes. Mais nous avons perdu nos places sur le podium lors de la dernière étape de montagne et c'était vraiment dommage. Mais le vélo, ce n'est pas un sport individuel, c'est un sport d'équipe, vous devez tous vous supporter. À la fin, même si j'ai manqué le podium et lui aussi, toute l'équipe se rappelle d'excellents moments. Nous étions toujours dans les bons coups lorsqu'il y avait des tentatives de bordure et la mentalité de l'équipe était incroyable[83]. »

Contador a perdu le Tour de France, mais il a gagné, à nouveau, le maillot jaune du cœur des supporters. « Il était l'un des rares à pouvoir mettre du désordre dans ce qui était parfaitement organisé. Il était imprévisible, on savait qu'il allait attaquer, mais sans savoir quand. On savait qu'il allait tenter de renverser une situation qui pouvait difficilement être renversée. Si on avait eu une quinzaine de Contador dans le peloton, on se serait régalés, il fait partie de ces gens qui sont entrés dans l'histoire du Tour de France par les exploits qu'ils ont réalisés et les prises de position. Ils n'ont jamais hésité à s'exposer quitte à s'exposer à un coup de bâton en payant cash l'attaque qu'ils portaient. Mais c'est dans leur tempérament », conte Daniel Mangeas, speaker officiel du Tour de France de 1976 à 2014.

— Alberto, ici le public du Tour de France. Nous t'accordons notre pardon, *campéon.* Définitivement. Oublie les sifflets. Pardonne-nous nos offenses, comme

83. Roman Kreuziger, entretien avec les auteurs.

nous pardonnons aussi, à ceux qui nous ont offensés. Et souviens-toi. *On accepte une coupe de poison de celui qui vous a offert cent coupes de nectar.* Tchin, Alberto !

« Le public salue en Contador un artiste généreux, l'opposé d'un Froome calculateur. Le duel entre le perdant magnifique et le vainqueur déprimant remonte au moins à Luis Ocaña contre Eddy Merckx. Contador n'a pas la folie noire de son aîné, mais on lui en a fourgué les frusques », romance Pierre Carrey dans les colonnes de *Libération.* « Contador, c'est le symbole d'un grimpeur, d'un garçon hyper talentueux qui, a un moment donné, ne peut pas faire face à Froome et son rythme de pédalage. Ça reste le meilleur grimpeur de sa génération, mais à un moment donné, il ne peut plus. Il peut mettre une ou deux attaques, mais il ne peut pas faire plus. Les gens n'aimaient pas Froome parce que ça verrouillait la course rapidement, ce n'était pas beau. Il n'avait pas la classe que pouvait amener Contador. Avec le train de la Sky, on mettait à rouler des Kwiatkowski, des Richie Porte, et après, des gens comme Contador et Nibali attaquaient, et derrière ils se faisaient contrer. C'était tellement fort derrière que, ce que faisait Contador, d'un coup, paraissait presque anachronique, d'un autre temps, face au rouleau compresseur Sky. D'ailleurs, on parle d'une affaire de dopage, et au final, les gens n'en n'ont jamais voulu à Contador.

Comme avec Virenque. Pourquoi ? Parce que ces gens-là attaquaient, dynamitaient la course, ne s'avouent jamais vaincus dans les affaires comme sur la route. C'est ce qui faisait vibrer les gens. Contador était le résistant face à la machine de guerre de la Sky », confirme Nicolas Geay, journaliste à France Télévisions.

Ce Tour de France 2013 marque une passation de pouvoir entre Alberto Contador et Christopher Froome. Le premier nommé devra désormais réussir des coups tactiques parfaits pour surprendre son adversaire. Cette chose, que l'on nomme échec, n'est pas une chute, mais une interruption. En 2014, l'Espagnol reviendra encore plus fort. Dans la peau d'un outsider vieillissant ou d'un éternel vainqueur.

13

LE ROMANTISME ET LA GRÂCE

Alberto, 2013 et le fantôme de Madrid. Rien à signaler. Comment se relever ? Assoiffé de victoires, tel un vampire à l'égard du sang, Contador ne se cache pas. Il clame publiquement qu'il veut remporter le Tour de France.

Je ne suis pas fou, ma réalité est juste différente de la vôtre.

Gagner le Tour de France et enchaîner avec la Vuelta. Les mots sont posés. Un doublé que seuls les Français Anquetil (1963) et Hinault (1978) ont réussi, mais quand le Tour d'Espagne se disputait entre les mois d'avril et de mai. La fraîcheur un peu envolée, pas l'ambition. Le nombre d'arrivées au sommet lors de la prochaine édition de la Grande Boucle ne devrait pas jouer en sa faveur, mais la course promet d'être explosive avec ses nombreuses étapes fourbes. « Il y a cette nouveauté des pavés. Ça va ressembler aux pavés de 2010, et cette étape sera compliquée, très nerveuse, avec la peur de la chute ou d'une avarie mécanique qui peut faire perdre le Tour », analyse l'Espagnol lors de la présentation du Tour de France. Rendez-vous est pris.

Contador commence sa saison 2014 au Portugal sur une course qu'il affectionne, le Tour d'Algarve. Il n'a plus gagné depuis un an et un mois. Sur cette course par étapes de cinq jours, Contador s'avère être d'une régularité hors pair. L'Espagnol prend la 4e place du contre-la-montre juste derrière le champion du monde de la discipline, l'Allemand Tony Martin et le lendemain, il s'impose au sommet de l'Alto do Malhao devant le champion du monde, le Portugais Rui Costa. Oyez, oyez ! Contador est de retour sur le devant de la scène et a bien l'intention de faire de 2014 sa chasse gardée.

Paris-Nice est boudé par les favoris du prochain Tour de France qui se ruent au départ de Tirreno-Adriatico. Alberto est très bien entouré avec la présence de Roman Kreuziger et Nicolas Roche. Blessé au dos, Christopher Froome n'est finalement pas présent lors de la course des deux mers, les retrouvailles entre l'Espagnol et le Britannique sont repoussées. Le plateau de la course reste néanmoins très relevé, et pour remporter le trident promis au vainqueur, il faudra composer avec Nairo Quintana, Joaquim Rodriguez, Vincenzo Nibali, Richie Porte, Bradley Wiggins et Cadel Evans. Les coureurs se donnent rendez-vous lors de la quatrième étape, longue de 244 kilomètres et composée de multiples ascensions. Bien que vieillissant, Contador a conservé ses démarrages assassins. À 8 kilomètres de l'arrivée, Kreuziger part en échappée pour permettre à Contador de ne pas avoir à porter le poids de la course sur ses épaules. Scarponi et Porte tentent de revenir sur le Tchèque lors de l'ascension finale et l'Espagnol saute sur tout ce qui bouge sans avoir à prendre les devants. Dans les 200 derniers mètres, Kreuziger est repris, les coureurs sont asphyxiés. Contador en profite pour attaquer et laisser ses adversaires sur place. *La pitié du bourreau consiste à frapper d'un coup sûr.* Depuis Fuenté Dé, depuis le miracle de 2012, rien ne s'était passé. Contador exulte.

Le lendemain, Contador double la mise en écrasant la concurrence dans le mur de Guardiagrele, une montée de 600 mètres à 22 % de moyenne avec des passages jusqu'à 30 %. Contador vient de donner une leçon de cyclisme à ses adversaires qu'il repousse à plus de 2 minutes. Les Britanniques commencent à claquer des dents, la peur se fait ressentir dans le bus de la Sky. Contador vient de trouver le chemin de la légendaire fontaine de Jouvence.

« Il y a une fontaine de Jouvence : c'est votre esprit, vos talents, la créativité que vous apportez à votre vie et la vie des gens que vous aimez. Lorsque vous apprendrez à exploiter cette source, vous aurez vraiment vaincu l'âge », L'actrice italienne Sophia Loren invoque-t-elle Alberto, qui, du haut de ses 31 ans, traverse l'obstacle des années en seigneur ? Contador remporte aisément la 49e édition du Tirreno-Adriatico.

Les retrouvailles entre Christopher Froome et Alberto Contador ont lieu une semaine plus tard sur le Tour de Catalogne. Le vainqueur du dernier Tour de France revient de blessure et affronte un prince qui a retrouvé son romantisme et sa grâce. En ce début d'année, l'Espagnol est le plus régulier lorsque la route s'élève, à quatre petites secondes de renverser Joaquim Rodriguez. Froome termine derrière Contador qu'il n'a jamais été en mesure de battre durant cette semaine dans le nord-est de l'Espagne. Un britannique moins impérial et de l'espoir distillés aux autres. Et si les miettes devenaient gâteau ? 2014 et ses promesses.

Avant de partir deux mois en stage pour préparer juillet, Contador prend le départ du Tour du Pays basque, sa compétition de cœur, qu'il remporte pour la troisième fois de sa carrière en portant le maillot jaune de leader de bout en bout. Vainqueur de Tirreno-Adriatico, du Tour du Pays basque et 2e du Tour de Catalogne, l'Espagnol est en train de devenir le grand favori du prochain Tour de France.

— Alberto le Madrilène, Alberto le Basque, Alberto l'Italien. Offre-nous, France de tes rêves et de tes espérances, un coup de pistolet fignolé. Débloque l'écrou et fait crier la foule. Tout est pardonné. Promis, juré.

Motivé après un début de saison parfait, le double vainqueur du Tour de France est déjà sur les secteurs pavés entre Ypres et Arenberg pour reconnaître l'étape qui va emprunter le même chemin que l'Enfer du Nord. Une préparation sereine sur les routes de France et d'Espagne, rarement perturbée comme cela avait pu être le cas en 2011. Il est tout proche de voir Michael Rogers, l'un de ses coéquipiers chez Tinkoff, se faire suspendre pour un contrôle antidopage, mais l'Union cycliste internationale décide en dernière instance de ne pas le sanctionner et de le blanchir. Contador pourra bénéficier de l'aide de son fidèle lieutenant durant la grande kermesse de juillet.

Au fil des années, le Critérium du Dauphiné est devenu son préliminaire idéal. Il vient y parfaire sa condition physique, y rencontrer ses adversaires dans les Alpes, un mois avant la grande échéance. Un examen blanc où il est recommandé d'avoir la meilleure note. Contador n'a jamais gagné cette course d'une semaine, certainement la plus dure à ajouter à son palmarès. Et pourquoi pas cette année ? Se prêter au rêve lorsque le rêve se prête à nous.

Face à lui se dresse un Froome des grands jours qui domine assez logiquement le début de la course. Vroom vroom. Contador cherche une faille, mais elle ne vient pas. Douze secondes de retard sur le coureur de la Sky, mais qu'elles sont longues ces secondes qui le séparent du maillot jaune. Dans le final de la sixième manche, Froome chute, remonte sur son vélo et termine dans le même temps que les favoris. Le leader de la course est touché et perd sa tunique dès le lendemain face aux nombreux coups de boutoir de l'Espagnol. Au départ de la dernière étape, Contador est le porteur du maillot jaune. Remporter le Critérium du Dauphiné lui permettrait de réaliser le meilleur début de sa carrière après ses succès sur Tirreno-Adriatico et le Tour de Catalogne. Mais Jacinto a raison. La réalité le rattrape. Contador n'est pas suffisamment entouré face à l'armada britannique. Rapidement esseulé, Contador est contraint de laisser partir une vingtaine de coureurs à l'avant de la course dont certains très dangereux pour le classement général. Malmené par Froome à l'arrière, l'Espagnol décide d'agripper son destin et partir, seul, dans une course-poursuite épique de 25 kilomètres. Contador est flamboyant dans les Alpes et remonte un à un ses adversaires du jour. Lorsqu'il franchit la ligne en

10e position, il est persuadé d'avoir remporté le Dauphiné, mais il aperçoit l'équipe Garmin Sharp en train de porter Andrew Talansky en triomphe. Pour 27 secondes, il est le vainqueur du 66e Critérium du Dauphiné. Foutus Américains.

5 juillet 2014. L'heure n'est pas aux remords et encore moins aux regrets. Contador prend la direction de Leeds le couteau entre les dents, prêt à affronter la *team* Sky sur son terrain. Pour éviter un surplus de pression inutile, Alberto clarifie d'emblée la position qu'il estime être la sienne. « Froome est le favori numéro un. Il a montré qu'il était très fort, il a fait des différences l'an passé, il est le premier favori. Et puis il y a quatre, cinq coureurs qui peuvent viser très haut. » À l'inverse des dernières années où une chute venait toujours plomber le début de sa Grande Boucle, Contador vit une entame de Tour rêvée. La veille de l'étape des pavés, lors du quatrième jour de course, il pointe même à la 5e place du classement général.

Les pavés, le pire cauchemar des grimpeurs. La chétiveté des rois de la montagne est un désavantage considérable au moment d'écraser les pédales sur ces routes sinueuses du nord de la France. À chacun son terrain ! Les favoris du 101e Tour de France vont vivre l'enfer durant plus de trois heures. Le temps est apocalyptique, à tel point que l'organisation décide de supprimer deux secteurs pavés pour des raisons de sécurité. Radio-Tour annonce des chutes dès les premiers kilomètres de course. Christopher Froome termine au sol avant les premiers secteurs pavés, mais revient assez facilement dans le peloton. Gamelles et crevaisons se succèdent, mais Contador semble touché par la grâce, passe entre les gouttes. Il n'est ni géant ni balèze, pourtant.

Au kilomètre 85, Radio-Tour annonce l'impensable : « Abandon de Christopher Froome. » Le grandissime favori, le corps ensanglanté, doit quitter la route du Tour. Contador perd plusieurs dizaines de secondes au terme de cette étape[84] et termine derrière tous les outsiders. « Cette "étape de fou" a vu Froome abandonner et Contador perdre du temps et peut-être le Tour. L'Espagnol avait pris l'eau dès le deuxième secteur, crispé et tétanisé sur son vélo, souffrant autant de la boue qui avait grippé ses pignons de vitesse que de la trouille qui l'avait saisi. Ses mains contractées sur son cintre contrastaient avec les biceps relâchés de Nibali tressautant au rythme des pavés », écrivent les journalistes de *L'Équipe* dans les colonnes de leur journal.

Son retard sur Nibali est conséquent, mais Contador est le meilleur grimpeur du peloton depuis le début de la

84. Il termine 37e à 2 minutes 54 du vainqueur de l'étape.

saison 2014, rien ne l'arrête. Encore plus depuis l'abandon du redoutable Anglais. Il parvient à faire la différence lors de la première étape de moyenne montagne. Encore une 2e place pour l'Espagnol qui n'a plus levé les bras sur les routes de la Grande Boucle depuis cinq ans. Une disette assez inexplicable. « Il était capable de briller sur les chronos, sur la haute montagne. Je pense que c'est le calcul, un peu ordinateur. Un peu comme Indurain. Il ne cherchait pas à gagner là où ce n'était pas nécessaire de gagner. Il voulait gagner au bon moment, quand il le fallait », analyse Jean-Julien Ezvan. Un point de vue partagé par le double vainqueur du Tour de France, Bernard Thévenet : « Il a couru avec des adversaires qui étaient pratiquement à sa hauteur. Il y a des moments où il a été obligé de faire un choix entre faire un effort supplémentaire pour gagner une étape ou garder un peu de force pour plus tard. Quand on a la possibilité de gagner une étape et qu'on ne le fait pas, c'est vraiment parce qu'on a fait un calcul, et ce calcul nous dit qu'on ne doit pas aller plus loin. » Même Christophe Riblon, vainqueur, lui aussi, de deux étapes sur les routes du Tour de France est surpris de cette statistique : « Il privilégiait le classement général. Je pense, et ça fait partie de ses valeurs, que c'était un coureur capable de "donner des victoires aux autres." » Ce n'était pas un cannibale. Il n'était pas là pour écraser tout le monde. Il faisait son job, il gagnait celles qu'il avait prévu de gagner et voilà. Ça fait partie de ses valeurs. Et puis, c'était une autre génération où les échappées allaient plus souvent au bout. Un cyclisme un peu différent. Les coureurs du général laissaient plus de liberté aux mecs qui partaient dans les échappées matinales. » « Si vous prenez Indurain. Il a gagné des étapes sur le Tour. Mais sur les cinq Tours de France qu'il a remportés, il n'a jamais gagné une étape en ligne. Il a toujours fait des cadeaux. Comme ça, tu avais des alliés. Moi je suis un directeur sportif à l'ancienne. Je cherche des alliés. Alberto, j'ai fait trois grands tours avec lui et c'est trois grands tours qu'il a gagnés. C'est le résultat qui compte. C'est comme ça. C'était un coureur spectaculaire et les gens aiment ça. J'ai vécu Fignon et LeMond : le public aimait bien LeMond et pas Fignon. Alors que dans le peloton, c'était l'inverse. Alberto, je pense qu'il était apprécié partout. Il ne peut qu'être adoré par le public. Franchement, tout le monde attend l'attaque d'Alberto Contador. Il a toujours attaqué dans les arrivées au sommet. Même quand il ne marchait plus », ajoute Alain Gallopin.

France Télévisions jubile. Un leader charismatique, assurant le spectacle, ayant faim de victoires et accusant un retard conséquent. Le scénario est parfait. Sur le bord de la route, le public est conquis. « Le public ne se trompe jamais et il voit directement si vous êtes vraiment sympa. On ne trompe pas le public et Alberto Contador ne trompait pas le public, il ne cherchait pas à le séduire, il était naturel et c'est ça qui a fait qu'il est entré dans le cœur des gens. Il avait des adversaires, mais il était respecté. Il faisait partie de cette caste de coureurs immensément respectés et admirés par leurs adversaires. Et faire l'unanimité dans le public et dans le peloton, ce n'est pas quelque chose d'évident. Les grimpeurs ont toujours été très appréciés du grand public. Il y a une sorte d'admiration pour les grimpeurs, parce que rouler sur le plat, tout le monde peut le faire, grimper des cols comme ils le font, ça paraît irréalisable. Si je prends la génération d'avant, il y avait un coureur qui évoluait dans le même style qu'Alberto, par sa gentillesse et par sa manière d'être, c'était Lucien Van Impe. Et sa relation fusionnelle avec le public, c'était la même qu'avait Alberto avec le public », observe Daniel Mangeas.

La malchance est un oiseau déplaisant et il faut l'empêcher de se percher sur soi. Cet oiseau déplaisant, Contador l'a trop souvent rencontré, comme planant toujours au-dessus de son destin. Le coureur de la Tinkoff chute lors de dixième étape, au bas de la descente du Petit Ballon, à plus de 90 kilomètres de l'arrivée. Les caméras de France Télévision zooment sur son visage meurtri. Alberto Contador quitte la route du Tour et 1971 refait surface. La douleur de Luis Ocaña dans la descente du col de Menté en 1971. Sa chute, son abandon, son rêve envolé de renverser Merckx. La détresse de Luis et d'Alberto. Les larmes du cyclisme. On ne guérit jamais vraiment du Tour de France. Antoine Blondin avait raison.

La formation Tinkoff perd son leader, le public son chouchou. « J'ai vécu des moments durs avec Contador. Je me suis déjà retrouvé avec lui, allongé, à pleurer pour lui. Il abandonne le Tour de France 2014 alors qu'il l'aurait gagné sur une jambe. Mais il a eu sa chute. Il était effondré et l'équipe entière l'était aussi. On est passés du rose au noir. L'équipe était tellement focus sur lui », se souvient Luis Gomes, l'un de ses mécanos au sein de la formation Tinkoff « Je me souviens très bien de 2014. Je pense que c'était le coureur qui avait la meilleure condition physique. Il est tombé dans la descente. Le plan était d'accélérer dans le peloton dans la montée suivante pour qu'il soit dans de bonnes dispositions et que la course soit plus agressive, mais il est tombé dans la descente juste avant. J'ai essayé de l'encourager pour qu'il reste dans la course, mais il a décidé d'abandonner », nous confie Matteo Tosatto. Plus grande désillusion de sa carrière. Les espoirs étaient immenses. La résurrection et la gloire promises. Jacinto Vidarte est avec lui en direction de Madrid où Contador passe d'autres examens : « Pour être honnête, ça a été très difficile. Quand il est tombé, la douleur que lui procurait le genou était énorme. Physiquement, les os pouvaient résister à l'effort. Ce qu'il fallait, c'est un rétablissement le plus vite possible de toutes blessures et séquelles. » Le couperet tombe : fracture du tibia. Sa fin de saison est compromise, mais la résilience de ce champion est ultime, bluffante. Contador le brisé, Contador le fracturé pense à la prochaine Vuelta. Prendre le départ d'un grand Tour, quarante jours après une fracture du tibia, l'idée paraît insensée. Le vrai rêveur est celui qui rêve de l'impossible. Alberto est un rêveur depuis Pinto, depuis qu'il rêvait de porter la tunique de Real et dompter tous les animaux. « Ce qui importait à leurs yeux, ce n'était pas tant ce qu'il faisait que le sentiment qu'il vous donnait. Le sentiment que tout était possible », énonçait un célèbre chef d'État.

C'est donc possible. Une semaine avant le grand départ, Contador acte sa décision, il va participer à la Vuelta avec l'ambition de remporter une étape dans la dernière semaine. Un surprenant projet, loin de ses standards, mais plus conforme aux seuls dix jours d'entraînement dans les jambes. Contador profite de cette annonce pour remercier les médecins qui lui ont permis de guérir en un temps record. Plus particulièrement un chirurgien venu spécialement de Suisse qui a nettoyé ses plaies en profondeur pour une meilleure cicatrisation. « Quand il quitte le Tour de France, il a quand même la rotule pétée. Moi, je me souviens : il chute dans le Petit Ballon, ensuite il monte le Grand Ballon avec le genou explosé. On sait qu'il va abandonner, c'est un calvaire, il est en larmes, il pleut ce jour-là. Il fait un temps dégueulasse. À ce moment-là, on se dit que sa saison est finie, et pourtant, il est au départ de la Vuelta. Respect total », admire Alexandre Pasteur. « Il a fait un travail impressionnant à Madrid. Quand il a vu le diagnostic, il a fait tout son possible, vraiment tout, pour revenir. Il sortait s'entraîner avec une cicatrice encore douloureuse, les points de suture, et en réalité, il a surtout lutté pour ne pas perdre la forme qu'il avait avant sa chute. C'était la clé. Revenir vite à l'entraînement pour ne pas perdre sa forme du Tour. Un Tour qu'il aurait pu selon moi gagner facilement », détaille Jacinto Vidarte.

— Espèce d'inhumain champion. Tu désirais le doublé Tour-Vuelta. Le défi ultime ? Non, viens reconquérir l'Espagne avec une jambe en bois. Cap ? Chiche ? Montre-nous qui tu es, monsieur ! Ta maison t'attend.

Si le coureur de la Tinkoff n'ambitionne pas de performer au général, c'est aussi parce qu'il devra composer sans son *gregario* de luxe, Roman Kreuziger, suspendu par le Tribunal arbitral du sport pour des faits remontant à la saison 2012. Face à lui, les plus grosses cylindrées du peloton se présentent au complet. Quintana, Froome, Valverde, Hesjedal, Evans. Une dizaine de coureurs peuvent créer la surprise sur cette Vuelta. Le meilleur départ est réalisé par les Movistar, qui remportent le contre-la-montre par équipes ; Contador suit en embuscade. L'Espagnol, en manque de rythme, serre les dents et termine dans le même temps que ses rivaux sur les étapes accidentées. Le premier gros test pour le leader de la Tinkoff s'appelle l'Alto de Cumbres Verdes en Andalousie. Les favoris montent au train lors de l'ascension finale et Joaquim Rodriguez lance les hostilités à 700 mètres de l'arrivée. Valverde le contre, Froome suit et Contador s'accroche à l'ombre du Britannique. Les trois coureurs creusent un léger écart et Valverde fait coup double avec la victoire d'étape et le maillot rouge de leader. Étonnant « Balaverde ». « Alejandro Valverde a gagné, mais pour moi, c'est une victoire, je ne m'attendais pas à être parmi les dix premiers. Mon genou ne me pince qu'occasionnellement et ma condition s'améliore. C'est une surprise énorme pour moi, je suis content parce que j'ai hésité à venir », rapporte Contador après cette arrivée au sommet. Il ne le clame pas encore, mais le général risque vite de devenir une obsession. Oser, prendre des risques, être audacieux, réaliser ses rêves... Qu'avons-nous à perdre ?

Le leader de la Tinkoff préfère les actes à la parole et prend la 2e place du sprint du peloton dès le lendemain. Après une semaine de course, l'heure des forts pourcentages est venue. La montée d'Aramon Valdelinares fait mal. Valverde et Froome montrent des signes de fatigue dans le final et Contador est impassible. Il attend son heure, sans trop de repères sur ses capacités, l'Espagnol a peur de se découvrir trop tôt. Patience est mère de sûreté. À deux bornes du terme, Contador, tel un taureau, charge. Grand plateau. Personne n'est en mesure de le suivre. La foule le porte. À l'arrivée, Quintana reprend le maillot rouge de leader, l'Espagnol n'a plus que 3 secondes de retard et réussit son pari. 24 heures plus tard, Contador prend le pouvoir à l'issue du contre-la-montre. Quintana chute, se fracture l'omoplate droite et laisse le trône à l'Espagnol. Après deux semaines de course, ils ne sont plus que quatre à pouvoir se jouer la victoire finale, les quatre mousquetaires, identiques à 2012 : Valverde, Froome, Rodriguez et Contador. Rebelote. « En 2014, lorsque la rivalité entre Contador et Froome était à son firmament – et ce sport avait besoin d'avoir de grandes rivalités –, c'est Alberto qui a réussi à gagner la Vuelta. Les deux venaient de quitter le Tour de France sur chute et ils avaient besoin de revanche. Le fait qu'Alberto avait comme rivaux les grands coureurs de ce peloton, comme Froome, Rodriguez, Valverde, je pense que ça n'a fait qu'augmenter sa légende », déclare Javier

Guillen, directeur de la Vuelta. Lorsque Contador perd du temps, ce n'est que quelques secondes. Son manque d'entraînement avant le départ de ce Tour d'Espagne l'empêche d'avoir son explosivité habituelle. Le leader de la Tinkoff le sait, le classement général se jouera en grande partie lors de la seizième étape, celle qui arrive au sommet de la Farrapona. Alberto et les étapes reines, une grande histoire d'amour. L'histoire ne se répète pas toujours, mais ses rendez-vous se ressemblent et, souvent, c'est Alberto Contador qui arrive à l'heure. Il est le seul à pouvoir suivre Froome dans le final avant de le déposer tout en délicatesse dans les derniers hectomètres. Nouvelle victoire, la septième de la saison. Contador retrouve les standards qu'il avait en 2010, lorsqu'il était sur le toit du monde[85]. Le leader de la Tinkoff a retrouvé son romantisme et sa grâce, à 31 ans. Il remporte sa troisième Vuelta en maîtrisant ses adversaires lors des dernières étapes, ajoutant, au passage, un nouveau bouquet dans sa valise en s'imposant lors de la dernière étape de montagne. « Même si les choses deviennent difficiles et que la chance semble fuir, avec de l'envie et du travail, on surmonte tous les défis. *Querer es poder* », peut-on lire sur ses réseaux sociaux après l'arrivée au Puerto de Ancares. Contador avait pris le départ de cette Vuelta avec le souhait de ne pas finir sa saison sur une simple chute, en espérant

85. Huit victoires en 2010.

une victoire d'étape. Il la termine avec le maillot rouge de leader. Immense champion.

Grand homme, aussi. « Quand Alberto gagnait une course, il n'oubliait personne dans ses remerciements. Il allait remercier chaque coureur et chaque membre du staff. Après ses victoires sur les grands tours, dès qu'on se retrouvait sur un *training camp*, il avait toujours un cadeau à offrir à ses coéquipiers et aux membres du staff. Pour Alberto, j'ai l'impression que ses coéquipiers étaient au même niveau que les gens du staff qui étaient aussi très très importants pour lui. Les chauffeurs de bus, les mécanos, les directeurs sportifs », témoigne Matteo Tosatto. Voici sans doute pourquoi certains de ses coéquipiers lui sont restés éternellement fidèles à travers les époques, dans les victoires comme dans les défaites. « Je trouvais ça remarquable comme attitude de toujours remercier ses coéquipiers et ne jamais manquer de reconnaissance. Parce qu'au final, Alberto Contador, c'est un gars simple, du peuple, ce n'est pas un mec très compliqué. Je crois qu'il donnait des cadeaux à ses coéquipiers et aux membres du staff », ajoute Julian Cerviño. « Contador a toujours été très fidèle envers ses coéquipiers. Jesus Hernandez n'a jamais été un grand cycliste, mais Alberto a toujours couru avec lui. Quand il a déménagé à Lugano, en Suisse, il a été vivre avec Hernandez pour avoir un ami avec lui. Il a toujours été son ami, car il venait d'un village proche du sien », atteste Carlos Arribas.

En fin de saison, Alberto Contador remporte son 4e Vélo d'or, un record[86]. En football, il serait Lionel Messi. Ou bien Johan Cruyff, si on parle d'élégance et de romantisme. Il prend la 2e place du classement UCI derrière Alejandro Valverde. Sept ans après son premier sacre sur le Tour de France et malgré une carrière heurtée par les épreuves, Contador parvient à se maintenir au top niveau mondial de la discipline. Une longévité exceptionnelle. « Je comprends que Contador soit l'idole d'une génération, parce que le charisme reste. C'est aussi quelque chose que Nietzsche a enseigné, la capacité d'oubli de l'humain et l'importance de la capacité d'oubli pour pouvoir agir. On peut oublier plein de choses et garder en mémoire ce qui nous intéresse. Et souvent, ce que l'on garde en mémoire, ce sont les émotions. Et souvent, on oublie le cadre de ses émotions et on ne retient que les émotions positives », nous livre le philosophe cycliste Guillaume Martin.

En 2015, pour sa cinquième saison dans la même équipe, Contador veut sortir de sa zone de confort et

86. Son premier poursuivant, Christopher Froome, a 3 Vélos d'or.

réaliser l'impensable : participer aux trois grands Tours. Il sait et sent la fin. Alors pourquoi pas. Une idée qui lui vient du patron de son équipe, Oleg Tinkov, un homme fantasque qui détonne dans ce sport aux valeurs ancestrales. « Oleg avait une forte personnalité et j'aimais ce mec. Je suis de République tchèque et il est Russe. Ce sont deux pays où les habitants ont une mentalité qui peut être similaire. Il ne tournait jamais autour du pot pour approcher un coureur et lui parler. Il allait toujours directement au point où il voulait aller et, pour certains, c'était dur de l'accepter. De l'autre côté, je pense que la partie latine du groupe a plus souffert de la manière dont Oleg abordait les choses, [...] une manière très frontale. Pour moi et Peter Sagan, c'était génial d'être avec lui. Parce que ça pouvait être tendu pendant quelques minutes, mais après, tout allait bien, tout était redescendu. Pour moi, ce n'était pas un problème », témoigne Roman Kreuziger.

Le milliardaire russe est même prêt à signer un chèque de 250 000 euros à Contador, Nibali, Froome et Quintana pour qu'ils jouent des coudes sur le Tour d'Italie, le Tour de France et, pour finir, le Tour d'Espagne. Pour l'aider, Oleg Tinkov entoure son leader de nouveaux coéquipiers de luxe : Peter Sagan, Ivan Basso et Robert Kiserlovski. L'idée est dans un coin de la tête de l'Espagnol durant plusieurs semaines avant de se rendre compte de la folie du projet et l'abandonner au début de la saison 2015. Contador vise le doublé Giro-Tour avec l'ambition de devenir l'égal de Marco Pantani, le dernier à l'avoir réalisé en 1998. « Pantani », premier surnom de Contador.

Deux jours avant d'accrocher le premier dossard de la saison, il fait une annonce fracassante : « Il est compliqué de se fixer une date lorsqu'on aime ce que l'on fait. Physiquement, je me sens très bien, mais il est vrai que les années passent et qu'il faut fixer une date. J'aimerais me retirer au sommet d'un podium. Je le déciderai rapidement, dans quelques mois. Avant le Tour de France, je crois. Cette année, il est sûr que je serai là, mais l'année à venir, je ne pourrai pas l'assurer. Ce sera peut-être ma dernière année », annonce l'Espagnol qui ne se voit pas courir après la saison 2016. Se retirer en étant au sommet. Le romantique Contador sur le podium du Tour qui s'en va en légende, ses supporters en rêvent.

Un rêve qui pourrait bien devenir réalité lorsque l'on voit la forme de Contador sur la Ruta del Sol, en Andalousie. Dès la première arrivée en altitude, il assomme la concurrence, dont Froome, après avoir profité du tempo d'Ivan Basso, son coéquipier, dans l'ascension finale. Le Britannique prend sa revanche dès le lendemain et chipe le maillot de leader à Contador. Dès le mois de février, les deux meilleurs grimpeurs de la planète se jettent corps et âmes dans un duel acharné : la suite de la saison s'annonce palpitante. « C'est une situation géniale pour la course et les supporters. Entre Alberto et moi, cela devient un grand duel. Vendredi, il a fini en tête et aujourd'hui, c'est moi », admet Froome. Contador s'incline sur cette Ruta del Sol, pour deux petites secondes. C'est en mai qu'il faudra impérativement l'emporter.

Sur Tirreno-Adriatico, en mars, pour sa première confrontation de l'année avec Nairo Quintana, pépite colombienne du cyclisme mondial, l'Espagnol est bien décidé à donner une leçon à la nouvelle génération. Lors de l'étape reine, arrivant au sommet du Terminillo, la condition physique est optimale, mais mère Nature décide de jouer un vilain tour au peloton. Les conditions sont dantesques, il neige dans l'ascension finale ! Contador tente, tant bien que mal, de s'accrocher à Quintana, mais il cède dans les derniers kilomètres. Rien d'alarmant, beaucoup de coureurs ont perdu pied à cause des conditions météorologiques. Cinquième de Tirreno-Adriatico puis 4e du Tour de Catalogne, Contador est satisfait de sa première partie de saison qui l'emmène au départ du prochain Giro. Oleg Tinkov l'est beaucoup moins et décide de se séparer de Bjarne Riis, manager de l'équipe depuis sa création, et personnage important dans les exploits sportifs de Contador.

Sur les routes italiennes, Alberto est entouré par sa garde rapprochée composée de Basso, Tosatto, Rogers, Kreuziger et Paulinho. Face à lui, son ancienne équipe, Astana, aligne deux coureurs capables de renverser Contador sur trois semaines : Mikel Landa et Fabio Aru. Avant même le départ à San Lorenzo Mare, les mots lâchés par les coureurs nous promettent un Tour d'Italie légendaire. « Ce Tour d'Italie était mythique. Pour reprendre les personnages un par un. Landa débarque avec ses interviews qui sont désarmantes de naïveté et de sincérité. Quand Landa pense qu'il va battre un coureur, il le dit, quand Landa pense qu'il va gagner une course, il le dit, et c'est très rare aujourd'hui. Ça lui vaut sarcasmes et agacement de la part des équipes par lesquelles il est passé. Pourtant, c'est un coureur qui a une sorte de limpidité dans le propos. Alors évidemment, Contador a dû être extrêmement énervé. Fabio Aru, pendant ce temps-là, est présenté comme le successeur direct de Vincenzo Nibali et même d'Ivan Basso. Et en fait, pour eux, tout Giro perdu est une catastrophe, ils n'ont pas de temps à perdre. Et là, il tombe sur un os de poulet dans le potage chaud du Giro. Et ça, ce n'était pas prévu », se souvient Pierre Carrey, journaliste à *Libération*. Contador ne le sait peut-être pas encore, mais ce Giro sera sa dernière tarentelle sur les routes italiennes. À lui, grimpeur de génie, de marquer la mémoire des tifosis.

14

ITALIE, MON AMOUR

Il primo amore non si scorda mai. Le premier amour ne s'oublie jamais. Pour la traduction.

Alberto Contador est un Espagnol qui aime le Tour de France pour sa dimension, importance historique et sportive.

Son amour pour le Giro et les tifosi semble plus profond, plus honnête. Plus intime. Plus italien. En 2008, l'Espagnol est en vacances sur les plages de Cadix lorsque Angelo Zomegnan, directeur du Tour d'Italie l'appelle pour qu'il participe, avec l'équipe Astana, à la prochaine édition du Giro qui commence quelques jours plus tard[87]. « Je me souviens que j'étais arrivé à la dernière minute,

87. Cf. chapitre 6, « Astana 2008 : doublé historique ».

tout était très pressé. L'accueil des fans et de l'organisation a été fantastique et c'était le début d'une romance, comme dans une relation. L'Italie, le maillot rose, ces choses ont toujours signifié beaucoup pour moi », confie l'intéressé à BeInSport.

2008 donc. Son premier Giro. Face à lui, la meilleure génération italienne depuis de nombreuses années. Danilo di Luca, Paolo Savoldelli et Gilberto Simoni, bien décidés à régner en maîtres. Les Italiens sont invaincus sur leur terre natale depuis 1996. Ce n'est pas un Espagnol, touriste andalou débarquant à l'improviste qui va stopper la série. Vous pensez bien.

Impréparation oblige, Contador rentre progressivement, pour ne pas dire gentiment dans sa course. Il résiste aux coups de boutoir des Italiens, se contente de suivre les attaques tranchantes de Riccardo Riccò. Il ne manque pas grand-chose au coureur de la Saunier-Duval pour renverser Contador, la présence de Leonardo Piepoli[88] dans la haute montagne aurait sûrement changé la donne. Sans jamais écraser la course, mais sans lâcher prise non plus, il se présente en rose au Duomo de Milan. Pour la première fois depuis Pavel Tonkov en 1996, l'Italie est privée de sacre. Cette nation d'artistes met ses ressentiments de côté et applaudit vivement Alberto. Il est comme eux,

88. Excellent grimpeur italien.

après tout, le nouveau Pantani, doivent-ils se dire. Des années après, Alberto dira que ce sacre était son plus beau succès sur un grand tour[89]. Italiens et Contador se flairent comme deux chiens en rut. Et tant pis si la Roja élimine la Squadra Azzura quelques semaines plus tard à l'Euro.

Trois ans se sont écoulés depuis le premier rendez-vous. C'est long trois ans, pour conclure. Englué dans l'affaire du clenbuterol, Contador revient sur le Giro, cette fois-ci en pleine possession de ses moyens. Ce Tour d'Italie, Contador l'écrase du début à la fin. Dès la première arrivée au sommet, les commentateurs de la RAI comparent la victoire de Contador au sommet de l'Etna à un numéro digne du grand Marco Pantani. Ah, s'ils pouvaient ressusciter le pirate, ces Ritals ! Ils le voient revivre à travers le coup de pédale d'Alberto. En 2011, Contador assomme la concurrence. Au Großglockner, il concède la victoire à José Rujano tel un dictateur qui laisse des miettes à son peuple affamé. Son unique moment de faiblesse ? Une 2e place au sommet du Monte Zoncolan derrière Igor Anton, un outsider sérieux pour le podium final à Milan. Rien ne lui résiste, même pas le chrono de 12 kilomètres qui rejoint le Nevegal. Maillot rose de leader, maillot violet de meilleur sprinteur, il offre la victoire

89. Lors d'une interview accordée à Cycling News.

à son ancien coéquipier Paolo Tiralongo au sommet du Macugnaga. « J'ai passé toute ma carrière à travailler pour les autres. Comme l'équipe m'a donné carte blanche, j'ai essayé de tout donner, mais cette fois pour mon compte. Avec Alberto, nous sommes amis, même en dehors du vélo, et nous nous respectons beaucoup. À 6 kilomètres de l'arrivée, il m'a dit “c'est le bon moment pour attaquer”. J'y suis allé et j'ai gagné. Une sensation merveilleuse. Quand Alberto m'a rejoint, il m'a encouragé. Je savais que c'était un ami. Il l'a prouvé », savoure le local. « Il a travaillé pour moi toute l'année passée et notamment dans le Tour. Il a joué un rôle important », justifie Contador. Tape là, mon pote ! Idéal aussi pour marquer des points. Alberto insère des pièces dans la machine.

— Alberto Contador, né le 6 décembre 1982 à Madrid. Tu es jeune et beau et tu laisses gagner nos enfants. Je suis la Botte, je t'aime et je viens te demander de m'aimer. Tu m'aimes, hein ?

« Lorsqu'il laisse la victoire à Paolo Tiralongo alors qu'il aurait pu gagner… c'était son ancien *gregario*. Tout le monde n'est pas capable de faire ça. Je trouve ça merveilleux. C'est des gestes de seigneur », loue Alexandre Pasteur. À Milan, malgré les polémiques qui l'entourent, il est chaleureusement félicité par une nation qui semble l'avoir adopté. « L'Italie a toujours pardonné aux coureurs qui étaient soupçonnés de dopage, aux dopés, même les grands dopés. Ce n'est pas comme l'Allemagne qui a refusé d'aimer le cyclisme car le dopage a affecté le cyclisme. Chez nous on pardonne, même des dopés énormes comme di Luca, Riccò et tous les autres. L'Italie a toujours aimé Contador, et l'a considéré comme Italien. C'est un latin. Il était supporté comme s'il était italien. Pour Contador ils étaient enthousiastes, c'est un coureur qui a toujours eu 95 % de soutien. Le public italien était enthousiasmé par les attaques. À l'époque, il était plutôt scénographique, avec son ancienne femme Macarena. Plutôt théâtral même, je dirais. En Italie, plusieurs supporters pensent que la question du clenbuterol, ce n'est pas très important, que c'était une revanche de quelqu'un. Quand il a gagné le Tour d'Italie, c'était un triomphe[90] », rapporte Marco Bonarrigo.

Tout cette histoire, que l'on peut qualifier d'amour, justifie pleinement la motivation de Contador au départ du Tour d'Italie 2015. L'Espagnol est acclamé par les Italiens, *latina connection*. Sa côte de popularité est la même qu'en 2011, les Transalpins n'oublient jamais les champions qu'ils chérissent. « En Italie, Alberto Contador est incroyablement populaire. J'étais sur le Tour d'Italie 2008

90. Entretien avec les auteurs.

et Alberto était très apprécié par les fans italiens. Et maintenant qu'il est dirigeant au sein de l'équipe Eolo-Kometa, il est encore plus populaire. Lorsqu'on courait dans les Dolomites ou dans n'importe quel massif montagneux, les gens acclamaient Alberto[91] », nous conte Matteo Tosatto. Des noces que Pierre Carrey, auteur de *Giro*, tente d'expliquer : « C'est un des seuls et uniques coureurs dans l'histoire qui n'a aucune défaite sur le Giro. À chaque fois qu'il est venu il a gagné. Il est aimé par le public italien, parce que ce n'est pas du tout le même public que le public français. Le public italien est pétri d'une morale catholique, de la faute, de la rédemption. Il aime par sa propre procession dans les cols absoudre les coureurs et leur donner une deuxième chance. Le public italien est parfaitement habitué aux coureurs qui ont fauté et qui ont triché. Le public italien est aussi un public qui est un peu plus connaisseur parce que l'épreuve se déroule en dehors des vacances scolaires. Lorsque l'on voit des personnes sur le bord de la route, on peut imaginer qu'elles ont de la passion pour le vélo. Le public passionné de vélo, qu'il soit italien ou autre, a quand même une forte tendance à pardonner. Même s'il passe des périodes orageuses violentes, le public a tendance à pardonner à la fin. C'est une sorte de happy end permanent de vélo. Il n'y a

91. Coéquipier de Contador lors du Giro 2015.

quasiment aucun champion qui arrête sa carrière en étant détesté. Ça n'existe pas. »

Autre explication, la tradition des *stranieri*[92] qui est assez ancienne. C'est la mise en scène de la vedette étrangère face au contingent de coureurs italiens. C'est écrit comme ça dans *La Gazetta dello Sport*, nous rappelle Carrey. « À l'époque où Contador met les roues sur le Giro, on est dans la bascule du World Tour et on est dans une période où le Tour d'Italie est en train de devenir l'égal du Tour de France. Une course très internationalisée avec un organisateur puissant. On a beaucoup moins de problèmes organisationnels qui ont fait le folklore du Tour d'Italie. Mais prévaut à cette époque-là le récit de l'étranger face au contingent italien. Les interviews sont chauffées au fer blanc avant la course. Les Italiens disent qu'ils vont se le payer. Il vient sur le Giro et il gagne, mais ce qui est curieux c'est qu'il l'a déjà fait deux fois et qu'il risque de le faire une troisième fois. »

Dès la première étape de ce Tour d'Italie 2015, Contador prend la mesure de ses adversaires lors du contre-la-montre par équipes. Sa formation, composée d'excellents rouleurs, prend 6 secondes à l'équipe Astana. La guerre psychologique est lancée. La première étape de

92. Étrangers en italien.

moyenne montagne donne le ton. Ils ne sont que douze coureurs à franchir la ligne d'arrivée à la Spezia dans le même temps et certains outsiders sont déjà largement distancés. Astana donne une première information. Mikel Landa étant arrivé dans un second groupe, Fabio Aru prend le leadership de la formation kazakh. Contador, de son côté, peut souffler. Roman Kreuziger termine dans le groupe des favoris et il montre que sa condition physique est optimale. Pour l'instant, tout va bien entre les deux hommes.

Les choses se corsent dès le lendemain en direction d'Abetone, en Toscane. Ils ne sont que deux à suivre le rythme de Contador lors de la première étape de montagne. Fabio Aru, Alberto Contador et Richie Porte terminent à 1 minute 30 de Jan Polanc, vainqueur de l'étape, et s'installent sur le podium. Contador en rose. Aru l'Italien en deux. Deux Italiens aux deux premières places. *Olé !*

Du rose et du rosé à Milan. Pas encore. *Tranquilo,* aurait soufflé Miguel. *Calma,* aurait ordonné Gallopin. Alberto est une nouvelle fois rattrapé par la polémique. Mario Cipollini, ancien champion du monde de cyclisme, est invité sur le plateau de la RAI[93]. Il s'en prend au nouveau maillot rose et le suspecte d'avoir changé de vélo

93. Principale chaîne de télévision publique en Italie.

lors de l'étape pour terminer avec un vélo à moteur. « La mèche est allumée par Mario Cipollini sur le plateau d'une émission qui a longtemps été connue pour être un règlement de comptes généralisé. Un lieu d'invectives et surtout un prolongement théâtral de l'étape. C'était une émission sur la RAI. Cipollini insinue de manière très lourde que Contador a utilisé un moteur. Il y a eu plusieurs problèmes, Mario Cipollini est assez disqualifié à ce moment-là pour être un lanceur d'alerte, parce que Cipollini traversait une mauvaise période où il était poursuivi pour violences conjugales ; Cipollini a très mal fini. Il n'est pas impossible que Cipollini ait voulu aussi faire un coup et se rappeler au souvenir des fans de vélo par des déclarations détonantes. Pour autant, il n'est pas impossible qu'un membre de l'organisation lui ait fait part de deux, trois observations. En repassant les films, on se rend compte que Contador change très souvent de vélo. Il faut par ailleurs croiser les images TV et croiser avec les déclarations d'après-course. Contador crève souvent, souvent même avant les ascensions de cols importants. Là, en effet, il peut y avoir une coïncidence. Mais son directeur sportif, Bjarne Riis, est celui qui cornaquait Fabian Cancellara en 2010 lorsqu'il fait le doublé Tour des Flandres-Paris Roubaix. Le fameux doublé entaché par le soupçon très fort de vélo à moteur. C'est là que naît la légende des vélos à moteur et forcément, s'il y a Riis derrière, disons que ça vient renforcer la théorie du complot. Certaines images prises isolément sont troublantes, mais la corrélation qu'on peut faire entre elles n'a pas force de vérité. C'est difficile de rester avec un point d'interrogation. Du point de vue juridique, il est innocent, du point de vue de l'histoire, il y a ce point d'interrogation qui lui pèse sur les épaules », analyse Carlos Arribas.

Marco Bonarrigo et Nicolas Geay se sont intéressés au sujet quelques mois plus tard. « À la fin de sa carrière, avec Nicolas, on s'est occupés de certaines questions mécaniques et notamment des questions liées à son dernier Giro gagné. On a montré des vidéos, des faits, certains changements de roues qui étaient douteux lors de l'avant-dernière étape du Giro, avec son mécano Faustino Munoz. On a publié ça. L'équipe de Contador nous a un peu menacés. On a invité l'équipe Saxo en leur disant qu'on avait trouvé des éléments vidéos un peu étranges. On voulait en parler avec eux, mais on n'a jamais eu de plainte ni de réponses. Là aussi on est dans le flou. Si tu n'as rien à te reprocher tu dois répondre », témoigne le journaliste italien.

Aucune situation n'est éternelle, même pas les bonnes. Contador est bien décidé à prolonger ce moment d'amour et de romantisme. Ce sera le dernier. Lors de la sixième étape de ce Giro 2015, l'Espagnol chute et souffre d'une luxation à l'épaule et au genou gauche. Foutu ciel, qui aime tant se poser sur son crâne. Les 264 kilomètres de l'étape du lendemain entre Grosseto et Fiuggi sont déterminants pour la suite du Giro. Les nuages ne sont pas assez épais pour l'empêcher de poursuivre son rêve. « Je suis surtout content d'en avoir terminé. J'ai vraiment eu du mal, mais les choses se sont améliorées lentement. Après trois heures et demie, quatre heures de course, je ne savais pas trop où mettre le bras. C'était inconfortable. J'ai hâte de rejoindre l'hôtel pour pouvoir mettre de la glace sur l'épaule et me reposer. J'espère que ça va s'arranger au fil des jours. Campitello Matese ? Ce sera une journée compliquée pour moi. Cette journée aurait pu me permettre d'attaquer mais, là, je vais surtout penser à défendre », rassure Contador. Des paroles qui réchauffent le cœur des Italiens, alors qu'il s'agit du concurrent principal de Fabio Aru. Contador est adulé par les Transalpins, comme pouvait l'être Eddy Merckx à sa grande époque. Bruno Raschi, grand journaliste de *La Gazetta dello Sport*, se souvient d'une scène en Sicile, lors d'un Tour d'Italie remportée par Merckx, où le Belge provoquait des scènes d'adulation dans le public : « J'ai cru que j'avais rajeuni de vingt ans et que nous étions revenus au temps de Fausto Coppi. J'ai vu des gens s'agenouiller sur le passage de Merckx et s'incliner en frappant le sol des deux mains dans un geste qui m'était familier à l'époque de Coppi[94]. » Les Italiens aiment les coureurs à fort caractère, comme Contador, comme avant lui Bernard Hinault. « En fait, les tifosi encouragent tous les coureurs italiens et les *stranieri* s'ils se comportent en champions ! Regardez Hinault ! Dans les Dolomites, les tifosi criaient "Bernarino ! Bernarino[95] !" »

Après une semaine de course, Contador en rose est handicapé par de légères douleurs, mais l'ambiance au sein de l'équipe est au beau fixe. Matteo Tosatto s'occupe de replacer Contador dans le final des étapes de plaine. « Mon rôle lors des grands tours était de supporter Alberto lors des étapes de plaine. Ou lorsqu'il y avait du vent dans les étapes qui pouvaient être piégeuses. Je pouvais aussi l'aider lorsqu'il y avait des tentatives de bordures et des secteurs pavés. Je m'arrêtais aussi lorsqu'il avait besoin d'être remonté dans les voitures après une crevaison ou un ennui mécanique. Je roulais à l'avant du peloton dès le début de l'étape, puis mon dernier rôle était d'épauler Alberto jusqu'aux trois derniers kilomètres sans prendre aucun risque, puisque s'il y avait un incident après les trois derniers kilomètres, il serait dans le même temps que les premiers. Alberto avait énormément de confiance en moi lors du final des étapes. Surtout lorsque le final de l'étape

94. William Fotheringham, *Le Cannibale*, Talent Sport, 2017.

95. Christian Laborde, *Le Roi Miguel*, Stock, 1995.

était assez piégeux. Pour moi, ce n'était pas dur d'accompagner Alberto lors de ses trois victoires sur les grands tours, parce qu'il était toujours devant dans le peloton et il n'était jamais derrière nous, ça nous rendait le travail plus facile. » Roman Kreuziger garde, lui aussi, d'excellents souvenirs de sa collaboration avec Alberto durant cette période : « Avec le groupe de coureurs en qui il avait le plus confiance, il était très ouvert. Il passait du bon temps avec eux même après les étapes. Il venait discuter avec eux dans les salons, dans le jardin, ils parlaient de la famille et ils s'amusaient. Il était très ouvert et il savait beaucoup de choses sur nous. Il voulait toujours savoir comment ça se passait à la maison et si on avait un problème personnel, il voulait absolument nous aider. Il était toujours à fond dans chacun des détails de nos vies, pour être sûr que, quand on montait sur le vélo, on était à 100 %. » La route est encore longue, mais le chemin semble bien tracé.

Fabio Aru malmène Contador. C'est tout. Il grappille une seconde à San Giorgio del Sannio, mais il lui en manque trois pour devenir leader. Le troisième larron, Richie Porte, connaît de nombreuses mésaventures et devient rapidement un adversaire sans importance pour la victoire finale. L'écart entre Contador et Aru grimpe légèrement après l'arrivée au Monte Berico, où l'Espagnol reprend une dizaine de secondes à l'Italien. Les coureurs sont au coude-à-coude durant une semaine et la moindre erreur peut coûter cher. La première est commise par Contador, pris dans une chute collective dans le final de la treizième étape. Après l'arrivée, la joie qui régnait dans le clan Tinkoff laisse place à une certaine morosité. L'Espagnol perd le rose et se dit préoccupé par un coup reçu à une jambe, à la veille d'un contre-la-montre décisif. Il sait que la douleur peut vite se dissiper, il sait aussi que son corps n'est plus de première main. Chaque jour est une surprise et une possibilité. Contador *finito* ou Contador toujours pistolero ? Sur les 59,4 kilomètres du contre-la-montre qui emmène les coureurs à Valdobbiadene, il atomise la concurrence et colle quasiment 3 minutes à Fabio Aru. « Tout est difficile avant de devenir facile. » Thomas Fuller divulguait la formule Alberto Contador. Souffrir puis vaincre.

À cinq jours de l'arrivée, après deux étapes remportées coup sur coup par Mikel Landa, Aru dégringole et son retard frôle les 5 minutes. Lors de l'ascension du Mortirolo, à 40 kilomètres de l'arrivée de la seizième étape, Contador écœure la concurrence en remontant les coureurs les uns après les autres alors qu'il avait 50 secondes de retard au pied du col à cause d'une crevaison. Un exploit semblable à celui réalisé par Marco Pantani – encore lui ! – vers le sanctuaire d'Oropa lors du Tour d'Italie 1999. « L'étape a été très compliquée. On s'est retrouvés dans une situation critique. Le cyclisme, ce n'est pas les mathématiques : j'ai eu une crevaison dans la descente d'Aprica, et Ivan Basso[96] m'a donné sa roue. Mais, devant, ça roulait à pleins gaz et c'était impossible de revenir tout de suite. Toute l'équipe m'a attendu et on y est allés à fond. J'étais déjà à 400 watts avant de commencer la montée du Mortirolo. C'est déjà dur de gagner un grand tour quand tout va bien, mais quand la malchance s'en mêle… Je n'ai pas perdu mon calme. Kruijswijk a fait un travail incroyable. Il était le plus fort de l'étape. Dans des conditions normales, il aurait dû gagner. Je n'oublierai jamais l'émotion de cette journée, ce sont des étapes dont l'on se souvient. À la Pantani ? Ça me donne la chair de poule d'entendre cette comparaison. Landa ? Chacun fait sa course, chaque équipe a sa stratégie. Je respecte. »

Contador est en rogne. L'attaque des coureurs de l'équipe Astana lui reste en travers de la gorge. « Frère, ils ont réveillé la bête. Demain, ils verront l'enfer », annonce Contador à son compagnon de chambre, Ivan Basso. Le lendemain, Alberto vole, vole, revole et s'envole. Il marque les esprits et distille des histoires pour cent ans. Il voit l'arrivée de la dix-septième étape se terminer chez lui

96. Coéquipier de Contador et double vainqueur du Giro (2006 et 2010).

à Lugano, en Suisse, où il réside désormais avec sa famille. Alberto remet le bouquet du porteur du maillot rose à sa femme, Macarena. Boosté après avoir côtoyé l'être aimé durant quelques heures, Contador est intenable. Personne ne peut lui reprendre ce rose accroché à lui comme on s'agrippe au précieux. Avant les deux dernières étapes de montagne, il se lance dans un énième raid solitaire d'une quarantaine de kilomètres pour reprendre du temps à ses adversaires. Pour quoi faire, lorsque l'on voit le programme des jours suivants ? Contador s'amuse avec la rivalité, comme il se marrait jadis avec les canaris et les oiseaux. Taquin, le fils de Paquita !

Il laisse Aru s'envoler lors de l'antépénultième étape pendant qu'il marque Mikel Landa à la culotte. Le leader de la Tinkoff a choisi son dauphin, et il sera italien.

— Oui, Italie, je t'aime, hein.

L'hégémonie n'a pratiquement jamais contaminé Contador. Il n'est pas Indurain. Encore moins Merckx. Ses grands tours sont des batailles. Le Madrilène est frappé par la foudre lors de l'ascension du terrible Colle delle Finestre, une montée inhumaine de 18,5 kilomètres avec des revêtements de terre en deuxième partie. « J'ai vite compris que je n'étais pas dans un grand jour même si j'en ai connu des pires », reconnaît Contador qui est distancé à moins de 3 kilomètres du sommet. Esseulé, il doit maintenir l'écart avec les deux coureurs Astana qui s'envolent en tête de la course. Durant 30 kilomètres, il se bat comme un beau diable pour limiter la casse. En l'espace de deux jours, son avance sur Fabio Aru est passée de 6 minutes 05 à 2 minutes 02. Des batailles, on vous a dit. Alberto Contador remporte un nouveau Tour d'Italie, son septième succès en grand tour.

Nouveau triomphe, mais début des frictions au sein de la Tinkoff. Roman Kreuziger, le coéquipier le plus important de Contador en haute montagne se souvient parfaitement de cette dernière semaine en Italie. Il dépeint l'ambiance. « Nous avions une bonne équipe, puisque cette année, il y avait aussi Ivan Basso avec nous. Nous avons préparé ce Giro en sachant qu'Alberto Contador pouvait le gagner. Mais nous savions aussi que nous aurions une forte concurrence face à nous avec Fabio Aru et Mikel Landa, qui couraient chez Astana. On a essayé de courir le plus intelligemment possible et gérer la situation du mieux possible. Le dernier jour, il a été dit que nous n'avions pas une grande équipe et qu'Alberto a gagné la course tout seul, mais si vous regardez bien, nous avons couru en équipe et réussi des choses en équipe et Alberto a fini le job parfaitement. Bien sûr, il avait le travail le plus dur à faire, puisque parfois dans le final, il était isolé, parce que nous avions travaillé avant. En 2015, lors des étapes de montagne, je pense qu'Alberto avait déjà commencé à changer un peu. Il n'avait plus pleinement confiance en l'équipe comme cela avait pu être le cas en 2013 et 2014. Parfois, même si on était là, moi, Michael Rogers, Sergio Paulinho, Jesus Hernandez et Ivan Basso, on était censés l'aider en assurant le rythme en tête du groupe, mais il décidait d'attaquer. Cela a été une surprise pour nous à ce moment-là, mais c'est un compétiteur et il a un instinct de compétiteur. Il ne voulait pas courir après les victoires finales sur les grands tours, mais pour chacune des victoires qu'il pouvait obtenir. Parfois, cela ne respectait pas le plan qui avait été établi, mais c'était super d'arriver à Milan et de célébrer le maillot rose avec lui. »

Trois Giro et trois fois un Italien pour dauphin. « Il faut considérer qu'à l'époque, il battait en Italie des coureurs déjà dopés ou qui allaient le devenir. Donc c'était une guerre entre coureurs au même niveau. On avait pas de coureurs propres à l'époque, avec des di Luca – disqualifié à vie –, avec Riccò, Leonardo Piepoli, on parle de coureurs 100 % dopés. Donc ce n'était pas la bataille entre Contador et un jeune coureur pur propre italien. En Italie, en Espagne, on oublie toujours. Les Italiens ont une vision romantique du cyclisme », rapporte Marco Bonarrigo. Les mauvaises langues en profitent pour dénoncer le manque d'adversité et donc une légitimité moindre de ses victoires de l'autre côté des Alpes. « Le premier qu'il a gagné, c'était contre Riccardo Riccò, il paraissait imbattable et il l'a gagné sans le préparer, parce qu'il était en vacances à la plage et ils l'ont appelé la veille. Sans gagner aucune étape, il a gagné par pure régularité. Le Giro 2011, il n'y avait pas de grands rivaux. Scarponi, Rujano... il a eu une totale maîtrise, tant tactiquement que physiquement. Pendant l'étape de l'Etna, il les a tous laissés sur le carreau. Sur le Giro 2015, il a gagné grâce à Ivan Basso qui a été un excellent équipier, et surtout parce qu'ils ont freiné Landa, sinon il était pour Landa. Les rivaux, c'est pareil pour toutes les courses : en face, il y a ce qu'il y a. On ne peut pas dire que Nibali ait gagné le Tour 2014 parce que Froome et Contador ont chuté et parce que Quintana n'était pas là. Il a gagné et c'est tout. Ce n'est pas juste de dire qu'il n'y a pas une grande concurrence », leur rétorque Carlos Arribas.

Marco Bonarrigo va aussi dans ce sens. « Le niveau en 2015 de Contador était mieux que 2008-2009, mais on n'était pas au niveau de Froome sur le Tour de France, par exemple. C'était un coureur plus tranquille, plus mûr, bien entraîné, qui a dominé le Giro d'un point de vue psychologique. C'était un grand champion. Il prend le maillot rose grâce à une action importante. Lors du Giro 2011, je me souviens de l'étape de l'Etna quand il est parti avec Scarponi. Il l'a dépouillé dans les quatre, cinq derniers [kilomètres] de l'ascension. À la fin de l'étape, tout le monde était assommé parce qu'il avait cette faculté à impacter la course dès le début. Il montrait une maîtrise tellement énorme qu'on savait qu'après cette étape, il fallait lutter pour la 2e place. On ne pouvait rien faire. Il avait un contrôle, une sorte de magnétisme sur la course. Il faut aussi lui reconnaître une aura mythique. Quand tu parlais avec les autres coureurs et que tu leur disais que le grand Contador, à l'époque où il était le seul grand coureur du cyclisme, allait faire le Giro, cela jouait dans la tête de ses adversaires. Cela fait trente ans que je suis le vélo, j'avais vu un peu ça chez Indurain au début. Quand il arrive sur la ligne de départ, c'est quelqu'un qui dégage une puissance, l'idée de domination. En trente ans de carrière j'ai vu peu de coureurs comme lui. »

« Mais le problème du Giro, c'est que c'est une course qui vous met des bâtons dans les roues. Pas tant à travers les adversaires au départ, mais à travers les circonstances de course, comme les alliances entre coureurs. Évidemment, des alliances contre nature. Que ce soit par des surgissements de protagonistes qui n'étaient pas attendus. Vous évaluez Bruseghin à la lumière de son palmarès, mais le Bruseghin de cette année-là, il est tout simplement monstrueux. Il est *surgonflé*, c'est une créature. Amador en 2015, c'est parce qu'il est très fort. Il y a quand même beaucoup de coureurs qui jettent leur va-tout sur une seule épreuve. Au demeurant, il y a encore une impréparation chez beaucoup de coureurs lorsqu'ils vont sur le Giro. C'est ce qui fait son charme aussi. C'est ce qui fait qu'il y a encore beaucoup d'échappées, c'est ce qui fait qu'il y a encore des petites équipes et des petits coureurs. Depuis deux, trois ans, il n'y a plus tout ça et c'est d'ailleurs préjudiciable au spectacle. Mais en ce temps-là, il y a des coureurs qui étaient encore appelés à la dernière minute, dans la dernière semaine. Des coureurs qui étaient appelés en remplacement. En général, il ne faut pas prêter une grande attention au résultat. Il y a un coureur supplémentaire, explosif qui peut gagner deux ou trois étapes, mais qui est tellement limité en CLM qu'il va terminer 7 ou 8e. Le coureur à grand spectacle, ça existe, mais en général sur le Giro, il faut se concentrer uniquement sur les deux premiers ou les trois premiers, mais pas au-delà. Ça n'a pas de grande valeur », ajoute de son côté Pierre Carrey. L'unanimité n'existe pas.

Un succès reste un succès et Contador n'a jamais perdu sur les routes du Giro. Invincibile Contador, crient les Tifosi, pour qui il est bien Achille, fils de Pelée. En remportant un troisième Giro, l'Espagnol égale le célèbre Felice Gimondi qui avait réussi cet exploit lors d'une période dominée par l'hégémonique Eddy Merckx.

Felice Gimondi, ce champion si particulier, adulé par le père de Miguel Indurain : « Gimondi, c'était la classe ! Quelle élégance, Gimondi ! Je l'ai vu à Pampelune, au départ d'une étape de la Vuelta ! C'était en 1968, tu avais 4 ans, et cette année-là, Gimondi a remporté la Vuelta », racontait Miguel à Miguel fils.

Après quelques jours de repos, Contador prend le chemin de la France où il surfe sur son excellente forme du moment pour décrocher la Route du Sud devant Nairo Quintana. Le Colombien est en pleine préparation alors que l'Espagnol est au top de sa forme. Pour l'instant. Les courbes doivent s'inverser et c'est logique. Alberto met toutes les chances de son côté et adopte une vie monacale en juin. Repos, massages, alimentation. Tout est sous contrôle. Alberto le moine est confiant à la veille du Tour. Sa mère l'aurait préféré dans un monastère ou un couvent, c'est certain.

Le leader de la Tinkoff-Saxo fait peur à ses adversaires. « Je pense que ce sont Nibali et Contador les favoris du Tour de France. En tout cas mes adversaires les plus dangereux. Alberto a pour objectif le doublé Giro-Tour. Et je pense qu'il peut le faire. Quant à Chris Froome, il est peut-être un peu derrière les deux autres, mais je ne le mets pas de côté. Mais bien sûr, je roulerai pour la gagne.

Je me suis bien préparé comme toujours. Le parcours me plaît. Il y a des étapes compliquées, je me suis préparé pour bien les passer. Cela devrait être un très beau Tour de France », déclare Quintana. Alberto fait toujours peur. Bon ou mauvais, en jambes ou éreinté, il est un homme de spectacle né pour mettre à mal les stratégies adverses.

Contador se loupe sur le contre-la-montre inaugural, il est devancé par la grande majorité des favoris. Rattrapé le lendemain en suivant les ving-trois coureurs qui ont pris place dans une cassure. Grâce à cela, il reprend plus d'une minute à Vincenzo Nibali, Nairo Quintana, Thibaut Pinot et Romain Bardet. Excellent coup tactique. Le début du Tour de France est positif, mais Contador se heurte à un os, Christopher Froome, qui prend le maillot jaune dès le troisième étape au sommet du mur de Huy. Alberto et Chris, après Alberto et Andy. Mais l'Anglais est plus fort, plus accompagné, plus clinique que le Luxembourgeois. Et le moine a vieilli. Lors du contre-la-montre par équipes, les coureurs de la Tinkoff-Saxo résistent plutôt bien face aux grosses armadas de rouleurs, et après neuf jours de course, Contador est 5e du classement général. Une minute d'avance sur la plupart des grimpeurs. Une de retard sur le monstre de la Sky. Retenez ce que vous voulez et faites vos jeux. Et avant de miser, n'oubliez pas que le ciel ne laisse jamais tranquille Contador sur les routes du Tour.

Ivan Basso, l'ami, abandonne. Il souffre d'un cancer des testicules, découvert lors d'un examen médical pratiqué en marge du Tour de France. Cette mauvaise nouvelle est couplée à une fatigue grandissante, un cocktail négatif qui coûte cher à Alberto lors de l'arrivée de la Pierre-Saint-Martin. Asphyxié par le rythme imposé par les Sky, Contador n'est pas en mesure de suivre Froome lorsque ce dernier se dresse sur les pédales à 6,5 kilomètres de l'arrivée. L'addition est salée, Contador arrive avec 2 minutes 51 de retard. Son débours au général après la première arrivée au sommet est de 4 minutes 04, le rêve du doublé Giro-Tour est aux oubliettes.

À Cauterets, au plateau de Beille et à Rodez, Contador termine dans le groupe maillot jaune mais n'est jamais en capacité de renverser la course. Dans l'ascension du plateau de Beille, il tente de se lier avec Quintana et Nibali pour faire craquer Froome, solidement attaché à son maillot jaune. Une bonne volonté insuffisante. Le vainqueur des Tours de France 2007 et 2009 n'est jamais parvenu à prendre plus de vingt mètres au maillot jaune. Il aura au moins tenté, comme d'habitude. La Tinkoff-Saxo se rassure avec le succès d'étape de Rafal Majka lors de la onzième.

L'attaquant profite de l'arrivée au sommet de la côte de la Croix Neuve pour reprendre la 5e place à Geraint Thomas. Ce top 5 devient l'objectif de circonstance, surtout que Sean Yates, directeur sportif de l'équipe, est exclu par l'organisation du Tour de France après que l'un de ses mécaniciens a décidé de jeter un bidon sur une moto de télévisions. Les mauvaises nouvelles s'accumulent sur les routes de France. Alberto Contador préfère l'Italie, de toute façon.

Lors de l'étape de Pra-Loup, dans le sud des Alpes, l'Espagnol se lance dans les grandes manœuvres et démarre à 70 kilomètres de l'arrivée. Le vainqueur du Giro fait des dégâts et tient tête à ses adversaires dans le col d'Allos. La descente est réputée comme étant assassine. Pinot chute et… Contador termine à terre dans les instants qui suivent. La sorcière aux dents vertes l'a encore pris dans ses bras.

À l'arrivée, son retard est conséquent, il vient de céder deux nouvelles minutes à ses adversaires. Sa chute vient de condamner ses chances de podium. Contador a remporté le Giro, de toute façon.

Dans le col de la Croix de Fer, lors de la sixième étape, Geraint Thomas, 4e du classement général se fait distancer, Contador se rapproche du podium, plus qu'une place. *¡ Vamos Alberto, vamos !*

C'est un grand non. Le refus vient d'Italie. Le « Requin de Messine », Vincenzo Nibali, dans une forme olympique, remporte l'étape et double le chouchou de son pays au classement général. Retour à la 5e place. À l'arrivée sur les Champs-Élysées, Christopher Froome remporte officiellement son deuxième Tour de France, son troisième grand tour. Contador prend la 5e place et son retard frôle les 10 minutes. L'Espagnol clôture sa quatorzième saison chez les professionnels et son corps commence à ressentir la fatigue extrême d'une saison qui l'aura vu tenter l'impossible. Impérial sur le Giro, en difficulté sur le Tour, Contador ne peut plus se permettre de rêver trop grand. Chaque âge a ses plaisirs, mais la jeunesse garde tout pour elle. Contador aime infiniment l'Italie, mais rêve encore de France. Il tentera, de toute façon.

15

AU CRÉPUSCULE D'UNE ICÔNE

Cette fois-ci, ce sera le Tour. Avec Contador, les années suivent et le programme se ressemble peu ou prou, avec une variable. Et non des moindres. L'accent sera-t-il porté dans un premier temps sur le Giro, ou bien uniquement sur la Grande Boucle ?

Le héros souffre de ne plus dominer. *Querer es poder*, oui, tant que la gagne est dans la ligne de mire. Cinquième du dernier Tour de France, Alberto n'est ni le plus aérien ni le plus armé, et tout simplement pas le plus fort. Depuis quelques années déjà, et malgré un panache et un style qui le conservent tout en haut des athlètes de la petite reine. Son dilemme est cornélien. Ne pas faire l'année de trop, s'arrêter quand il en est encore temps, mais ne pas rester sur un échec. Point de concordance difficile, voire impossible à trouver pour un sportif de haut niveau.

Maradona, Merckx, Federer et tous les autres n'ont-ils pas connu la déchéance, après la gloire ?

« Il me reste deux ans », déclarait-il dans les colonnes d'*El Mundo* début 2015. Alberto en a 33 et ses plus belles pages sont derrière lui. Mis en échec sur les routes de France l'an dernier, plus question pour lui de tenter un hypothétique doublé italo-français. Le surdoué, à qui il reste le romantisme, se refuse également de finir comme son aîné Bahamontes. Le mythe, âgé de 94 ans à l'heure où sont rédigées ces lignes, avait abandonné lors de son ultime Grande Boucle en 1965, au lendemain d'une dernière banderille déposée dans le col de Portet-d'Aspet. « Imaginez que je tombe sur le Tour 2016. Je n'aimerais pas finir de cette manière », complète Contador. Après le Tour, les Jeux olympiques sont aussi cochés dans l'agenda. Équipier modèle en 2008 et privé de 2012 pour suspension, il n'a jamais levé les bras sous la *bandera* espagnole et compte bien profiter des plages de Rio pour parfaire son palmarès et sa légende.

Non loin des terres originelles de ses parents, à l'Alto do Malhão, Contador dispense d'entrée de saison une piqûre de rappel à ses concurrents du jour, dont fait partie Thibaut Pinot. « Contador était imbattable aujourd'hui. » Alberto dégaine lors de la cinquième étape du Tour de l'Algarve, après une attaque dans le dernier col. Le message est distillé. Quelques mois de rab pour le vélo avec son partenaire de danse favori, quelques instants supplémentaires pour les rivaux avec leur imprévisible élément perturbateur.

Pas favori, et donc moins calculateur dans les scénarios de course, Alberto peut faire le spectacle. Son registre préféré. Contador la menace permanente. Il va attaquer, mais quand ? Où ? Comment ? À la tête de la formation américaine Trek-Segafredo, son ancien manager, Alain Gallopin, donne le secret à ses coureurs. Il nous confie. « Je leur disais que s'il n'a pas attaqué avant 5 kilomètres, c'est qu'il n'est pas bien. Vous pouvez l'attaquer (*rires*). Alberto, son défaut, c'était parfois d'attaquer trop tôt. En montagne, je leur disais de bien regarder Alberto et que s'il n'attaquait pas à 5 kilomètres de l'arrivée, ils pouvaient y aller, c'est qu'il était moins bien. »

Peu de changements au sein de l'effectif de la Tinkoff. Autour du champion figurent toujours Majka, Paulinho, Tosatto, Kreuziger, Hernandez et compagnie. Les remous concernent plutôt la direction. Saxo Bank a mis fin à son partenariat avec l'équipe et Oleg Tinkov a annoncé son intention de la revendre en fin de saison. Lui aussi rêve de quitter le monde du vélo titré, mais le courant ne passe pas avec Alberto. Les deux personnalités sont opposées. Le milliardaire russe, fantasque et imprévisible d'un côté, l'Espagnol plutôt réservé de l'autre, que le premier qualifiera dans une interview de « triste personnage ». Tinkov préfère Sagan, plus volcanique et amusant. « Tinkov était un psychopathe. C'est un personnage du type Trump ou Poutine. Il est inqualifiable. La période que l'on a passée dans cette équipe était un déshonneur pour nous, pour tous les membres de l'équipe. On a fait de notre mieux, mais c'était une honte, et la plus grosse erreur d'Alberto de sa carrière a été de prolonger avec l'équipe Tinkoff. Je me souviens qu'il avait prolongé chez eux lors d'un Tirreno-Adriatico, Tinkov voulait prolonger Alberto, Riis devait rester le manager. Au même moment, il prolonge Alberto et il vire Riis. À partir de là, c'était le désastre absolu », raconte Jacinto Vidarte. Alberto, tout sauf un maître pour se faire des amis.

Geraint Thomas est l'adversaire de ce début 2016. Le grimpeur rouleur britannique de la Sky l'avait déjà devancé au Portugal, il récidive sur Paris-Nice pour seulement 4 secondes, et malgré un Contador fidèle à lui-même. La dernière étape voit l'ancien secouer le plus jeune dans tous les sens. Le maillot jaune ne sait plus où donner de la tête, meurtri par les attaques à répétition de Luis Ocaña. Pardon, d'Alberto Contador. Le Pistolero attaque à 45 kilomètres de l'arrivée en solitaire, se fait reprendre, puis en remet une dans le col d'Èze. Il faut à

Thomas une qualité remarquable de descendeur et l'aide précieuse de Sergio Henao pour conserver de justesse sa place de leader. « C'est vraiment un grand champion et il fait beaucoup de bien au cyclisme », avoue Romain Bardet à l'arrivée. « Il a sans doute compris qu'au-delà du résultat, qui était important, c'était l'émotion permettant d'acquérir ce résultat qui comptait vraiment. Quand on commence à avoir un certain palmarès, ce qui compte, c'est l'émotion qu'on a procurée et qu'on a eue soi-même. L'émotion, elle arrive plus facilement par l'action plutôt que dans des plans un peu froids, aseptisés et préparés à l'avance comme Lance Armstrong. Tout était calculé et on gagnait, mais on ne transmettait pas grande émotion. Finalement, Armstrong était heureux de gagner tous ces Tours de la manière dont il a gagné ? C'est une question qui se pose », enchérit Guillaume Martin. Dans les cœurs, Contador a gagné.

Les secondes sont têtues. Elles vous servent ou vous desservent selon les circonstances. De Nice à Barcelone, elles sont encore une poignée à priver Alberto de victoire. Sept secondes, et c'est Nairo Quintana qui triomphe au Tour de Catalogne. Quintana, l'anti-Contador ? « Quand Nairo n'attaquait pas, ce n'était pas parce qu'il se réservait, c'était soit parce qu'il n'était pas assez fort, soit qu'il n'avait pas confiance en ses capacités. Tu ne peux attaquer chaque jour, parce que finalement, tu risques le plus souvent, tu risques davantage de tout perdre que de gagner le plus souvent, tu risques davantage de tout perdre que de gagner », admet José Luis Arrieta, son manager à la Movistar. Alberto préfère tout perdre que de finir 2e, lui rétorque-t-on. Confirmation une semaine plus tard au Tour du Pays basque. Contador prend sa revanche sur Sergio Henao qui l'avait privé de Paris-Nice en facilitant la victoire de son coéquipier Geraint Thomas, et s'adjuge pour la quatrième fois la course, record qu'il partage avec José Antonio González Linares, souverain régional des années soixante-dix. Vainqueur du chrono final de 16,5 kilomètres aux pentes difficiles, Contador devance le Colombien de la Sky de 12 secondes. Ces dernières ont retourné leur veste. *¡ Olé !*

« Les fans étaient fous aujourd'hui lors du contre-la-montre. Je considère que les supporters basques sont probablement les meilleurs au monde, et depuis mes années d'amateur, j'ai des liens étroits avec cet endroit. »

— *Pinteño*, ô banlieusard. Ici Federico, depuis Tolède. Je suis avec Miguel, qui est venu de Pampelune. Nous avons convoqué Luis, depuis là-haut. Toi et ton panache, jeune enfant, tu nous fais tant d'ombre dans le cœur des nôtres. Continue, pour l'amour de Dieu. Continue. Tant que tu es là, nous sommes là aussi.

Troisième, deuxième, deuxième, premier. *El Plan*, dirait son ami Fernando Alonso. Un début de saison proche de l'idylle, qui l'amène à reconsidérer ses plans de fin de carrière. « Récemment, j'ai réfléchi à mon avenir avec mon entourage et il est fort probable que je continue à rouler. Je suis sûr que ce n'est pas la dernière fois que je viens ici. Pour être honnête, je n'aime pas finir 2e. Après 2 secondes places à Paris-Nice et sur le Tour de Catalogne, c'est une belle victoire. » La séquence printanière est terminée. La Grande Boucle en ligne de mire pour faire oublier 2015 et se consoler définitivement de 2014. Les tortillas de Paquita Contador l'attendent. Avril est une promesse.

L'incontournable Critérium du Dauphiné, une sorte de sas d'entrée, réunit la plupart des favoris au Tour de France. Deux mois après son triomphe dans ses terres d'adoption, et à quatre semaines de l'échéance de l'année, Alberto donne le ton. « Ce n'est pas ma dernière année, je peux vous l'assurer. » Les bonnes nouvelles s'enchaînent. Le leader de la Tinkoff remporte le prologue autour des Gets, en Haute-Savoie. Au terme de pourcentages impressionnants, il devance Richie Porte et Chris Froome. Contador en jaune, mûni de la tunique absolue, du maillot sacré, qui le porte et lui crie « *¡ Vamos, Pistolero !* »

L'*amarillo* lui colle à la peau quatre jours durant. Un jaune que personne ne porterait mieux que lui, un jaune qui s'élève plus haut que les autres du fait de son propriétaire et de sa douce manière de manier les pédales. Un jaune radieux mais contesté. Un jaune braqué à main armé lors de la cinquième étape emmenant les coureurs au sommet à Vaujany. Isolé dans les dernières bornes, Alberto ne résiste pas à la deuxième attaque du Kenyan blanc, bien aidé dans sa route vers le succès par son ancien sbire, Richie Porte, leader de la BMC, mais certainement encore lié au Britannique dans sa tête pour lui prendre quelques relais et l'accompagner dans son entreprise de destruction madrilène. Contador est dans le mal, relégué à la cinquième place du général dans les dernières étapes de montagne. De mauvaise augure. « À la fin, ce n'était plus le même Alberto. Le dernier grand Alberto a été celui du Giro 2011. L'Alberto de Saxo n'a jamais été en condition de défier Froome. Pas forcément parce que Sky dominait, mais parce que le cyclisme avait quitté Alberto », analyse cruellement Carlos Arribas. La vie est ainsi faite, Contador doit batailler encore plus dur, encore plus fort face aux nouveaux monstres qui rêvent de l'égaler, face à un sport qui ne regarde plus derrière lui. « Il n'était pas sur le déclin, mais le cyclisme évolue, des coureurs différents arrivaient, le niveau global augmentait », nous explique Pierre Rolland.

Alberto n'en a pas terminé avec l'Hexagone. Départ le 2 juillet au Mont-Saint-Michel. Arrivée le 24 sur les Champs-Élysées. Entre-temps, un miracle ?

Il le faudra, face à tous ces gros présents dans la Manche au coup d'envoi. Froome, Thomas, Quintana, Aru, Porte, Yates, Bardet. Contador n'est plus hégémonique, même dans sa propre écurie. Peter Sagan, qui vise le maillot vert[97], est coleader. Deux batailles, une pour le jaune, une pour le vert. L'affiche de la Tinkoff place d'ailleurs les deux coureurs au premier plan, à égalité. Des airs de 2009 pour Contador. Sa vie ne sera jamais un long fleuve tranquille. Confirmation le 2 juillet. Première étape de plaine et première gamelle. Tandis qu'il est lancé rapidement dans un virage, sa roue heurte un trottoir et la chute est violente. Écorché sur tout le flanc droit, Alberto franchit la ligne d'arrivée parmi le peloton, mais son corps est meurtri, déjà. Il n'a encore rien vu. Rebelote le lendemain. Contador mange la luzerne à plus de 100 kilomètres de l'arrivée et se blesse cette fois côté gauche. Deux étapes et deux gadins. À l'arrivée, 48 secondes de retard sur les concurrents, un organisme entamé et Peter Sagan en jaune après avoir gagné le sprint. « Les choses ne se passent pas du tout comme je l'espérais. Ça fait beaucoup de temps de perdu. C'est le cyclisme. L'important est de

97. Qu'il a déjà remporté les quatre années précédentes (2012, 2013, 2014 et 2015).

ne pas lâcher mentalement. Mais ce n'est pas facile ». Avril était une espérance, juillet est un calvaire. Contador souffre. Physiquement et mentalement. Sa réconciliation avec la Grande Boucle en prend un coup. La cinquième étape offre un premier test aux favoris, avec une succession de courtes ascensions dans le final. Contador est lâché dans les ultimes accélérations. Roman Kreuziger, son lieutenant, ne l'attend pas et termine l'étape à seulement 11 secondes des grands de ce Tour. Ses jambes tournent, son avenir est en jeu avec la fin de l'ère Tinkoff. Il joue sa carte au détriment de son leader. Alberto ne décolère pas. « Les ordres de l'équipe étaient clairs, et sa décision était différente. C'est la réalité. La tactique de l'équipe n'était pas le problème, c'est [plutôt] que Kreuziger a agi de son propre chef. Nous en avons parlé et nous allons tourner la page sur ce malentendu. » Un blessé fâché. « Il y a eu une erreur de communication. La situation est clarifiée », tempère le directeur sportif Sean Yates. Au moment de dépeindre Contador, le Tchèque nous livre ses pensées. « En 2016, Bjarne n'était plus dans l'équipe et nous n'avions pas un manager qui était capable de mettre tous les egos des coureurs dans le même panier. Nous avions aussi Peter dans l'équipe. Lors de l'étape deux, Alberto est tombé et je suis resté avec Peter. Peter a pris le maillot jaune ce jour-là et je suis ensuite remonté à la 6e place du classement. Alberto a perdu du temps. L'atmosphère n'était pas du tout excellente. Ce jour-là, notre relation en a pris un coup, mais maintenant le temps est passé et nous nous entendons très bien. Après l'étape, ça avait haussé le ton, mais tout était très vite redescendu. Bien évidemment, ça aurait été incroyable de gagner avec Contador, parce que quand tu gagnes le Tour de France avec ton équipe, en tant que coéquipier, ce sont des émotions incroyables. Bien évidemment, il y a la Vuelta et le Giro, mais le Tour de France, c'est quelque chose d'un peu plus grand. Ce n'est peut-être pas le plus dur, mais en tout cas, c'est la course la plus visible. Le vainqueur du Tour de France est connu par quasiment le monde entier. Tu deviens connu à travers le monde. »

Le miracle n'aura pas lieu. La première grande étape pyrénéenne est fatale au champion espagnol. Son corps n'est pas rétabli, la fièvre s'est rajoutée aux blessures. 3'12 de retard au général sur Froome. Baissez le rideau. « Ses abandons et sa chute progressive : c'était un peu inexorable… Il tombe dignement, les armes à la main. Il continue. À chaque fois, il refuse d'abdiquer et de rester tranquillement dans le peloton. » La légende est à son crépuscule. Les larmes coulent. 2014 était déjà une souffrance. Il part doucement mais est encore plus beau dans la souffrance, dans la défaite, dans la grimace et le grincement des dents. Il ne voulait surtout pas stopper sa carrière sur un abandon. Alors la Trek-Segafredo, formation américaine, lui offrira un baroud d'honneur.

— Alberto, dieu du panache et roi des émotions. Je suis le bitume du royaume de France et je te dis au revoir. Pas adieu.

« Je me rappelle que vers Andorre, il m'a dit qu'il allait abandonner, parce qu'il était malade. C'était mon dernier grand tour avec Alberto. Je m'en souviens très bien parce qu'il était encore en bonne condition et il pouvait viser le podium. Ce sont de mauvais souvenirs pour moi, pour Alberto et pour le groupe. Je me rappelle qu'après sa chute lors de la première étape, je l'ai supporté autant que je [le] pouvais. Le problème, c'est qu'il fallait le soutenir mentalement, le moral déclinait. Je lui disais de continuer et que trois, quatre jours après, ça irait mieux. Mais finalement, non, il n'en pouvait plus. Je me souviens de son abandon, parce que c'était lors d'une étape de montagne, on était dans la deuxième ascension, Sky a décidé d'accélérer et il a tourné la tête vers la droite pour me dire qu'il n'en pouvait plus et qu'il allait s'arrêter. J'ai immédiatement dit à Alberto que je le comprenais et qu'il n'y avait aucun problème. « C'est toi le champion, c'est important que tu récupères et que tu attendes l'année suivante. » Tous les soirs, lors du repas, on lui répétait que ça irait mieux le lendemain, mais physiquement, il n'en pouvait plus. Je me rappelle que, quand Alberto a quitté la course, il nous a à tous envoyé un message pour nous demander de continuer, d'essayer le maximum pour remporter une étape. Il était triste pour nous, parce qu'il savait qu'on donnait tout pour lui et ça le rendait triste de rentrer chez lui. À la fin du Tour 2016, on ne regardait déjà plus derrière nous, on préparait déjà les prochaines courses, ce qu'il y avait devant nous », raconte son coéquipier Matteo Tosatto. Tête haute et grand seigneur.

Rentrer à la maison et soigner les bobos. Avant de définitivement tourner la page Tinkoff, Alberto n'a pas l'intention de regarder la Vuelta depuis le canapé. L'image du bagarreur dépassé ne lui convient pas en cet été 2016. La Vuelta, c'est chez lui. Il l'a remportée trois fois et personne ne lui a jamais contesté ses triomphes. Ses chutes derrière lui, son tempérament toujours bien ancré. « Quand il échouait, il ne lui restait qu'à se motiver. Il aimait les défis, réaliser des choses *a priori* impossibles. C'est ce qui le motivait le plus. Tout donner pour ce genre de victoires. Ainsi, dans sa carrière, il tentait le doublé Giro-Tour, ce qui était très risqué. Il prenait le risque de perdre le Tour. Mais c'est cette difficulté qui l'incitait à tenter, quitte à échouer. De la même manière, quand il perdait une étape, il était surmotivé le lendemain pour aller gagner. J'ai vu d'autres coureurs de ce type, comme José Manuel Fuentes[98], El Tarangu, qui a une anecdote connue au Giro. Je ne sais plus quelle étape c'était, mais c'était à un moment décisif de la course. Il est tombé violemment pendant la course et pendant qu'il était au sol, on lui a demandé s'il voulait abandonner. Il a répondu :

"J'ai le moral haut comme cette tour, demain j'attaque." Et le lendemain il a attaqué. Ce sont des coureurs avec ce type de tempérament, qui n'abandonnent jamais. » Le Tarangu et le Pistolero main dans la main pour défier l'impossible. Alberto est le fils de José Manuel comme Achille était l'enfant de Pelée.

La Vuelta a Burgos vient gonfler un palmarès bien fourni, mais les chiffres ne remplacent pas les émotions. Surtout chez Contador. Son équipe, trop faible, le saborde dès le contre-la-montre par équipes du Tour d'Espagne. Près d'une minute de retard sur Froome et Quintana au soir de la première étape. Il est temps de s'en aller. La suite des événements est un classique de ce à quoi on pouvait s'attendre. Des pentes conformes à l'Espagne et ses héros d'antan, Quintana et Froome au-dessus du lot, Alberto pas loin, moins aérien, toujours courageux. Sans Quintana, il aurait pu remporter cette Vuelta, mais

98. Grimpeur espagnol des années 1970, vainqueur des Vuelta 1972 et 1974.

le Colombien ne laisse rien passer. Il reste à Alberto son panache, ses éclats. Ses coups de maître. Comme lors de la quinzième étape, dans l'extrême nord de l'Espagne, entre Sabiñánigo et Aramón Formigal. 118,5 kilomètres. « Il n'a pas gagné, mais il a complètement révolutionné le classement général. Je me souviens de cette étape, il attaque quasiment au départ, il met les Sky en PLS et il va au bout de l'étape. Victoire de Brambilla. Avant l'étape, il était 6e à 3 minutes du podium et au soir de l'étape de Formigal, il est à 24 minutes de Froome qui est 2e, et à 5 minutes du podium. Il avait mis la pagaille dans le peloton et les Sky n'ont pas réussi à suivre, son attaque avait permis de renverser le classement général », se remémore enjoué Javier Guillen, directeur de la Vuelta. Le dynamiteur n'en a pas fini. Le maître stratège a décidé de faire de cette brève étape montagneuse un moment d'histoire. Rester au chaud ne l'intéresse pas. Son audace sème la zizanie d'entrée. Quatorze coureurs s'extraient du peloton, dont Contador et Quintana, qui s'entendent pour accentuer puis conserver l'écart. Chris Froome, piégé par cette offensive matinale, subit la prouesse d'Alberto. « C'est un coureur élégant. Un attaquant et c'est toujours intéressant pour un commentateur d'avoir quelqu'un qui peut dynamiter un peloton. Parce qu'on était quand même dans des époques un peu plus formatées. On avait des équipes qui formataient les étapes. Avoir quelqu'un qui était capable d'attaquer, qui était capable d'avoir une mentalité comme celle qu'il avait, c'était forcément intéressant », vante Thierry Adam, narrateur de ses exploits quelques années plus tôt.

Contador ne remporte pas la Vuelta, il remporte *sa* Vuelta. Celle où se seront réfugiés son honneur, sa résurrection après le cataclysme du Tour, son panache immortel. Quintana remporte son premier Tour d'Espagne avec un peu plus d'une minute d'avance sur le Britannique, et peut remercier Alberto pour Formigal. Le Colombien est une promesse qu'il ne remplira jamais complètement. L'Espagnol est un émerveillement à nul autre pareil. Froome termine à la 2e place, mais jamais Alberto n'aurait fait deux. Deuxième, c'est l'oubli, le déshonneur. C'est ce qui doit marteler dans son crâne, à ce têtu *Pinteño*. L'Espagne attend la relève mais elle ne viendra pas. « Je pense que chacun se construit son style. Ils ont voulu regarder les coureurs qui étaient forts, mais au niveau mental comme au niveau physique, Enric Mas et Mikel Landa[99] ne sont pas les mêmes coureurs qu'Alberto. Alberto, il était toujours au top, il n'avait jamais la mauvaise mine, même quand il était dans un mauvais jour. Tu peux être un coureur très fort physiquement, mais il faut aussi tenir dans la tête et Alberto était très fort. Alors que Enric et

99. Il a eu ces deux coureurs sous ses ordres au sein de la Movistar.

Mikel n'ont jamais réussi à tenir trois semaines. » L'éloge est du directeur sportif de la formation Movistar, José Luis Arrieta. Il nous parle d'Alberto comme d'aucun autre. Aucun n'est pareil. Une saison encore pour en profiter. Ce sera chez la Trek-Segafredo. Contador passe des Russes aux Américains, comme il déploie ses ailes et enchaîne les attaques. Il est comme ça et c'est tant mieux. On rêve toujours plus de Contador. Encore un soir. Encore une heure. Encore une larme de bonheur.

16

SIGNÉ CONTADOR

Une larme de désespoir. Le Pistolero tire ses derniers coups de pédale. Les images, elles, resteront. Son lien avec le public est une évidence. Difficile de s'en défaire. Mi mythe mi bonhomme auquel on s'identifie.

Cette fois, c'est la dernière. Le dépeindre est une mission. Homme réservé, grimpeur rebelle. Accessible et méfiant. Son parcours en a fait une énigme. C'est probablement ce qui le rend si singulier. Si grand comme les sept Monuments qu'il a remportés. Neuf selon lui.

La tournée d'adieu aura lieu au sein de la Trek Segafredo. Alberto a pris soin d'emmener dans ses valises son fidèle de toujours, Jesus Hernandez, son staff personnel, ainsi qu'Ivan Basso et Steven de Jongh, qui deviennent directeurs sportifs de l'équipe après l'avoir été chez Tinkoff.

« Oui, Alberto emmène du personnel et des coureurs avec lui, mais c'est normal pour un grand champion. Les meilleurs coureurs créent toujours leur propre petit monde. Ils ont besoin de soutien, parce qu'ils doivent subir un niveau élevé de stress, et il veut avoir quelques personnes avec qui il peut partager et se confier », explique le manager général Luca Guercilena. Contador retrouve également Alain Gallopin, directeur sportif au sein de la Trek. « Prudhomme (directeur du Tour de France) n'était pas content que je prenne Contador, car il aime bien qu'Alberto fasse le spectacle », ironise le discipliné Gallopin. « C'est surtout de Jongh venu de Tinkoff qui s'en occupait. J'étais plus en dehors, moi. »

Sa maman le conjure d'arrêter. Le voir tomber, être blessé, gagner, presque gagner, perdre, être critiqué, souffrir, grimacer, y retourner, souffrir à nouveau, s'éloigner, revenir, repartir, danser, s'élever, retomber. À quoi bon ? Il a fait ce qu'il avait à faire, lui notifie-t-elle, pas convaincue intérieurement que toute cette aventure en valait la peine. Cela en valait la peine, lui répond son fils.

Alberto a une obsession, terminer tout en haut. Ne pas rester sur un échec, une défaillance, un abandon. Cette idée l'angoisse profondément. « Il a toujours eu le souci de vouloir terminer en pleine forme, toujours capable de rivaliser avec les meilleurs. Il ne voulait pas finir comme un coureur de seconde zone. Il voulait se retirer comme un leader. En 2016, il a signé pour un an, avec un en bonus. Dès le début d'année, l'équipe savait qu'il pouvait se retirer à la fin », confie Jacinto Vidarte, qui le quittera lui aussi en fin d'année.

Contador est rattrapé par la réalité. Sa volonté se heurte au poids des années. En vélo, il n'y a qu'un vainqueur, et ses concurrents ne comptent pas lui organiser de pot de départ général à travers l'Europe. Pas même ses compatriotes. Pas même Alejandro Valverde. Les deux hommes n'ont jamais été intimes et « Balaverde » est déterminé à faire une razzia en début de saison. Il cantonne Alberto à une position qu'il déteste, il en fait son dauphin en Andalousie, Catalogne et au Pays basque. Chez lui ! Contador privé de record absolu dans sa terre d'adoption. La 2e place épouvante le champion. Surtout sur des routes qu'il a tant conquises par le passé. Mais la grâce a décidé de l'envahir, peut-être jeune, possiblement lors du miracle de 2004, éventuellement après la résurrection de 2012. Même relégué, celui qui en valait la peine sautille, pétille, scintille. Il attaque ou crée des illusions d'attaque, qu'importe. C'est la fin et celle-ci doit être un festin. Alberto Contador dépose une dernière image sur ses terrains préférentiels, une empreinte qu'il désire généreuse, vaillante, courageuse. « Je me rappelle son dernier Paris-Nice, il était tout proche de renverser la course lors de la dernière étape. C'est un tempérament que l'on commence à retrouver chez les jeunes coureurs comme Pogačar. Pogačar a un petit côté Contador, dans cette façon qu'il a d'attaquer, ils se ressemblent. J'ai souvenir de m'être enflammé sur des attaques de Contador. Je pense que Contador a fait lever des spectateurs de leur canapé[100]. »

Paris-Nice 2017. Alberto fait encore deux, mais tout le monde s'en cogne. Contador fait de cette édition un moment d'histoire. Encore un.

— Cher Alberto Contador. Je suis *Nissa, la bella.* À deux pas de ton Italie chérie. Sois un ange, dans la cité des anges. Viens corriger ces fâcheuses 4 secondes qui nous ont séparés l'an passé. Viens, je t'attends. Après, il sera trop tard.

Le facteur est passé. Lundi, mardi, mercredi, jeudi, vendredi, samedi.

Dimanche. 12 mars 2017. Le donataire de la lettre, à la tunique rouge et noire, compte avant l'étape 31 secondes de retard sur Sergio Henao, le bougre qui avait ramené Geraint Thomas *in extremis* l'année dernière, privant Alberto de la course et du soleil. À 50 bornes de l'arrivée, rebelote. Contador attaque, insiste et distance le Colombien. Ce type rend fou la Sky. « C'est à son image. Le tout ou rien. Le panache, le goût du risque. Le côté un peu jusqu'au-boutiste.

---

100. Thierry Adam, entretien avec les auteurs.

C'est aussi pour ça qu'il a plu énormément. On sortait d'un milieu verrouillé, cadenassé, qui n'avait pas d'imagination. Les années Armstrong. Lui avait réveillé le côté où il peut y avoir des envolées, des coureurs qui font sauter les verrous, des coureurs élégants qui font sauter l'armada. En ça, il avait quelque chose de foncièrement nouveau », se réjouit Jean-Julien Ezvan, chef des sports du *Figaro*.

— *Nissa, la bella*. J'ai bien reçu ton message. J'arrive, je suis en jaune, il me semble, provisoirement. J'avance mais ils me suivent. Quelle est ma marge ? Dis-moi, aide-moi, porte-moi. Je me lève encore une fois et ne les aperçois pas. Qui est ce type en bleu que tu m'as mis dans les pattes ?

David de la Cruz, compatriote d'Alberto, accroche sa roue dans le col d'Èze, ne la lâche pas dans la descente, et profite du gros travail de son aîné pour lui voler la vedette sur la ligne d'arrivée. Contador perd l'étape, les secondes de bonification et Paris-Nice 2017 pour 2 secondes. « Si quelqu'un de notre équipe n'avait pas gagné, j'aurais voulu que ce soit Contador qui gagne, car au final, il méritait la victoire. Ce qu'il a fait aujourd'hui était incroyable », s'excuse presque le coureur de la Quick-Step devant les caméras.

Le panache s'incline de peu, encore. L'an dernier, il avait perdu pour 4 secondes. Ébouriffant Alberto, les habitants de Nice s'en souviendront très longtemps. Il remporte la bataille des souvenirs. « Il y a une part énigmatique pour moi chez ce coureur. Je ne m'explique pas qu'un coureur qui a été conspué au départ d'un Tour de France en Vendée (en 2011) par une partie du public se retrouve adulé quelques années plus tard. Adulé notamment par une frange de jeunes spectateurs et passionnés. C'est une mue. Est-ce l'oubli des spectateurs, un peu comme les Lotophages chez Ulysse ? Ou alors, est-ce que c'est la marque de ces coureurs qui sont entrés dans l'histoire ? Des coureurs qui ont souffert, des coureurs qui ont touché le fond de la pointe des pieds pour pouvoir remonter plus haut. On a l'impression que c'est un coureur qui a eu plusieurs vies, dont la dernière est évidemment pas la plus percutante sur le plan sportif, mais c'est celle qui l'a rapproché d'une popularité. Moi, j'avais même l'impression par moments qu'il soignait à l'envi sa fin de carrière avec ses échappées. Alberto Contador aura fait une jonction entre un vélo préhistorique et aussi sulfureux, puisque c'est un des rescapés de l'équipe de Manolo Saiz, l'homme aux multiples visages. À l'époque, Manolo Saiz passe pour un génie tactique. Une sorte de bon père de famille avec ses coureurs. Mais bon, c'est lui qui met en place l'affaire Puerto, comme vous savez. Contador est rescapé de cette époque-là, tout jeune, et puis c'est lui qui nous aide… Il constitue le chaînon manquant entre l'époque Armstrong et l'époque Sky. C'est quand même un personnage important dans la galerie des vainqueurs du Tour de France et des acteurs du vélo. C'est aussi sûrement le dernier coureur qui a gagné le Tour grâce à des attaques impressionnantes, on pourrait dire de pur grimpeur, jusqu'à Tadej Pogačar. Disons que la Sky avait imaginé un schéma tactique légèrement différent par la suite, qui pouvait par moments confiner à une routine un petit peu gluante des après-midis d'été[101]. »

La dernière vie de Contador l'emmène sur le Tour de France. Avant cela, le traditionnel Dauphiné sur lequel, présent pour l'occasion, l'icône française Bernard Thévenet peut constater le sérieux persistant d'Alberto. « Je me souviens d'Alberto en 2017, sur le Critérium du Dauphiné, il avait un beau vélo. Je lui dis "t'as un beau vélo" et il me décrit son vélo. Il me dit que son vélo pèse 7,2 kilos et il ajoute que plusieurs aspects sont uniquement du marketing. Et là, je me suis dit : *C'est un vrai pro, il accepte d'avoir un vélo un peu plus lourd, parce que son équipe lui demande de représenter la marque de vélo*. Il défend sa marque, il est fidèle, il est réglo. »

Le pro fatigue. Porte, Froome, Bardet, Aru, Valverde sont tous plus forts que lui. Contador est relégué hors du top 10. Un affront, connaissant son état d'esprit. Même s'il avait annoncé ne pas jouer la gagne sur le Critérium du Dauphiné. Il ne sera pas en mesure de lutter pendant

101. Pierre Carrey, entretien avec les auteurs.

trois semaines. Ses derniers déhanchés seront un trajet pour l'honneur et non la victoire. L'occasion pour le public de saluer un artiste généreux. « Ce n'était plus le même Alberto, mais il avait toujours cette même envie d'attaquer, d'être aimé du public et tout ça c'est un truc formidable. Même en 2017, lui ce qu'il voulait c'était taper dedans. C'était son tempérament. Il avait mûri par rapport à chez Astana », ajoute, avec une once de nostalgie, Alain Gallopin. Hormis sa fraîcheur et sa dimension aérienne, il reste tout à Alberto. Audace et panache, évidemment. Capacité de renverser les situations. Chutes inéluctables, comme lors de la neuvième étape entre Nantua et Chambéry, où il est relégué à plus de 4 minutes des favoris et voit la chimère d'un troisième sacre définitivement s'envoler. Mais ça, on le savait déjà. Le principal est ailleurs. Éviter coûte que coûte l'abandon, et à présent, se faire plaisir. Il ne sait rien faire d'autre.

Alors il le fait. Cette fois avec une tunique blanche et des lunettes noires. Comme pour symboliser la pureté de l'attaquant et le désarroi de bientôt ne plus le voir. Comme pour mieux apprécier l'ombre sur son visage une dernière fois. Alberto attaque entre Saint-Girons et Foix (étape 13), puis entre La Mure et Serre-Chevalier (étape 17). À chaque fois de loin, parce qu'à la fin, il ne peut plus faire la différence. Il vient brouiller les pistes, les scénarios établis le matin dans les hôtels, et à chaque fois fait lever la voix des commentateurs et prive de sieste les Français. Il emmerde ceux qui ne l'aiment pas même s'ils sont peu nombreux. Qu'ils restent dans leur médiocrité.

Neuvième place au général et une annonce. Le 7 août 2017, Alberto publie une vidéo sur Instagram. Sourire aux lèvres, il annonce que la Vuelta sera sa dernière course en tant que professionnel. Luca Guercilena souhaitait le voir prolonger un peu, au moins jusqu'au Giro 2018, mais Contador a pris sa décision durant le Tour de France. La *despedida* d'un monument. « Pour nous, c'était très important qu'il vienne sur la Vuelta en 2017, puisque c'était l'année où il allait prendre sa retraite et c'était tout aussi important que Alejandro Valverde le fasse cette année[102]. Nous savions qu'Alberto allait se battre jusqu'à la dernière étape. Il est au même niveau que tous les grands champions espagnols. Son palmarès le situe comme le deuxième plus grand coureur de l'histoire de l'Espagne. Et on peut le situer au même niveau que Miguel Indurain. Ce sont des moments qui sont vraiment différents… C'est vrai que tout le monde aimait la manière de courir d'Alberto, parce qu'il était toujours dans l'attaque. Ce sont deux coureurs qui sont très aimés », témoigne Javier Guillen, directeur de la Vuelta.

102. Entretien accordé aux auteurs en décembre 2022.

Impossible de ne pas penser à Luis. L'Espagnol de Mont-de-Marsan, où sa famille était venue s'installer pour fuir le régime de Franco. Impossible de ne pas revoir le col du Portillon, où toute l'Espagne s'était rendue le 12 juillet 1971 pour galvaniser son héros. Lui était déjà à la clinique, vaincu par la grêle et la boue, défait d'un maillot jaune conquis sous le soleil des Alpes. L'Espagne ne s'en remettra jamais. L'été était triste. Il y a bien sûr du Ocaña chez Contador. Et il y a chez Alberto cette dimension chevaleresque, ce côté d'Artagnan que Christian Laborde décrit chez Luis. Luis Ocaña Pernía n'est plus de ce monde depuis qu'il a mis fin à ses jours le 19 mai 1994, à l'âge de 48 ans. Deuxième deuil pour l'Espagne après juillet 1971. Il reste au royaume Contador, pour trois semaines seulement. Vingt et un jours d'orgueil et de folie noire qui nous rappellent Luis. Dans cent ans, les deux se prendront la roue, Contador dans celle d'Ocaña ou Ocaña dans celle de Contador. Au paradis, sous le soleil des Alpes.

Trois semaines.

Alberto n'a pas retrouvé comme par magie ses jambes de 26 ans. Il avait 26 ans, à Andorre, lorsqu'il a dessiné son succès sur le Tour en attaquant son équipier Armstrong. Le 21 août 2017, dans la principauté, Contador parachève sa disqualification des prétendants au maillot rouge à Madrid. Trois minutes de retard sur

« Froomey » au général. Éliminé de cette bataille-là, le bouquet final peut débuter. Alberto Contador propose dès lors un spectacle à nul autre pareil. Quand il n'est pas lâché de quelques secondes par les favoris, il attaque systématiquement, toujours seul au milieu des montagnes, telle une réclamation de la télévision espagnole. Il écrase ses pédales, laissant l'impression qu'il les détruit à chaque coup. Son vélo bouge dans tous les sens, l'effet esthétique est assuré. Alberto Contador a-t-il un jour été aussi beau que durant ces trois semaines d'au revoir, au milieu d'une foule de supporters acquis à sa cause ? « Il a bataillé tous les jours. Cette Vuelta a été celle où on a pu voir un grand gagnant et un grand animateur comme a pu l'être Alberto Contador. Un vrai gagnant, il a toujours essayé de s'imposer sur les grandes courses. C'est un coureur du Giro, du Tour et de la Vuelta. Je crois qu'il a réussi à bien distribuer sa trajectoire sportive entre ces trois grands tours. Mais il est clair que la Vuelta est une course de montagne et, surtout, c'est la course à domicile. S'il a toujours terminé dans le top 5, c'est grâce à son caractère de vainqueur. Alberto Contador ne savait pas courir pour autre chose que la victoire. Encore moins pour se conserver. En 2017, il n'a pas gagné, mais il était le plus grand protagoniste de cette Vuelta[103]. » Chris Froome vit un cauchemar.

103. Javier Guillen, directeur de la Vuelta.

Lui l'homme du calcul jusqu'au-boutiste, lui l'homme de la rationalité, du contrôle, de la monotonie. Il est chahuté de tous les côtés, jusqu'à perdre plus d'une minute lors de la dix-septième étape dans les terribles pourcentages des Machucos. Alberto revient à proximité du podium à quelques étapes du terme et repense sans doute à Andorre, la principauté, terre d'avènement huit ans plus tôt, d'enterrement cette année. Sans cette défaillance, il aurait sans doute joué la gagne, mais la Vuelta aurait-elle été aussi belle, aussi gracieuse ?

« J'ai aussi aimé le Contador de fin de règne. Celui de 2017 qui essaye tous les jours sur la Vuelta. Quittant la scène comme il l'a fait, avec sa victoire à l'Angliru, j'ai trouvé ça beau. J'ai bien aimé aussi le fait qu'il ne fasse pas le combat de trop. Il a arrêté, parce qu'il a senti que c'était le moment tout en restant à un super niveau. Gagner à l'Angliru la veille de ses adieux au cyclisme, je trouve ça plein de panache. » L'émerveillement d'Alexandre Pasteur est général. Nous sommes un 9 septembre et Contador fait ses adieux à la montagne. Ceux-ci auront lieu dans l'infernal Angliru, ce col que l'on pourrait escalader plus rapidement à pied affirment certains – qui l'ont escaladé à vélo. « Maudit col ! C'est inhumain ! Nous ne sommes pas des animaux ! » se plaignait l'Écossais David Millar quinze ans plus tôt. « J'ai vécu l'Angliru en 2008 (victoire de Contador chez Astana), quand on est allés repérer l'Angliru qu'il a gagné et repris le maillot. Je me rappelle bien. Les journalistes étaient dans un camion benne. À un moment, le camion ne pouvait plus monter, Alberto est passé à côté du camion. C'est un truc de fou. Des trucs qui lui convenaient à merveille. Normalement la Vuelta, il pouvait la gagner chaque année les doigts dans le nez[104]. »

— Alberto, ici las Curves de Les Cabanes, los Picones, los Cobayos et la Cueña les Cabres, réunis pour l'occasion afin de te frayer un chemin et t'ouvrir la voie du ciel. Alberto, promets-nous d'attaquer dans la descente et d'arriver seul ici. Nous ne voulons pas des autres. Ils pensent que nous sommes maudits. Nous ferons tout pour les repousser, alors viens, petite puce ni géante ni balèze !

Alberto Contador attaque dans la descente, se fraie un chemin et s'ouvre la voie du ciel.

« Soyez prudents, osez[105]. »

« J'étais à l'arrivée. Il pleuvait et faisait froid. Ça, Alberto le savait bien. Il a toujours bien marché dans ces conditions. Mieux qu'avec la chaleur étonnamment. Une contradiction pour un Espagnol. Il aimait disputer ces étapes quand il pleuvait et faisait froid, car il disait que la moitié du peloton était de fait éliminée. Durant toute la Vuelta, il a essayé de gagner. Il savait que l'Angliru était

104. Alain Gallopin, entretien avec les auteurs.

105. Shimon Peres.

sa dernière opportunité. Il n'espérait même pas gagner à l'Angliru, car il voulait le faire avant. Il a saisi cette opportunité dans la descente où il a fait la différence, sachant qu'il descendait très bien. Et puis cette montée, très émouvante. C'était sa dernière chance, sa dernière course, sa retraite. On a l'impression que c'était écrit d'avance... Et puis il a eu la force et l'énergie de l'accomplir en course », raconte, plein d'émotion, Jacinto Vidarte, l'attaché de presse historique.

La suite, on la connaît. Alberto, la montagne, la socquette légère et le peuple. Et le peuple a toujours raison. Une ultime danse, un coup de fusil, une histoire pour cent ans. Unique coureur de l'histoire à remporter deux fois l'Angliru.

Les géants du cyclisme ont rarement des sorties dignes de leur grandeur. Coppi est mort prématurément, Anquetil connut une fin difficile et Indurain abandonna sur son dernier Tour d'Espagne. Inutile d'évoquer le retour d'Armstrong. Comme Hinault vingt et un ans plus tôt, Contador convoque sa fin et en fait une prouesse. Matteo Tosatto, coéquipier d'hier chez Tinkoff, est devenu manager de la Sky. Manager de Froome. Il se souvient. « Je me rappelle qu'avant la Vuelta 2017, mon premier grand tour en tant que directeur sportif, Alberto m'a envoyé un message en me souhaitant bon courage pour la course et pour ma nouvelle carrière. Il m'a dit qu'il était très content que je reste dans le monde du cyclisme et que je sois dans la *team* Sky. En 2017, cela commençait à être difficile pour lui de rester à un haut niveau. Il s'est arrêté après avoir gagné une des plus belles étapes de la Vuelta. Christopher Froome avait énormément de respect pour Alberto, parce qu'il savait qu'il était un adversaire très dangereux dès que la route s'élevait. Je me rappelle aussi cette Vuelta, parce qu'il venait pour faire un podium, mais dès le deuxième jour, il a eu des douleurs au niveau de l'estomac. Je me rappelle avoir parlé avec Ivan (Basso, manager de Contador). Dans la tête, j'entendais qu'il était dans le dur, mais il voulait absolument gagner à l'Angliru et il a réussi à le faire. Je pense que pour lui, ce succès à l'Angliru et le top 5, c'est la même chose que s'il avait gagné un grand tour. Gagner une étape aussi importante, sur la Vuelta, ça reste incroyable ».

L'Espagne salue son roi et craint pour la suite. « On avait l'impression que derrière lui, il y aurait un grand vide. En Espagne, on savait qu'on avait de très bons coureurs, mais pas ce genre de champion. C'était un coureur qui était capable d'attirer l'attention. Cette année (2023), j'ai plein d'amis qui m'ont dit qu'ils n'allaient pas allumer leur télé si le seul champion espagnol sur le Tour de France, c'était Enric Mas[106]. C'était le dernier qui avait ce genre de charisme et le voir renaître sur l'Angliru, c'est

106. Enric Mas a été trois fois 2e de la Vuelta (2018, 2021, 2022).

une fierté pour les Espagnols. C'est comme quand on voit Nadal gagner un nouveau Roland-Garros, ça nourrit la légende », résume brillamment Luis Miguel Pascual, journaliste à l'agence de presse EFE. Les coureurs espagnols l'aident dans l'ascension pour lui rendre hommage, pour être sur la photo, comme s'il était impensable qu'il parte autrement. Même Froome semble demander à Poels de ralentir pour laisser tranquille Alberto et écouter les ordres de las Curves de Les Cabanes, los Picones, los Cobayos et la Cueña les Cabres. À moins qu'il n'en puisse plus le British, à bout des attaques de Contador. Tosatto ne confirme aucune des pistes.

Le lendemain, dans les rues de Madrid, place à l'hommage. Le vrai, celui que l'on peut revendiquer. Applaudissements, tour d'honneur en avant du peloton, drapeau espagnol brandi. « C'est ainsi qu'un héros fait ses adieux », titre le quotidien *Marca*. « Il était incroyablement content. Lors de la dernière étape, celle qui arrivait à Madrid, il avait le sourire d'un homme heureux. Il l'a montré. À Madrid, tout était illuminé, la nuit tombait, c'était un beau moment. L'hommage était une idée du peloton et l'organisation lui a aussi demandé s'il voulait un drapeau espagnol. Alberto, qui aime l'Espagne, a déclaré qu'il était d'accord. C'est un hommage à son pays, à son public, à ce qu'il représentait pour le sport espagnol », conclut le directeur de la course.

Alberto Contador devient une légende de son sport et de son pays le 10 septembre 2017. Comme toutes les autres, au moment où il se retire. Avant cela, il n'était qu'un héros, mais c'est déjà pas mal. À quoi pense-t-il quand il est acclamé, félicité par tout le peloton ? Ce moment, il est pour sa maman, Paquita, qui pense toujours que ça n'en valait pas la peine. Ils ne seront jamais d'accord. « Il va nous manquer », déclare Pedro Delgado. On ose à peine dire qu'on est d'accord, tant la tristesse s'entremêle à la joie. Nous avons, encore une fois, 11 ans.

17

L'HÉRITAGE

Tour de France : deux. Giro : deux. Vuelta : trois. C'est tout ? Demandez la suite. Paris-Nice : deux. Tour du Pays basque : quatre, *de Dious* ! Cinq, si David de la Cruz n'avait pas sprinté comme un demeuré.

Seize saisons dans le monde professionnel. Un palmarès hors du commun qu'il laissera dans les livres d'histoire, un long périple raconté aux jeunes enfants avant de s'endormir. C'était Alberto Contador.

Le temps long fera les choses et le situera à sa juste place. Arithmétiquement, avec sept grands tours, il se situe derrière Merckx (11), Hinault (10), Anquetil (8), à hauteur de Coppi, Froome et Indurain. Sans les traces de clenbutérol retrouvé dans son organisme, ce putain d'anabolisant, utilisé pour traiter les troubles respiratoires et l'hypertension, il serait sur le podium des dieux du vélo. Ça, ce sont les chiffres. « De mon point de vue, c'est un coureur équivalent à ceux-là. Quand ils l'ont suspendu, ils lui ont retiré un Tour et un Giro. Son palmarès a été rogné. Il a démontré avoir été un coureur à la hauteur des plus grands. Ce n'était pas un coureur complet capable de gagner des classiques, mais hormis cela, il est tout en haut », estime Jacinto Vidarte. Pas le plus impartial. Demandons à d'autres.

« Pour moi, Alberto Contador est au même niveau que Froome et juste derrière Eddy Merckx et Bernard Hinault. On ne va pas refaire l'histoire, mais sans cette affaire du clenbutérol, je pense qu'il peut gagner trois ou quatre Tours de France », pointe Alexandre Pasteur. « Il n'est pas à la place de Merckx et Hinault, qui ont aussi gagné de grandes classiques. Je le mets un petit peu en dessous de ces gens-là. Je le mettrais au niveau de Bahamontes et Ocaña. Un peu au-dessous des très grands champions. Je le mettrais juste dans la catégorie des immenses grimpeurs. Peut-être même le plus grand grimpeur de tous les temps. Après, ça reste aussi difficile à dire, parce qu'il y a Coppi[107] et Bahamontes. Je le vois moins comme un coureur de grand tour, je le vois plus comme un dynamiteur, un artiste qui rend la course imprévisible. Je ne sais

107. Quintuple vainqueur du Tour d'Italie en 1940, 1947, 1949, 1952 et 1953.

pas si on se souviendra du nombre de grands tours qu'il a gagnés. Mais on se souviendra d'une impression, d'une vista. Quand il partait, c'était beau », juge Nicolas Geay.

Il y a les enthousiastes, et les plus modérés. Les romantiques et les raisonnables. « J'ai les souvenirs d'un champion de lumière et d'ombre. La gestuelle, l'aisance du grimpeur, l'agilité, le goût du risque. Avec une part plus sombre sur les histoires de dopage, la suspension, l'aigreur à la fin de sa carrière qui fait qu'il part avec amertume. Le fait qu'il considère qu'on lui a volé des titres. Une carrière qui n'a pas été conclue comme il aurait souhaité le faire. Je n'arrive toujours pas à dissocier la part de lumière et la part d'ombre. Il reste un personnage qui aura navigué entre les deux. Et qui aura parfois fait des trucs incroyables sans enlever les choses qui ont un peu terni son histoire. Seule l'histoire juge et l'histoire aujourd'hui, c'est l'instant. Peut-être qu'un jour, les choses vont se lisser à l'image d'un Pantani, avec lequel on est moins sévère. La lecture aujourd'hui sur sa carrière se lisse et ne vient pas altérer la hauteur du personnage. Contador n'en est pas encore là », estime quant à lui Jean-Julien Ezvan.

Qu'en pense la nouvelle génération ? La relève qui l'a observé, puis affronté pour certains, lorsque la légende déclinait. Vainqueur à Foix, sur le Tour de France 2017,

Warren Barguil avait déclaré que battre Contador représentait beaucoup : « C'était mon idole. C'est lui qui me faisait vibrer donc j'ai encore un peu de mal à réaliser. Ça fait bizarre. » Ce sentiment, il le partage avec l'Espagnol Mikel Landa[108] : « Pour moi, c'est comme une idole. Quand j'étais dans les catégories junior et espoir, c'est lui qui gagnait les plus grandes courses chez les professionnels. » Beau et sage, puisque émanant de la jeunesse. Pour la vérité, demandez à Froome. « La retraite d'Alberto met définitivement un terme à une époque. Il a été un grand rival pour moi pendant tant d'années. Il va certainement me manquer », déclare, beau joueur, l'emblème de la Sky à la fin de la saison 2017, débarrassé de son meilleur ennemi, sa principale contrariété.

Et puis il y a ceux qui ne l'ont pas affronté, les figures de la décennie 2020, les Ayuso, Rodriguez, Evenepoel[109], qui l'ont aperçu seulement à la télévision. « Je pense sans aucun doute qu'il est un exemple pour Carlos Rodriguez et Juan Ayuso. La nouvelle génération n'a encore rien gagné, mais elle se bat à chacune des occasions pour gagner. Alberto avait le mérite de gagner, alors qu'on était dans un cyclisme qui était sous contrôle. Tout était très contrôlé, mais c'était le seul qui pouvait attaquer et renverser

108. Troisième du Tour d'Italie 2015 et 2022.

109. Champion du monde 2022.

une course alors que tout le cyclisme était très contrôlé. Aujourd'hui, les courses ne sont plus autant contrôlées avec Pogačar, Vingegaard, Evenepoel, Van der Poel. Je pense qu'on se rend compte de qui était Alberto lorsque l'on voit le coureur qu'il était à l'époque et ce que nous avons aujourd'hui. Il me manque beaucoup sur la Vuelta. J'ai l'impression qu'on a enfin une génération de coureurs qui est dans la lignée de ce qu'était Alberto Contador », se console Javier Guillen, directeur de la Vuelta.

Marco Bonarrigo n'est pas de cet avis : « Le cyclisme est en train de changer, sur le point de nous présenter d'ici cinq à six ans des champions absolus, avec une image énorme de puissance. Tadej Pogačar, Vingegaard, Van der Poel vont un peu effacer ou rendre un peu floue l'histoire récente. »

Palmarès et émotions ancrés, carrière derrière lui. Place à la suite. Mais quelle suite ? Danseur de flamenco ? Il en a les codes. Éleveur d'animaux ? Il en a le goût. « Vous savez, quand on arrête de faire un métier, il faut trouver un nouvel idéal dans la vie. Moi, j'ai réussi à en trouver un rapidement puisque j'ai monté une usine de vélos deux ans après l'annonce de ma retraite. Je n'ai pas eu beaucoup le temps de m'ennuyer », racontait un jour Eddy Merckx dans un documentaire. Contador n'est pas cannibale, mais il aime trop le vélo. Impossible de s'en détacher. Il s'investit pleinement dans la Fundacion Contador qu'il a créée en 2013 avec Jesus Hernandez, Ivan Basso et son frère. « La Fundacion est née d'une expérience personnelle qui aurait pu s'avérer dramatique pour moi lors du Tour des Asturies en 2004[110]. Heureusement, j'ai pu être diagnostiqué puis opéré à temps et tout s'est terminé favorablement. C'est cet épisode qui a influencé et motivé l'action de la fondation. Bien sûr, ce n'est qu'une goutte d'eau, mais je fais ce que je peux en mettant mon nom au service de cette cause. Ma fondation est quasi exclusivement financée par le mécénat de mes sponsors personnels, ceux que j'avais en carrière, mais également d'autres qui nous rejoignent encore aujourd'hui. Elle se décompose en deux branches : d'une part, la prévention de l'ictus, qui est une maladie assez méconnue du grand public. Les gens pensent qu'elle ne concerne que les personnes âgées, par exemple, ce qui est loin d'être le cas. C'est pourquoi il est très important d'en connaître les symptômes et, à partir de là, les précautions à prendre, les modes de vie à adopter pour la prévenir. En ce qui me concerne, elle a radicalement changé ma façon d'envisager l'existence. La fondation se charge d'aider aussi bien à la recherche qu'à la diffusion de l'information sur la maladie, en organisant des conférences ou en effectuant des dons à des laboratoires ou à

110. Victime d'une rupture d'anévrisme et plongé dans le coma durant trois semaines.

des associations. L'autre branche est bien évidemment le cyclisme, ma grande passion », déclare Alberto dans les colonnes du *Progrès*, en mai 2018.

« Là encore, nous menons plusieurs actions. À travers “Des vélos pour la vie” [action lancée par l'association], nous nous chargeons de récupérer des vélos que les gens ont abandonnés dans leur cave ou leur grenier et qu'ils n'utilisent plus. Nous les remettons en état de marche et nous les distribuons ensuite dans les zones défavorisées. Au départ, les vélos partaient pour des pays pauvres, ou en tout cas qui n'avaient pas les mêmes moyens que nous, en Europe ou ailleurs dans le monde. Mais dernièrement, nous les envoyons de plus en plus souvent aussi vers des centres d'aide aux plus démunis en Espagne, où le vélo, entendu comme moyen de locomotion, s'avère également être une nécessité. Ensuite, nous avons mis sur pied une école de cyclisme pour l'aspect ludique, et l'équipe de compétition. Nous avons démarré cette aventure il y a six ans, avec une équipe junior. Ensuite, nous sommes passés au stade supérieur en accompagnant ces jeunes au sein d'une structure pour les espoirs. Et depuis cette année, avec l'incorporation d'Ivan Basso à ce projet, nous avons pu monter Polartec-Kometa[111], notre équipe continentale, réserve de l'équipe World Tour Trek-Segafredo. Vous avez

111. EOLO-Kometa depuis 2021.

là les différentes facettes de la Fundacion Contador », ajoute-t-il. La retraite est un saut dans le vide. Onze mois sur douze durant vingt ans consacrés au vélo. Un rythme et une hygiène de vie qui y sont corrélés. Voyages et sacrifices. Et puis plus rien. *Nada.* Il y a les partenariats avec les annonceurs, les marques, les organisations, quelque chose somme toute normal lorsqu'on s'appelle Contador. Mais penser que ce renversement est chose aisée est une hérésie. Le soulagement de la fin ne dure qu'un temps. Le dévouement d'un homme va souvent plus loin que lui.

Alberto est superviseur d'une équipe en UCI Pro Team, gérant de la Fundacion Contador et, depuis le début de l'année 2018, consultant pour la chaîne sportive Eurosport Espagne. Il y commente les grands tours, les Monuments et les courses par étapes d'une semaine avec son œil aiguisé de pistolero. Lors du Tour d'Espagne, le triple vainqueur de la course reconnaît le final des étapes pour en expliquer les secteurs clés. Il reste magnifique.

Alberto change. Bonhomme réservé en tant que coureur, il se désinhibe post carrière. La pression retombée l'explique sans doute. Les caractéristiques du métier de consultant également. Contador se filme et s'incarne sur les réseaux sociaux. Pour les besoins de ses sponsors, certes, mais la facette réservée du champion n'est plus. Il aime faire le show, comme si sa carrière avait été une parenthèse, lui permettant de mieux retrouver l'insouciance du gamin qu'il était. Façon pour lui, aussi, de garder le contact avec son monde. « Quand il a pris sa retraite, j'étais persuadé qu'il allait garder un pied dans le vélo. J'étais persuadé que le vélo allait garder une place importante dans sa vie. Il respire le vélo, lorsqu'il évoluait en course, on sentait le mec impliqué, on ne se disait pas du tout que c'était un mec en dilettante et qui était de passage. Je ne suis pas surpris qu'il garde un pied dans le vélo et je dirais même que le vélo a besoin de mecs comme lui. Je pense qu'il peut faire beaucoup de bien à la nouvelle génération », assure Alexandre Pasteur. Un avis partagé par Julian Cerviño, journaliste au *Nouvelliste* : « Quand on le voit en tant que consultant et ce qu'il fait avec sa fondation, on a l'impression qu'on revoit le jeune homme affable qu'il était quand il était jeune. C'est un enfant du peuple. Il n'a jamais renié ses origines, c'est quelqu'un qui est redevenu assez jovial. Quand je le vois intervenir sur Eurosport et ce qu'il fait avec sa fondation, quand un cycliste fait ça après sa carrière, c'est qu'il aime vraiment le vélo, qu'il aime échanger. » Unanimisme médiatique. « Je l'ai croisé à la fin du Tour de France 2021, alors qu'il travaillait pour Eurosport, et j'ai discuté quelques minutes avec lui. J'ai retrouvé ce mec très simple. Je sens qu'il est mieux que quand il était coureur, parce qu'avant, il était vraiment très focus. Il était très concentré. En Espagne, il était très sollicité et je pense que ça l'a renfermé un peu. Là, il me surprend aujourd'hui, je le vois un peu sur les réseaux sociaux, ce sont ses activités. Il a monté des business, il est hyper présent et je n'aurais jamais parié ça. J'aurais cru qu'il allait se mettre à l'écart, un peu comme Indurain[112] », ajoute Philippe Le Gars, journaliste à *L'Équipe*. Alberto, l'anti-Miguel. Jusqu'au bout.

Alberto peine à prendre du temps pour lui. Ses proches le lui conseillent, mais la tentation de revenir est élevée. « Qu'attendent-ils pour attaquer, ces *chavals* ? » râle-t-il devant la télé. « L'année dernière (en 2020), pendant le confinement, j'ai beaucoup appris. Mes conditions étaient les mêmes que lorsque j'avais abandonné, un peu plus de kilos, mais je les aurais récupérés avec du travail. À un moment donné, j'ai pensé revenir pour une course. Le Giro. Je voulais faire le Giro 2020 », confie-t-il en 2021 aux journalistes italiens de *La Gazetta dello Sport*. Il ne peut pas s'empêcher de monter sur un vélo dès qu'une occasion se présente. Après la victoire de Lorenzo Fortunato, coureur de sa formation EOLO-Kometa, au sommet du Zoncolan, en 2021, Contador avait promis qu'il ferait Pinto-Milan en vélo. 600 kilomètres en six jours. Promesse tenue. La promesse d'un mythe éternel.

112. Entretien avec les auteurs.

EOLO-Kometa poursuit sa croissance au deuxième échelon mondial, en attendant l'adhésion au World Tour[113] dans les prochaines années. Mais Contador prend enfin du temps. Sorties entre copains, moments en famille, tortillas, tapas et vin rouge. Il a compris qu'il devait tourner la page, ne pouvant être sur tous les fronts. Depuis Pinto, il délègue la majeure partie des tâches de dirigeant à ses proches. Son frère est le manager général de l'équipe, Ivan Basso s'occupe de la partie sportive et Jesus Hernandez est l'un des quatre directeurs sportifs de la formation. « Le projet est une réalité depuis dix ans maintenant et nous aimerions continuer à progresser jusqu'à atteindre le World Tour en 2027. Un jour, nous voulons gagner le Tour de France, peut-être à la fin de cette décennie. 2023 doit être l'année de la consécration », annonce son frère dans les colonnes de *Marca*, en février 2023. Une ambition légitime lorsque l'on voit que des coureurs comme Enric Mas[114] et Juan Pedro Lopez[115] ont été formés par la Fundacion Contador. EOLO-Kometa ne veut plus être seulement un réservoir de talents associé à l'équipe américaine Trek-Segafredo.

« Après deux ans en Pro Team, nous avons réussi à garder des coureurs importants comme Lorenzo Fortunato[116]

113. Première division mondiale.

114. Deuxième de la Vuelta en 2002, 2018 et 2021.

115. Porteur du maillot rose pendant dix jours sur le Giro 2022.

116. Vainqueur d'une étape sur le Giro 2021.

ou Vincenzo Albanese, ainsi qu'à signer de jeunes coureurs prometteurs issus des amateurs. Les talents que nous avions la saison dernière ne nous ont pas quittés et nous en sommes fiers. Plusieurs coureurs ont signé des contrats de trois ans avec nous, car nous avons une mission à long terme avec eux. Nous aurons besoin d'un budget plus important et de courir plusieurs fois le Tour d'Italie et d'Espagne, mais aussi le Tour de France, avant de faire le saut dans la catégorie supérieure. Nous devons continuer à grandir, en donnant confiance aux coureurs avec l'objectif de monter dans les classements UCI par équipes. Je sais qu'il y a beaucoup de travail à faire, mais cette année nous fermons le cycle avec Eolo et Kometa. À partir de 2024, un autre cycle commence. Un nouveau cycle qui sera peut-être encore avec Eolo et Kometa ou avec d'autres sponsors avec lesquels nous négocions. Nous avons beaucoup de négociations ouvertes avec différentes entreprises », ajoute Francisco Javier Contador.

Alberto Contador Velasco, dirigeant *ganador* sur le Tour en 2030, vingt ans après son dernier succès sur les Champs-Élysées. Et si la vie n'était pas, tout simplement, qu'un éternel recommencement ?

CONCLUSION

« PAPA, TU AS GAGNÉ ? »

Une biographie et un chant d'amour. On aimerait être en 2023 et continuer de raconter le parcours d'Alberto. Écrire d'autres chapitres. Retracer ce monstre, ni géant ni balèze. Décrire ses records au Pays basque, ses péripéties en Italie, ses chutes sur le Tour de France, ses attaques en Espagne.

Il faut tourner la page, et pourtant, chaque été, quand viennent les Alpes et les Pyrénées, nous nous demandons quand Contador va se lever et attaquer. Mais il n'est plus là. Il est à Pinto, ou bien sur les routes un micro à la main. Ou bien même sur la moto des commentateurs. Bref, il n'est plus sur le vélo et ça nous fait de belles jambes de le voir chanter les nouveaux héros.

Ce sentiment est partagé. Nous avons pu le vérifier. Partout, le souvenir d'Alberto suscite la nostalgie. Et rien que pour ça, ça en valait la peine. Prends ça, Paquita !

« Ici, c'est un sportif adoré. C'est notre champion. » À Pinto, il ne reste que le splendide. La polémique et les aléas du champion ont été balayés.

« Ce qui me frapperait plutôt quand je considère ma vie, c'est la disproportion entre les moyens dont je disposais au départ et ce que j'ai obtenu. Le gain me paraît énorme si je considère la mise (…). Je ne me plais pas à moi-même. Je ne me déteste pas non plus et je serais plutôt porté à me prendre en pitié quand, la nuit je sens sous ma main battre ce cœur fatigué. J'ai été aimé… et haï. Plus aimé que haï ? Plus haï qu'aimé ? Qui le sait[117] ? » Aimé, évidemment. Même en Vendée.

Alberto Contador a cessé la lutte. Cette bataille permanente que son obsession d'être en permanence au plus haut lui imposait. Le plaisir a pris la relève. Il s'éclate avec Giro et Vuelta, ses deux chiens. Ses *perritos*. Ça ne s'invente pas. Sans la Vendée, l'un des deux s'appellerait peut-être autrement.

---

117. François Mauriac, *Nouveaux Mémoires intérieurs*, Flammarion, 1965.

Alberto a surtout connu ses deux plus belles victoires. La naissance de Luca, le 13 avril 2018. Luca le fils aimé. On n'ose pas dire la relève. Et tout récemment, l'arrivée de Martina, le 16 avril, avec sa nouvelle compagne Ariana. Contador poursuit le vélo avec ses copains, pour le plaisir, et quand il rentre, Luca l'attend. « Papa, tu as gagné ? » Alors, il ne lui dit pas, mais Contador a gagné.

Que lui murmure Luca, Luca Contador, quand il se rend dans la salle des trophées de son papa ? Il l'interroge sur chacun d'entre eux, ou bien sur son préféré. Il lui demande si ce n'était pas trop dur, ou bien si cela en valait la peine. Il l'engueule et lui dit : « Papa, pourquoi plus aucun Espagnol n'a gagné de grand tour depuis 2015 ? » Et la réponse est dans la question.

Il est temps pour nous de refermer ce récit, avec ces mots d'Albert Camus, couchés dans *L'Envers et l'Endroit*. « L'écrivain a, naturellement, des joies pour lesquelles il vit et qui suffisent à le combler. Mais, pour moi, je les rencontre au moment de la conception, à la seconde où le sujet se révèle, où l'articulation de l'œuvre se dessine devant la sensibilité soudain clairvoyante, à ces moments délicieux où l'imagination se confond tout à fait avec l'intelligence. Ces instants passent comme ils sont nés. Reste l'exécution, c'est-à-dire une longue peine. »

Il nous reste en suspens cette question. Que penserait Alberto de cette exécution ? Que penserait Alberto Contador du Alberto Contador que nous venons de présenter ? Un jour, certainement, il se livrera lui-même. Et nous danserons avec lui.

REMERCIEMENTS

Alberto Contador est une ode aux héros du plus beau sport du monde.

À ceux qui nous ont parlé de l'artiste, et ceux que l'on aurait aimé voir se confier.

Bernard Hinault, Bernard Thévenet, Luis Leon Sanchez, Alain Gallopin, Andy Schleck, Christophe Riblon, Jean-René Bernaudeau, Matteo Tosatto, Guillaume Martin, Pierre Rolland, Roman Kreuziger, José Luis Arrieta, Alexandre Vinokourov, Mikel Astarloza. Tant de témoignages précieux.

À ceux qui en sont la plume et la voix à travers l'Europe. Et qui ont tenté de nous décrypter l'indéchiffrable, le magnifique.

Nicolas Geay, Daniel Mangeas, Nicolas Perthuis, Grégory Nicolas, Jean-Julien Ezvan, Jean-Louis Le Touzet, Philippe Bouvet, Julian Cerviño, Luis Miguel Pascual,

Marco Bonarrigo, Pierre Carrey, Carlos Arribas, Alexandre Pasteur, Thierry Adam, Philippe Le Gars.

Merci à Luis Gomes, Javier Guillen, au gérant du gymnase Alberto-Contador de Pinto, dont le nom nous est inconnu.

Aux attachés de presse des différentes formations, précieux dans la réalisation du récit.

À Jacinto Vidarte, porte-parole du héros durant près de dix ans. Personnage clé de notre récit.

Aux équipes de Talent Éditions.

À Alberto Contador. Le romantisme et la grâce.

ÉGALEMENT
CHEZ TALENT SPORT

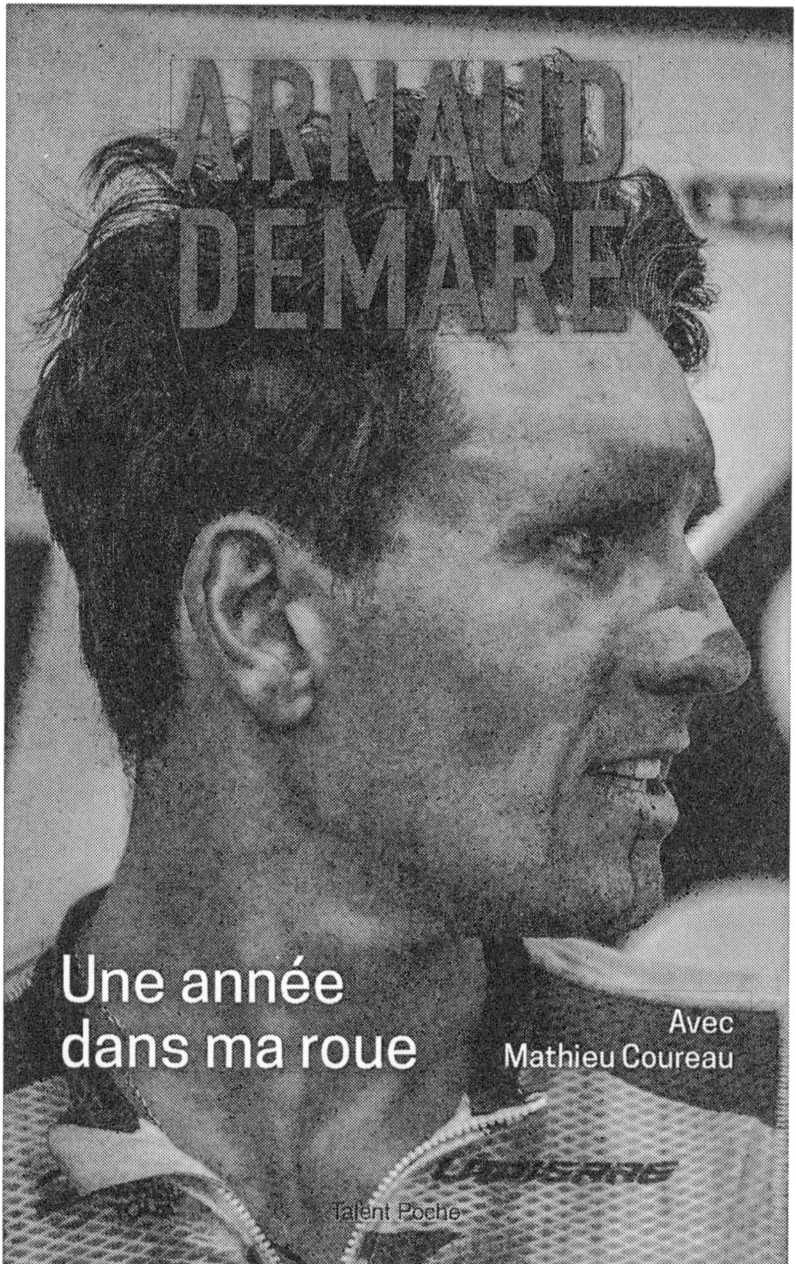
ARNAUD
DÉMARE
Une année
dans ma roue
Avec
Mathieu Coureau
Talent Poche

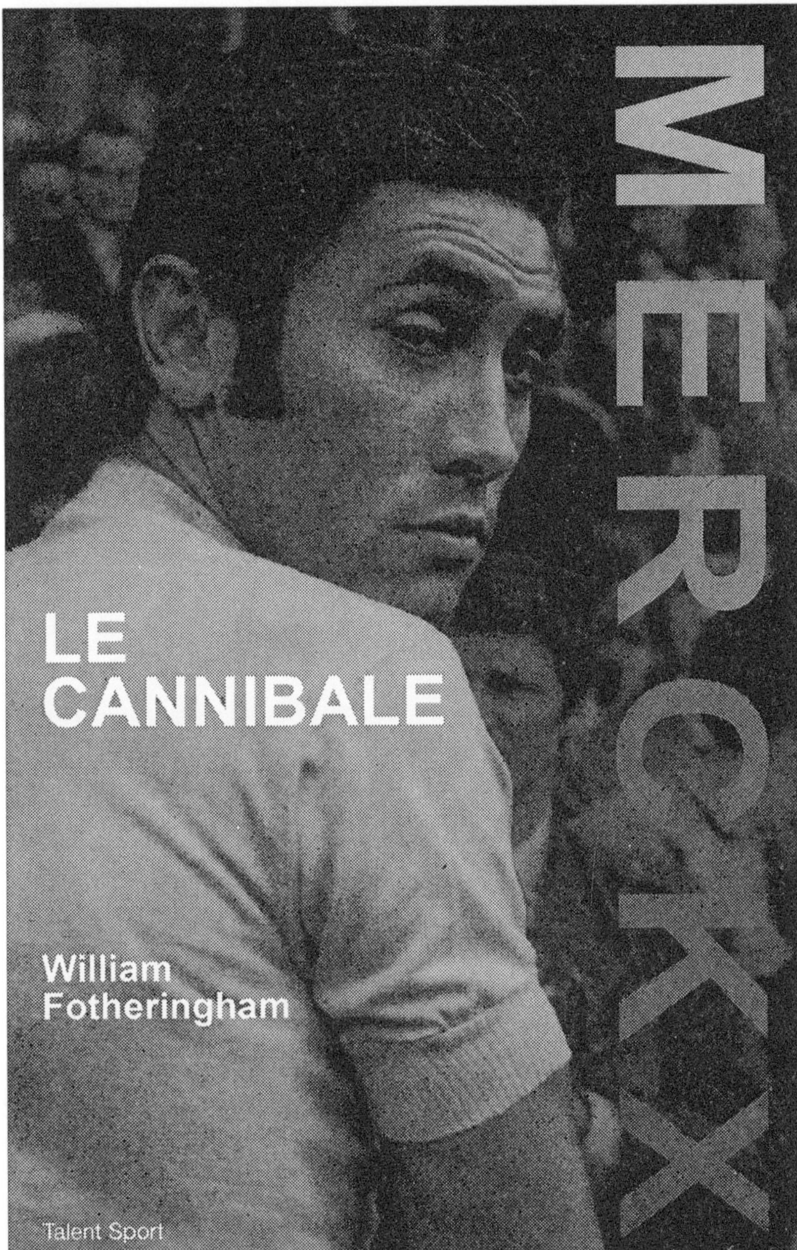
MERCKX
LE CANNIBALE
William Fotheringham
Talent Sport

MARC MADIOT
Entretiens avec Mathieu Coureau
PARLONS VÉLO
Préface Christian Prudhomme
Talent Sport

SAGAN
MON MONDE
BORA
hansgrohe

Imprimé en France par CPI
en mai 2023

Dépôt légal : mai 2023
N° d'impression : 174537

Talent Éditions est engagé dans le développement durable afin de limiter l'empreinte carbone
de la fabrication de ses livres. Soucieux de l'impact environnemental de notre métier,
nos ouvrages sont imprimés en France sur du papier certifié issu de plantations gérées
de manière écoresponsable. Les livres non commercialisables sont recyclés et réutilisés
pour la fabrication d'autres produits cartonnés.